자유인을 키워내는 사랑의 교실

질문이 있는 교실

실천편

심대현 강양희 최선순 이흥배 백금자 한창호 강이욱 이형빈 유동걸

한결하늘

→ 창조적 수업을 이끄는 〈질문이 있는 교실, 실천편〉

그동안 우리 교육은 학생들이 배운 지식을 얼마나 잘 기억하는가에 관심을 가졌다. 지금 무엇을 알고 있는지를 평가하려 든다면 학생들은 도리 없이 지식을 기억하고 상기하는 방식으로 공부할 수밖에 없다. 변천을 거듭해 온 국가교육과정은 지금 무엇을 알고 있는지를 넘어 앞으로 무엇을 할 수 있는지를 물어야 한다고 말한다. 이렇게 하기 위해서는 단순한 인지 능력보다는 아는 것을 활용, 분석, 종합하며, 기존의 지식에 대한 비판을 통해 창조적 사유를 열어가는 '역량중심'의 사고가 필요하다. 그러나 국가교육과정은 총론에서는 역량중심 교육과정을 표방하면서도 각론과 교과서 집필지침을 통하여 학교 현장에서 가르쳐야 할 것과 가르치지 말 것을 상세하게 제시한다. 역량중심 교육과정은 마땅히 '만들어가는 교육과정'을 통해 구현돼야 한다. 그러나 교육과정 총론과 각론의 괴리, 만들어가는 교육과정의 기능적 이해로 인해 현실에서는 '스스로 만들어가는 창조적인 교육과정'이 되기보다 '무작위적인 교육과정'이 유행하고 있다.

만들어가는 교육과정의 진정한 의미는 연중 변화무쌍한 학습 생태계 속에서 교사와 학생, 그리고 학생들 사이에 일어나는 생각과 생각의 만남을 통해 생성되는 경험과 지식이다. 학생들의 생각을 활발하게 교류하는 교실을 상상하기 위해 필요한 것은 무엇일까?

최근 학습자의 창조적 사유를 열어가는 방법으로 '질문이 있는 교실'이 화두로 떠오르고 있다. 질문이 있는 교실은 인간이 가진 근원적 욕구인 '앎에 대한 갈망'을 전제로 한다. 학습자가 가진 앎에 대한 갈망에 공감, 이것이 질문이 있는 교실의 시작이다. 그러나 질문이 있는 교실은 단지 궁금증을 해소하는 차원을 넘어 기존의 지식에 대한 담대한 문제제기를 통하여 더욱 깊어지고 넓어져야 한다.

　　그동안 다양한 방법으로 현장에서 '질문이 있는 교실'을 적용해 왔던 여러 선생님들이 생각을 모은 〈질문이 있는 교실, 실천편〉은 질문이 어떻게 교실을 변화시키고 학생들의 생각을 자라게 하며, 그 과정에서 교사가 어떤 성장의 기쁨을 맛보았는지를 생생하게 적고 있다. 여덟 가지 각기 다른 방법과 색채로 이루어진 실전의 중심에는 질문이 사리린다. 선생님들이 이 책에서 제시하고 있는 사례들을 보고 직접 수업에 적용하는 것도 좋겠지만 가능하면 이 사례를 바탕으로 하여 자신만의 독특한 수업 맥락을 세우기를 기대한다. 백 개의 교실에서는 백 개의 수업 맥락이 일어나는 것이 학습자의 바람직한 성장이요, 질문이 있는 교실의 근본 취지이기 때문이다.

　　좋은 텍스트는 내용을 직접 전달하기보다 적절한 자극과 동기를 부여하여, 독자의 마음에 변화의 불을 지핀다. 이 책의 필자들은 그런 역할을 자임한 저자들이다. 모쪼록 이 책이 널리 읽혀 전국 방방곡곡의 수업 현장에 질문의 불길이 솟아나길 기대한다.

서울교육연수원 연구관 함영기

→ '질문'과 '사랑'의 실천을 함께 나누려는 선생님들

100여 년 전에 존 듀이가 말한 '주입식 교육은 교육이 아니다.'는 사실을 혁신학교에 근무하고 새로운 공부를 하면서 알게 되었다. 존 듀이의 말대로 '미성숙'이란 단어를 '어른이 되지 못한'이란 뜻이 아니라 '배움으로 나아가는'의 의미로 이해한다면, 교실의 모습은 어떠해야 하는가? 교사의 역할은 무엇이어야 하는가?

혁신학교를 하기 전에 나는 놀이로 수업을 하는 교사였다. 수업에서 학생들을 만나면서 교과서만으로는 학습 목표에 도달하지 못하리란 느낌이 있었다. 공부란 스스로 생각하고, 고민하고, 해결하면서 '알아감'에 대해 희열을 느끼는 과정이다. 그리고 그 '알아감'에서 또 다른 '모름'이 생겨나고, 다시 '모름'이 '고차원의 알아감'으로 나아가는 변증법적인 발전이 한 인간의 성숙이라고 생각했다. 결국 삶이란 인간과 인간의 부대낌 속에서 서로가 있음으로 인해 더 행복해지는 세상을 만드는 자기 역사를 써내려가는 것이라고 보았다. 그러다 보니 교과서만으로는 할 수 없는 교육이 보였고 그 문제들을 놀이로 풀어냈다.

그 길에서 혁신학교와 배움의 공동체를 만났다. 수업을 바꾸어야 했고, 나 혼자만이 아닌 우리 학교의 모든 교사들의 수업을 바꿔야 했기에 나 혼자만 하던 놀이 수업을 버리고, '배움의 공동체' 수업을 학교 전체에

도입했다.

　교실에서 아이들과 배움을 만들고 있는 교사로서 '놀이수업'이든 '협동학습'이든 '거꾸로 교실'이든 '배움의 공동체'이든 '질문이 있는 교실'이든, 그 안에 있는 정신은 다 같다고 생각한다. 그 어떤 주제나 활동이든 교사가 교실에서 학생들과 만나, 서로의 '배움'을 만들어내면 되기 때문이다.

　'특별한 형식'이 중요한 것은 아니다. 우리의 교실에서 교사와 학생들이 함께 일구어내고 더불어 성장하는 수업. 이런 수업에 그 어떤 테크닉이 중요하겠는가? 교사의 마음과 학생의 마음이 통하고, 서로 기대고 협력하며 인간에 대한 신뢰와 함께 배우는 즐거움을 느끼게 하는 것이 '가르치는 기술'보다 더 중요하다고 본다.

　수업은 교사의 철학을 바탕으로 한다. 어떤 세상을 만들지에 대한 깊은 고민과 성찰에서 우러나온 철학으로 교사는 함께 세상을 살아갈 '인간'을 수업에서 일군다. 그래서 수업은 '사고하는 인간'들이 와자지껄 함께 만드는 신명나는 시공간이어야 한다.

　이 책을 함께 쓰신 선생님들은 중학교와 고등학교, 혁신학교와 일반학교, 자율형사립고와 일반 고등학교, 대도시와 지방 소도시 등 다양한 종류의 학교와 지역에 근무하시는 분들이다. 그만큼 다양한 교육 환경에서 다양한 방법으로 자신들이 실천한 질문 교육의 경험을 세상에 내놓아, 많은 선생님들과 함께 '질문'과 '사랑'의 실천을 나누고자 한다. 이 아름다운 사랑의 기록들이 '좋은 수업'과 '깊은 질문'과 '뜨거운 열정'으로 독자들에게 다가가기를 손 모아 기원한다.

장곡중학교 수석교사 박현숙

⟶ 〈질문이 있는 교실, 실천편〉을 열면서

서울시교육청, 광주광역시교육청에 이어 2016년에는 제주도교육청에도 '질문이 있는 교실'이 열린다는 반가운 소식을 들었습니다. 교사의 일방적 강의에 순응하는 아이들을 길러내지 않고 아이들 스스로 묻고 답하며 자신의 삶에 올바른 길과 진리를 찾아가는 교육에 대한 열망이 전국의 곳곳에서 느껴집니다.

계몽의 패러다임이 지배하던 시대에 교육은 그저 객관적인 지식 전달에 사로잡힌 교사들의 지적 권위와 전문성에 기대어 왔습니다. 하지만 21세기는 우수하고 잘난 사람의 계몽이 타자를 이끌어가는 교육의 시대가 아닙니다. 서로가 주체가 되어 상호 소통하고 공감하며 공동의 지혜와 공공선을 추구해가는 시대입니다. 기존의 지식과 권위에 질문을 던지며 새로운 사고를 꽃피우고 자신의 삶을 성찰하며 스스로 성장하는 시대입니다. '가만히 있으라'는 말에 굴복당해 생명을 빼앗긴 세월호 참사가 우리에게 준 뼈아픈 고통의 교훈입니다.

그 교훈을 잊지 않으려 서울시 교육청이 질문이 있는 교실을 제시했습니다. 이것은 질문하는 인간, 가르침에 그저 순응하지 않고 합리적인 문제 제기를 하며 자기 삶과 이웃에 사랑과 관심을 가질 줄 아는 인간을 키워야 한다는 시대적 소명입니다. 사랑과 더불어 자유인의 기상을 잃지 않으면서 때로 저항의 용기도 보여주고 당당함을 잃지 않아야 한다는 교육 철학입니다.

이 책의 기획자인 유동걸 선생님은 서울시교육청의 화두인 '질문이 있는 교실'을 만나면서 그 뜻과 실천적 의미를 살리려는 마음으로 〈질문이 있는 교실〉을 써서 그 뜻을 밝히는 데는 어느 정도 공감을 얻었습니다. 하지만 현장 실천의 모습들을 혼자만의 부족한 삶으로 풀어내기는 역부족이라는 인식으로 함께 길을 걷는 선생님들을 찾았습니다. 주변에 뜻을 같이 하면서 교실에서 학생들과 몸소 '질문이 있는 교실'을 실천하는 선생님들이 모였습니다. 배움의 공동체, 하브루타, 거꾸로 교실 등 이 시대의 가장 뜨거운 수업 혁신 방법을 추구하는 강양희, 최선순, 심대현 선생님이 있었고 팀플같은 좋은 앱을 활용하거나 발문법을 고민하는 이홍배, 백금자 수석선생님, 또 '책 읽고 대화하기'나 '비문학 읽기 수업'속에서 질문하기를 활용하는 하창호, 강이욱 선생님도 있었습니다. 지금은 대학에 계시지만 한때 아이들과 삶 자체를 질문으로 던지며 살아오신 링게의 전문가 이형빈 선생님도 함께 했습니다.

이렇게 각자 다른 길에서 질문이 있는 교실과 수업의 혁신이라는 큰 목표를 같이 하며 길을 걸어오신 분들의 다양한 실천 사례를 〈질문이 있는 교실, 실천편〉이라는 주제로 한 권의 책으로 묶었습니다. 각자 다른 화두를 안고 살아온 이들의 실천적 고민이 〈질문이 있는 교실〉의 새 길을 열어 주리가 믿습니다. 모쪼록 자신들의 현장에서 아이들과 함께 사랑과 용기와 치유와 합리적 의심의 정신을 견지하며 몸으로 소리 없이 실천하시는 많은 분들의 질문 수업에 커다란 도움이 되기를 기원합니다.

교사가 서야 할 자리를 새로이 하며 시대와 역사의 풍경을 바꾸기 위한 열정과 노력, 그 치열함을 잊지 않으며 질문의 삶을 함께 하는 이 땅의 많은 분들께 이 책을 바칩니다.

2016. 1월
〈질문이 있는 교실, 실천편〉 저자 일동

질문이 있는 교실 실천편 차례

1

수 업 의   말 문 을   열 다

수업 노마드의 출현을 기대하며

심대현
배방고등학교

심대현

교단에 선지 15년이란 시간이 흘렀다.
시간이 지나면 이 자리의 의미를 좀 더 잘 알 수 있을 것이라 생각했는데
점점 더 미궁으로 빠져들고 있다는 사실에 힘든 시간을 보내고 있었다.
이런 나에게 '거꾸로교실'은 내 스스로의 답을 찾아 걸어갈 수 있는 방법을 주었다.
이제는 많은 선생님들께 이 글을 통해 즐거운 여행의 동반자로 초대장을 보내본다.

거꾸로 교실로 수업의 말문을 열다

교실 : 모두가 탈출을 원하는 곳

교실은 여러 가지 의미를 담고 있다. 여느 직장과는 달리 교사의 업무적 공간인 교실은 생업을 잇는 장소이며, 제자를 키워내고 그들과 삶을 함께하는 공간이기도 하며 또한 학생에게는 공부를 하는 곳이며 성장기의 대부분을 할애하는 중요한 삶의 공간이기도 하다. 학창 시절을 거치고 학생에서 교사로 신분이 바뀌어 다시 대면하게 되는 교실은 나에게 수많은 의미소(意味素)의 결합체로 다가온다. 대부분의 교사는 학창시절 좋은 영향을 준 스승에 대한 기억을 반추하며 자신이 꿈꾸는 교실을 만들어가고자 노력할 것이다. 그러나, 막상 교사에게 부딪히는 현실은 결코 녹록치 않음을 알게 된다. 시간이 갈수록 수업을 마치고 나올 때의 교실은 좌절과 실패로 점철되다 결국 교실에 부여했던 수많은 의미소(意味素)가 희석되며, 어느덧 그곳은 생업을 위해 어쩔 수 없이 있어야만 하는 장소로 전락한다. 그리고 더 이상 희망을 품는 공간이 아니라 탈출하고 싶은 장소로 바뀌게 된다.

아마 아이들도 그럴 것이다. 얼마 전 장마가 잠시 그친 여름, 퇴근

길에 나는 오후에 내린 비에 고인 물웅덩이 주변에 초등학생으로 보이는 아이 네 명이 쪼그리고 앉아서 무엇인가를 열심히 관찰하는 것을 보았다. 웅덩이에는 소금쟁이 몇 마리가 떠다니고 있고 아이들은 물 위에 떠 있는 그 소금쟁이가 신기한지 한참을 지켜보며 "소금쟁이의 발에 무엇이 달려있어서 물에 뜰 수 있는 거지?", "사람은 크고 무게가 많이 나가서 물에 뜨지 못하는 걸까?", "소금쟁이 몸에 비해 발이 큰 게 아니데 무엇인가 다른 장치가 있는 게 아닐까?" 라는 질문들을 서로 쏟아낸다. 그리고, "내일 학교에서 선생님에게 물어보자!"로 결론을 내고 집으로 발길을 돌린다. 하지만, 이 아이들도 아마 점점 시간이 지나면서 그 질문을 학교로 들고 오는 일은 사라질 것이다. 그리고 교실에서의 '공부'는 자신의 질문들을 해결하며 세상의 일을 깨우치는 행위가 아니라, 시험을 통해 '석차'를 부여받는 행위임을 깨닫게 될 것이다. 제한된 시간에 제한된 범위의 지식을 가지고 치르는 이 게임에서 실패의 경험이 계속 점철되면 어느덧 학생에게도 교실은 탈출해야만 하는 공간으로 바뀌어 버린다.

절망 끝에서 찾은 답, 거꾸로교실?

아이러니하게도 나는 '거꾸로교실'이라는 수업방법을 가장 절망적인 상황에서 시작하게 되었다. 비평준화 시 단위의 중상위권 학교에서 근무하다 읍 단위의 막 개교한 학교로 발령을 받았을 때 나는 전에 근무하던 학교에 비해 수업이 어려우리라고 예상은 했다. 일반적으로 비평준화 지역에서 개교학교는 상위권 아이들은 이미 근처의 일명 검증

된 고등학교로 빠져나가고 인문계와 특성화 고등학교 사이의 중하위권 아이들이 전교생의 많은 수를 차지하기 때문이다. 더구나 계속 고3을 맡으며 입시 위주의 EBS교재 문제풀이만 몇 년을 해왔던 나에게 교과서를 가지고 하는 수업은 낯설기만 했고, 입시에 자유로운 아이들에 대해 수업시간에 내가 가르치는 지식을 배워야하는 충분한 당위성을 납득시키지 못했다.

예상은 했지만 "이 작품은 올해 수능시험에서 나올 확률이 높아.", "문법 문제에서 어미와 접사와 관련된 문제는 반드시 한 문제는 나오니까 무조건 맞춰야 해."등의 담론과 사각사각 필기하는 소리가 들리고, 입시라는 목표를 향해 충실히 달려가고 있었던 나의 교실은 새로운 학교에서는 완전히 망가져버렸다. 이제 나의 수입은 외로운 주연의 고독한 독백이 되었고, 나의 대사는 방백(傍白)이었다는 것과 실제로 연극은 공연된 적이 없었다는 사실을 인정하는 데에는 오랜 시간이 걸리지 않았다. 더 이상 나는 힘들고 의미 없는 이 행위를 계속할 수가 없었다. 그리고 이 모든 문제의 원인을 학습 수준이 낮은 학생들에게 돌리고, 어서 시간이 지나 수준 높은 학교로 돌아가 다시 나의 교실을 정상으로 만들고 싶었다.

하지만 그러기에는 이 학교에서 지내야 될 시간이 아직 너무 많이 남아 있었다. 그리고 교사가 학생들을 언제까지나 골라서 가르칠 수만은 없는 일이 아닌가? 나는 며칠 동안 어떻게 수업을 바꿀 수 있을까를 고민하며 인터넷을 뒤져보다 유튜브(Youtube)에서 '플립러닝(Flipped Learning)'이라는 수업방법을 찾을 수 있었다. '교사가 수업 전에 미리 강의 영상을 SNS를 통해 배포하고 학생들은 집에서 그 영상을 보고 와서, 학교에서는 활동 위주의 수업을 해 본다'는 너무나도 간단한 방법의 수업이었다. 시작이 어렵지는 않았다. 이미 바닥을 치고 있는 나의 수업 상황은 '아이들이 영상을 과연 보고 올까?'라는 의구심을 가질만할 여유조차 없었기 때문이다.

가장 단순한 수업변화의 실천

'거꾸로교실'은 미국의 과학교사인 '존버그만(Jonathan Bergmann)'과 '아론 샘즈(Aaron Sams)'가 2007년에 시도한 '플립러닝(Flipped Learning)'이라는 수업 방법을 시도한 것으로부터 시작한다. '플립(Flipped)' 이라는 단어는 '뒤집히다'라는 뜻으로 이것은 '교실에서 이루어진 수업을 집에서 듣고 집에서 했던 숙제를 교실에 와서 한다'라는 '교실'과 '집'의 역할이 바뀌어졌음을 뜻한다.

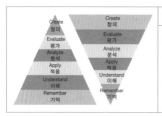

	'플립러닝(Flipped Learning)' 의 개념
Create 창의 / Evaluate 평가 / Analyze 분석 / Apply 적용 / Understand 이해 / Remember 기억	미국의 '플립러닝(Flipped Learning)'은 집에서 하던 '숙제'를 학교에서 하고 학교에서 듣는 '강의'를 SNS를 이용해 집에서 한다는 개념에서 상위인지적 지식을 학교에서 교사와 함께 해결하고 하위인지적 지식은 집에서 스스로 학습한다는 개념으로 발전한다.

처음 '한글맞춤법' 단원을 '거꾸로교실' 수업으로 준비하며 수업내용을 영상으로 제작했다. 출판사에서 제공한 학습자료 PPT를 '오피스믹스(Office Mix)'라는 프로그램을 이용해서 영상으로 만들고 제작된 파일을 유튜브에 올렸다. 학생들에게는 나의 유튜브 주소를 알려주고 집에서 보고 오도록 했다. 선생님의 수업영상이 유튜브에 올라온다는 사

실에 신기해하며 학급의 몇몇 학생들이 관심을 표하며 영상을 보고 수업에 참여했다. "선생님 목소리를 들으면 너무 졸려요!", "수업내용이 잘 이해가 되지 않아요!", "접속을 해야 하는데 스마트폰의 데이터가 없어서 볼 수가 없어요!" 라는 갖가지 반응도 있었지만 영상 조회수가 문제였다. 수업 전에 미리 보고 온 학생이 10%에 불과했다.

학습영상도 보지 않았는데 과연 수업활동을 해결할 수 있을까? 걱정을 하며 일단 무작정 앉은 자리대로 모둠을 짜고 '한글맞춤법'과 관련한 교과서 강의 없이 학습활동 문제를 모둠별로 해결하라고 지시를 내렸다. 아이들은 처음에는 무엇을 해야 할지 머뭇거리다 '어서 학습활동 문제를 모둠별로 상의해서 풀어봐!'라는 나의 말에 그제서야 하나둘 문제를 풀기 시작했다. 나도 돌아다니며 학생들의 문제들 푸는 것을 보면서 보충 설명을 해주고 질문이 들어오면 답을 해주느라 수업시간이 금방 지나가버렸다.

두 주 정도 '거꾸로수업'을 적용하다보니 학생들이 수업내용의 어느 부분을 이해하고 있지 못하는지 확실히 알게 되었고, 수업시간에 학습내용을 가지고 학생들과 함께 학습활동을 하다 보니 어느덧 학생들과 가까워진 나를 발견하게 되었다. "선생님, 저는 국어를 중학교 때부터 하나도 공부를 안 해서 맞춤법을 전혀 모르겠어요." 라고 말하는 아이에게 하나하나씩 문법 지식을 알려주었다. 아이가 "아! 이게 생각보다 어려운 게 아니구나!"라는 감탄사를 토해낼 때마다 나는 수업시간에 흐뭇한 감정을 오랜만에 느낄 수 있었다. 그리고 학생들은 나에게 내가 수업을 할 때마다 엎어져 자던 미운 오리새끼가 아니라 이제는 공부는 좀 못하지만 열심히 해보려고 하는 착한 오리새끼로 다가왔다.

또한 수업시간의 활동이 정착되면서 학습영상을 보고 오는 아이들의 숫자도 늘기 시작해 학습영상의 조회 수가 어느덧 100%를 넘어서기 시작했다.

있어도 그만 없어도 그만인 학습영상

'거꾸로교실'에서 학습영상은 중요한 요소이기도 하지만 한편으론 전혀 중요하지 않은 요소이기도 하다. 일명 인터넷 세대인 나도 처음에 학습영상을 만드는 것에 대해 많은 부담을 느꼈다. 태블릿으로 수업영상을 만드는 'Explain Everything' 연수를 들으며 따로 공부를 하고 'Adobe voice'나 'Ocam' 같은 다른 영상제작 도구도 활용해보며 좀더 쉬운 방법을 찾기도 했다. 영상을 제작하며 몇 번을 다시 찍었고 찍은 내용도 '윈도우 무비메이커'나 '아이무비' 같은 편집 프로그램으로 다시 한 번 다듬었다. 그리고 유튜브에 올리고 학생들이 가입한 SNS인 '클래스팅(Classting)'에 영상에 대한 링크를 걸어두면 학습영상 배포의 과정이 끝이 난다.

'Ocam' 프로그램 도구

'Explain everything'의 구동화면

오피스믹스(Office Mix)

〈'거꾸로교실' 학습영상 제작 프로그램〉

'거꾸로교실'에서 주로 활용되는 영상제작 프로그램은 '오캠(Ocam)'이 대표적이다. '오캠'은 컴퓨터의 화면과 음성을 녹화해주는 프로그램으로 교사는 교수자료를 컴퓨터에 띄어놓고 설명을 하며 영상을 제작한다. 'EE(Explain Everything)'는 타블렛에서 녹화를 할 수 있으며, '오피스믹스(Office Mix)'는 마이크로소프트사의 PPT를 녹화할 수 있는 프로그램이다.

〈'거꾸로교실'의 영상제작과 배포과정〉

① 강의를 녹화해서 학습영상을 만든다. 영상의 제작은 캠코더나 스마트폰으로 직접 수업을 촬영할 수도 있고, 영상제작 프로그램을 이용해서 디지털 자료에 교사의 설명을 녹화해서 만들 수도 있다. 이때 출판사에서 제공한 교수학습 콘텐츠를 가공해서 쓰면 좀더 편리하다. 그러나 출판사의 이미지나 음원을 사용할 경우 저작권에 문제가 생길 수 있기 때문에 가급적 영상의 배포범위를 수업을 듣는 학생으로 한정할 수 있도록 한다.

② 만들어진 학습영상을 인터넷에 올린다. 대표적인 사이트는 구글에서 운영하는 '유튜브 (http://www.youtube.com)'이다. 이외에도 '네이버'나 '다음'에서 운영하는 영상 관련 웹사이트도 있다.

③ 인터넷에 올라간 학습영상은 각각 고유의 링크 주소가 있다. 학습영상의 속성보기(마우스 우클릭)를 통해 주소를 복사해서 학생들이 가입한 SNS 서비스에 주소를 복사해서 배포한다. 이러한 SNS서비스로는 '카카오톡', '페이스북' 등이 있으며, 기존의 '네이버'나 '다음'에서 운영하는 카페나 블로그를 활용할 수도 있다. 최근에는 '네이버밴드'나 '클래스팅' 같은 어플리케이션이 그룹별로 소통하기가 편해 학습영상배포에 많이 이용된다. 이외에도 SNS를 통해 학습과제나 자료도 올려놓으면 학습영상에 대한 학생들의 피드백을 댓글을 통해 받을 수 있어 효과적이다. 그리고 SNS로 연결된 학습자에게만 배포할 수 있어서 저작권에 있어서 비교적 자유로울 수 있다.

이러한 학습영상은 다음과 같은 역할을 수행한다.

(1) 교실의 활동을 위한 사전 지식을 제공한다.

(2) 교실의 활동에 대한 가이드 맵을 제시한다.

(3) 학생들이 이미 알고 있는 사전지식의 수준을 맞춘다.

(4) 학습내용과 활동에 대한 학생들의 흥미를 유발시킨다.

(5) 학생들이 알고 있는 지식과 알아야 할 지식에 대한 비계(Scafolding)를 제공한다.

교사가 수업 이외의 시간에 노력을 들여 강의를 영상으로 만들어 제공하는 것이 과연 큰 의미를 가질 수 있을까? 그리고, 컴퓨터에 익숙하지 않은 교사에게 영상제작은 어렵고 번거로운 과정이 될 수밖에 없으며, 스마트폰과 인터넷 사용이 이미 과도한 정도에 이른 아이들에게 강의마저도 디지털로 제공하는 것이 과연 옳은 것인가에 대한 고민이 생긴다. 또한 교육방송을 비롯한 수많은 사교육 업체의 인터넷 강의가 넘쳐흐르는 상황에서 '거꾸로교실'의 학습영상은 이제 교사가 할 수 있는 교실에서의 마지막 역할을 스스로 박탈하는 것이 아닌가? 라는 의구심마저 들게 한다.

실제로 '영상'이라는 콘텐츠는 가장 낮은 수준의 인지적 사고능력을 필요로 하는 것이다. 텔레비전이 '바보상자'라는 별명을 가지게 된 이유도 '영상'은 '텍스트'에 비해 수용자가 편하게 받아들일 수 있는 만큼 생각을 하는 노력을 그만큼 덜하게 만들기 때문이다. 만일 '거꾸로교실'에서 활용되는 '학습영상'이 그 안에서 완결된 구조로 끝나게 된다면 앞에서의 우려는 현실이 된다. 그러나 '거꾸로교실'의 학습영상은 철저히 교실수업에 의존적 요소로만 사용된다. 그리고 점차 '거꾸로교실' 수업이 진행되면서 반드시 '영상'으로만 사전학습 콘텐츠를 제공할 필요는 없어진다. '거꾸로교실'의 학습 영상이 '생략'이 될 수 있는 요소가 되었을 때 비로소 '거꾸로교실'이 성숙된 단계까지 이르게 된다는 아이러니에 빠지게 된다.

'거꾸로교실'로 수업을 진행한 지 1년 정도 지난 후에 생긴 일이다. 국어 단원의 이근삼의 '원고지'라는 작품의 학습영상을 만드는데 도저히 내가 원하는 내용을 학습영상에 담을 수가 없었다. 학습요소인 '브레히트'의 '반사실주의극'의 특성과 '알베르 카뮈'의 '부조리'에 대한 개념을 도저히 설명을 할 수 없었던 것이다. 몇 번의 학습영상 제작에 실패하고 결국 포기했다. 그리고 수업시간에 학생들에게 학습영상을 만들기 위해 준비한 자료를 모둠별로 복사해서 나눠주고 스스로 해석해보고 '고등학생의 삶을 소재로 한 반사실주의 UCC' 활동을 진행했다. 어떠한 설명도 없었다. 학생들은 처음에는 당황했지만 자료를 읽어보며 어려운 부분은 인터넷 검색을 하거나 나에게 질문을 하면서 자신들의 'UCC 계획서'를 작성해갔다. 학생들이 제출한 'UCC 계획서'를 걷은 후 '반사실주의극'의 요소를 잘못 해석한 계획서를 다시 돌려주고 수정하도록 했다. 처음 제출할 때는 10% 정도만 제대로 해석을 했지만, 두 번째 제출할 때는 90%가 '반사실주의'의 요소를 담은 계획서를 완성해서 제출했다. 수정하는 과정에서 학생들은 통과된 계획서를 참고하며 친구들에게 자신의 해석이 맞는지 물어보고 고치며 '반사실주의' 라는 문학의 '모더니즘' 기법을 스스로 이해한 것이다.

'거꾸로교실'의 학습영상의 가장 큰 의미는 기존 전통적 교실에서의

'교사'의 '강의' 자체가 하나의 '콘텐츠'로 변한다는 점이다. 학생들의 입장에서 더 이상 수업 시간이 '권위'를 가진 지식을 제공받는 시간이 아니라 수많은 콘텐츠 중의 하나로 주변화 된 '강의'를 참고하여 학습 내용을 자신의 방식으로 만들어가는 시간이 된다. 실제로 강의식 수업에서 거의 질문을 하지 않던 학생이 SNS에서 교사의 강의내용에 대해 의문점을 표하고 자신이 직접 조사한 내용을 바탕으로 예리한 질문을 댓글로 남기거나 '학습영상'의 내용을 두세 번 반복해서 보고 논리적으로 잘못된 부분을 수업 활동 전에 질문을 해서 교사를 당혹스럽게 만들기도 했다. 단지 강의를 '영상'으로 만들었을 뿐인데 그 변화의 크기는 제법 파장이 크게 번져갔다

수업의 변화 탈주의 시작

(1) 배움이 일어나는 활동

일단 '학습영상'으로 강의가 비워진 상황은 고등학교 교사에게는 매우 곤혹스러운 일이다. 물론 학생의 수행활동 중심의 수업을 해보지 않은 것은 아니나 이렇게 완벽하게 비워졌을 때는 어떻게 채울 수 있을까 막막함부터 다가온다. 또한 고등학교에서 배우게 되는 교과 지식의 추상성을 생각했을 때, 물론 '학습영상'으로 내용을 전달했지만 수업시간에 그 지식을 과연 인지적으로 풀어낼 수 있을까? 라는 스스로의 의구심에서 출발했다. 그러나, '강의식'도 처음 교단에서 수업했을 때는 막막함과 두려움을 가지고 시작했기에 활동중심 수업도 역시 마

찬가지라고 위로하며 '거꾸로교실' 수업을 시작했다. 예전에는 강의식 수업이 지루해질 때 어쩌다 하는 이벤트성의 수업이었지만 이제는 1년을 활동으로 채워내야 한다. '강의'도 수십 번 반복을 하다보면 어느 순간 매끄럽게 다듬어지지 않는가? 활동중심 수업도 역시 마찬가지이다.

활동중심 수업을 했을 때 막상 교사가 학습 요소를 활동에 녹여 제시했지만 즐겁게 수업시간을 끝낸 뒤에도 학생들은 '우리가 공부한 게 맞나요?'라는 질문을 던진다. '배움'의 요소를 크게 '인지적'인 부분과 '정의적'인 부분으로 나눌 때 학생들은 모둠별 협동학습이나 게임형 문제해결학습을 하면서 '정의적' 요소는 '배움'이 일어났다고 생각하지만, 학습지식에 대한 '인지적' 요소에서는 '배움'이 일어났는지 확신을 하지 못할 때가 있다. 그래서 교사는 활동수업을 디자인 할 때는 이러한 두 가지 요소가 상호적으로 일어날 수 있도록 해야 한다. 나의 경우 일반적으로 활동과제를 크게 세 단계로 구분하여 제시했고, 추가가 되는 점프 과제나 프로젝트 과제를 부여하기도 했다.

1단계 과제는 학습요소에 대한 간단한 이해를 바탕으로 모둠원이 함께 의견을 주고받으며 쉽게 해결 할 수 있는 과제이다. 여기에는 학습영상의 내용을 확인한다거나 수업 전반의 기초적인 질문을 해결하는 활동 또는 학습요소의 동기유발이나 자신의 사전지식을 점검하는 활동을 제시했다.

2단계 과제는 난이도를 높이고 학습요소에 대한 접근을 세분화하여 수행하는 내용을 제시한다. 일반적으로 2단계 과제는 기본적으로 모둠원들이 역할을 분담하여 진행하도록 구성한다. 2단계 과제 수행 때는 '직소(Jigsaw)'[1]의 협동학습 모형과 'STAD'[2]의 평가방식을 이용하면 좋다.

3단계 과제는 가장 난이도가 높고 종합적 지식, 창의적 지식, 또는 '아이디어(Big Idea)'[3]와 연관된 'CBL'[4] 과제를 제시한다. 이때는 가급적 모둠원 모두가 협조하여 머리를 쥐어짜내서 만들어야 하는 과제를 제시한다.

추가로 제시하는 점프 과제는 1, 2, 3단계 과제를 먼저 해결한 모둠에게 제시한다. 일반적으로 게임형 과제나 프로젝트형 과제를 제시하고 과제활동 시간에 여유가 있거나 대단원이 마무리 되었을 때 제시하거나, 3단계 과제와 통합하여 제시하기도 한다.

이렇게 제시한 '3단계+@'의 과제 제시는 대단원의 학습 흐름에 따라 융통성있게 조정했다. 대단원 도입부에서는 주로 '1, 2'과제를 제시하고 후반부에는 'CBL'과제를 제시했다.

이러한 과제제시를 위해서는 가급적 교사의 '교육과정재구성' 작업이 선행되어야 한다. 특히 '학기' 전체를 재구성함으로써 하나의 수업활동에서 연관되는 성취기준을 동시에 달성할 수 있도록 해야 한다.

---

1) 직소(Jigsaw) 모형 : '과제분담 학습모형'이라고 하며 전문가 모둠을 구성하고 모둠원의 역할을 분배해서 학습하는 방식을 말한다.
2) STAD(Student Team-Achievement Division) : '성취과제 분담' 학습모형이라고 하며 모둠학생들끼리 모여서 학습을 진행하고 개별평가를 진행하는 방식을 말한다.
3) Big Idea : '핵심원리' 또는 '핵심개념'으로 풀이된다. 기존의 분절적인 지식 습득에서 벗어나 '대개념'을 중심으로 한 '융합적' 지식을 학습하는 것을 전제로 한다.
4) CBL : 'Case Based Learning'은 실제 사례나 사건을 중심으로 수업을 하는 방법을 의미한다. 최근에는 확장적인 개념인 'Challenge Based Learning'의 의미로 삶과 연관된 문제를 해결하는 수업방법을 뜻한다.

채만식의 소설 '미스터방' 과제 학습지

과제1. 모두 함께 풀어보기

(1) 소설의 전개과정에 대해 알아보고, '미스터방'의 소설 전문을 읽고 사건의 전개과정에 맞추어 정리해보자.

전개과정	의미	소설의 내용
발단		
전개		
위기		
절정		
결말		

(2) '미스터방'을 읽고 작품의 주요 등장인물인 '방삼복'과 '백주사'에게 있었던 사건을 역사적 맥락과 연결해서 정리해보자.

시대의 변화	방삼복	백주사
일제강점기		
광복후		

과제2. 다음을 참고하여 이 소설에서 '풍자'가 사용된 부분을 찾아보고, 어떠한 내용을 비판했는지 정리해보자.

> 풍자는 대상과 주제를 우습게 만들고 그것에 대해 모욕, 경멸, 조소의 태도를 환기시킴으로써 대상과 주제를 깎아내리는 기능을 한다. 대상에 대해서는 우행의 폭로, 사악의 징벌이 되는 첨예한 비평이 되고 독자에게는 ~~~~~~ 는 ~~~에 ~~~인 ~~~이다. 그러므로 풍자의 가장 두드러진 특성은 공격성이나, 공격의 극치는 대체로 작품 자체의 외부에 존재하는 과녁이나. 내상에 사실을 포함시키지 않은 부정 그대로의 공격인 것이다. 그러므로 과녁을 공격하는 과정에서 부수적으로 웃음이 파생될 뿐이지, 웃음 그 자체가 목적은 아니다. 그 과녁은 개인, 제도, 국가, 심지어는 《걸리버 여행기》에서처럼 인류 전체일 수도 있다.
> 풍자의 공격성은 다양한 방식으로 나타난다. 풍자는 독백, 대화, 연설, 풍속과 성격 묘사, 패러디 등속을 단독적으로 사용하거나 혼합시켜 사용하기도 하고 기지, 아이러니, 조롱, 비꼬기, 냉소, 조소, 욕설 등의 어조를 사용함으로써 개방적인 문학 형식을 취하기도 한다. 풍자가 희극, 기지, 유머, 아이러니 등과 명쾌하게 분별되지 않는 것은 공격 방식의 이러한 개방성 때문이다.
> 풍자는 웃음을 유발한다는 점에서 해학(comic)과 유사하지만, 익살이 아닌 웃음이라는 점에서 해학과 구별된다. 허생이 변씨(卞氏)에게 만금(萬金)을 빌려 안성에 머물면서 나라 안의 과일을 모조리 사게 되자, 온 나라 잔치나 제사가 치러지지 못했다는 〈허생전〉의 한 삽화는 국가의 경제 경영 능력을 조롱하고 비웃는 풍자의 한 사례이다.

(1) 풍자가 사용된 부분 찾기 (각자 찾아보고 내용을 요약해서 정리해보세요)

(2) 풍자를 통해 작가가 비판하고자 했던 내용은 무엇인가?

과제3. 다음 제시된 영화 포스터를 보고 풍자를 하려는 대상과 내용에 대해 모둠의 생각을 적어봅시다.

(가) 풍자된 포스터

(나) 원래 영화 포스터

〈점프〉
자신이 알고 있는 최근의 사회적 문제가 된 사건을 찾고 풍자의 방식을 이용해서 비판해보자.

활동 수업에서의 교사의 가장 큰 고민은 '수업진도'에 대한 문제인데, 실제로 학생들의 수행활동은 통합적인 능력을 사용해야 하기 때문에 인지적으로 분절된 각각의 성취기준을 동시에 달성할 수 있다. 그래서 교육과정 재구성을 통해 교사는 학생들의 수행활동 한 학기를 만들고 반복되거나 통합할 수 있는 요소들을 과감히 다듬는다.

(2) 협업이 이루어지는 수업

대부분의 '배움'이 일어나는 수업의 전제는 학생들이 모둠을 짜서 활동을 진행하는 '협력학습'의 형태이다. 그러나 개별적으로 강의만 듣던 학생들이 갑자기 '협력'을 만들어내는 일은 쉽지 않다. 나의 경우 학생들이 모둠학습에 대한 경험이 거의 없는 상황에서 '거꾸로교실' 수업을 시작했기 때문에 초기에는 모둠의 역할을 구조화하여 제시하였다. 이것은 '협동학습'의 사회적 기술표를 참고하여 현재 내 교실에서 수업하는 학습자의 상황을 반영하고 교과에서 주로 활동하는 요소에 따라 적절하게 조절해서 사용한 것이다.

역 할	내 용
이끔이	제시된 활동에 대한 전체 기획을 하고 토론의 사회자 역할을 수행한다. 특히 기존의 '조장'이라는 개념을 탈피하기 위해 활동의 시작과 마무리에서만 역할할 수 있도록 했다.
점검이	활동의 중간과정을 이끌고 활동내용 기록 및 보고를 하는 역할을 수행한다. 활동의 중간과정에서 실제적인 조장의 역할을 수행한다.
꼼꼼이	활동의 규칙을 점검하고 모둠이 소란스럽거나 활동에 집중하지 못할 때 제어하는 역할을 한다. 모둠의 물품을 관리한다.
밝음이	모둠의 정서적 분위기를 조성하여 어려움에 부딪힐 때 교사에게 도움을 요청하는 역할을 한다.

〈국어수업 '흥부전' 역할분담 활동 및 이끔말 예시〉

이끔이

① 이번 시간의 활동 목표는 '흥부전'을 읽고 이해되지 않는 어휘에 대해 아는 것이야.
② 흥부전 어휘학습 사전동영상에서 공부한 내용을 바탕으로 작품의 어려운 어휘를 정리해 보자.
③ 어려운 어휘의 의미를 플래시 카드를 만들고 서로 어휘 뜻을 맞추어 보는 것이야.
④ 모둠에서 연습한 것을 바탕으로 다른 모둠과 플래시 카드 게임을 해서 모둠도미노 칩을 가장 많이 모으는 모둠이 되도록 하자!

점검이

① 흥부전 어휘학습 사전동영상을 보고 오지 않은 학생은 준비시간에 동영상을 빨리 보도록 하자.
② 흥부전 작품을 적절한 분량으로 나누어서 어려운 어휘를 찾고 토의하는 것이 좋을 것 같아.
③ 서로 찾은 어휘를 학습지에 정리하고 플래시카드로 만들 어휘를 뽑아보자.
④ 플래시카드 게임을 두 사람씩 짝을 지어 해보자. 서로 자기 색깔의 도미노칩을 놓고 문제를 맞추면 상대방의 칩을 가져오고 문제가 틀리면 자기의 칩을 주도록 하자.

꼼꼼이

① 어휘를 찾고 정리해서 플래시 카드를 만드는 데 15분, 에비디 및 때까지 게임을 개최하는 것에 10분이 주어져 있어. 그리고 남은 시간은 모둠 플래시카드 게임이 진행이 된다.
② 선생님께서 첫 번째 탐험가로 점검이를 임명했어 점검이에게 우리 모둠의 도미노칩 7개를 주고 출발시키자.
③ 선생님께서 두 번째 탐험가로 밝음이를 임명했어 밝음이에게 우리 모둠의 도미노칩 7개를 주고 출발시키자.
④ 이번 모둠 플래시카드 게임에서 우리 모둠이 마지막에 가지게 된 도미노칩은 ○○개야.

밝음이

① ○○가 어휘의 뜻을 잘 이해하기가 어렵다고 하는데 표준국어대사전을 통해 의미를 좀더 알아봐야겠어.
② ○○가 짝플래시카드 게임을 하는데 의미를 설명하는 것을 힘들어하는 것 같아. 우리가 같이 ○○가 어려워하는 부분을 서로 돌아가며 설명해주는 것이 어떨까?
③ ○○○의 의미는 사전을 찾아도 정말 어려울 거 같아 선생님에게 도움을 요청하는 것에 대해 동의하니?
④ ○○가 도미노칩을 전부 뺏기고 왔어. 열심히 준비했는데 운이 없었던 거 같아 우리 같이 위로해 주자.

이렇게 역할을 주고 모둠활동을 진행하면 초기에는 모둠에서 발생하는 '무임승차'나 수업과제와 상관없는 소란스러움이 줄어들 수 있다. 나는 심지어 위의 〈표〉처럼 각각의 '이끔말'까지 만들어주고 읽도록 했다. 그러나 이렇게 구조적으로 짜여진 수업은 외형적으로는 '배움'이 진행되는 것처럼 보이지만 이것은 가짜 배움이 될 가능성이 높다. 학생들이 협업의 과정에 대해 어느정도 익숙해지면 차차 그 역할을 모둠 안에서 스스로 정하도록 해본다. 그리고 결국에는 서로 '역할'을 굳이 나누지 않아도 협업이란 것이 이루어진다는 것을 교사도 학생들도 알게 되는 상황이 온다. 왜냐하면 학생들은 이미 많은 순간 협업을 통해 일을 해결해왔기 때문이다. 학기 초 학급게임 대회를 하는데 놀라운 일이 있어났다. 학생들은 선생님과 약속한 시간보다 1시간 먼저 와서 서로의 게임실력을 비슷하게 고려해서 조를 편성하고 기다리고 있었던 것이다. '리그오브레전드(League of Legend)'라는 학생들이 제일 좋아하는 온라인 게임은 5명이 서로 협동을 해서 플레이를 하는 게임으로 '초'단위로 서로 협업이 이루어져야지 승리를 할 수 있는 게임이다. 하지만, 우리 반 꼴찌도 그 게임에서는 놀라운 협업을 발휘하고, '이끔이'로서의 훌륭한 리더십을 발휘했다.

(3) 스스로 하는 평가, 서로가 하는 평가

이렇게 활동을 진행해놓고 '평가'는 다시 지필고사로만 본다면 수업과 평가가 별개로 이루어지게 된다. 수행평가의 비율을 높여 활동의 내용을 수행평가로 반영해야 하는데 또한 '모둠'으로 함께 수행한 내용을 어떻게 개별적인 점수를 부여할 수 있는가 교사는 고민할 수밖에 없다. 또한, 모둠별로 평가 점수를 주게 되면 일명 잘 나가는 모둠은 좋은 점수를 받게 되고 그렇지 못한 모둠은 활동에 있어서 늘 불이익을 받는다는 생각을 할 수 있고, 평가로 인해서 오히려 모둠의 자연스러운 협업이 일어나는 것에 방해를 받을 수 있다. 또한 함께 무엇인가를 해결하겠다는 것보다는 '정답 찾기'에만 골몰하다보면 협업의 가치가 사라질 수 있다.

이런 점을 개선하고자 나는 모둠활동에 대한 수행평가 방식을 '40%'로 늘리고, 평가의 내용을 '자기'평가와 '상호'평가로 나누어 진행했다.

개인평가는 대단원의 모둠활동을 끝내고 새로운 모둠으로 조정되기 전에 모둠의 활동을 마무리하며 '개인활동보고서'를 제출하도록 했다. 개인활동보고서는 크게 네 가지 질문을 중심으로 학생이 작성하도록 된다.

① 수업활동을 통해 자신이 배운 점을 서술하시오.
② 모둠에게 주어진 과제를 해결할 때 자신이 수행한 역할을 설명하시오.
③ 자신의 모둠이 이루어낸 성과에 대해 설명하시오.
④ 자신의 모둠이 부족한 부분에 대해 설명하시오.

①의 경우 자신이 활동을 통해 배운 내용에 대해 중요도의 순위에 따라 설명하도록 하면서 활동에 대한 피드백을 스스로 할 수 있도록 한다. ②의 경우 모둠활동에서 무임승차가 발생하지 않고 자신이 하고 있는 활동에 대한 의미를 다시 한번 점검할 수 있도록 기회를 줄 수 있도록 한다. ③, ④의 경우 수업활동에서 다른 모둠의 활동과 자신의 모둠 활동을 비교하면서 잘한 점과 부족한 점을 스스로 기술할 수 있

도록 한다. 처음에는 ④의 활동을 기술할 경우 평가에 있어서 불이익이 있을 것이라고 생각하는 학생들도 있지만, 자기 활동에 대한 메타인지적인 활동이라는 것을 이해하고 부족하고 한계에 부딪힌 부분에 대해서도 스스로 반성하고 분석할 수 있도록 한다

상호평가는 개인보고서 작성을 마치고 '구글설문지' 기능을 이용해서 학생이 집에가서 자기 모둠의 다른 구성원을 평가하도록 한다. '5점 척도'를 기준으로 다른 친구를 평가하고 그 이유를 작성하도록 한다. 학생들은 생각보다 객관적으로 상대를 평가한다. 평가결과는 교사

문학수업 활동보고서(1)

2학년 (7)반 (10)번   이름 : 박나연

1. 수업활동을 통해 자신이 배운 점에 대해 서술하시오. (중요하다고 생각하는 것부터 구체적으로)
(1) 소설가 구보씨의 일일
(2) 고향

2. 모둠에게 주어진 과제를 해결할 때 자신이 수행한 역할에 대해 설명하시오. (자신이 한일을 중심으로)
(1) 소설가 구보씨의 일일이 소설에 등장하는 인물들을 모둠원 전체가 찾아냈고, 내 역할은 구보 찾고 싶어하는
(2) 고향
(3) 호질

3. 모둠활동시 자신의 모둠이 성과를 발휘한 부분에 대해 설명하시오. (구체적으로)
모둠활동을

4. 모둠활동시 자신의 모둠의 부족한 부분에 대해 반성하시오. (구체적으로)

가 수업활동 관찰에 참고만 하고 성적에 반영되지 않음을 학생들에게 공지했음에도 불구하고 학생들은 성실하게 평가에 참여했고 또한 다른 친구들도 자신을 평가한다는 사실로 인해 다음 모둠 활동에 좀더 적극적으로 참여하고자 노력했다. 교사는 평가점수가 저조한 학생들을 수업 이외의 시간에 상담을 통해 활동 수업의 어려운 점을 해결해주기 위해 노력하고 수업 시간에도 그 학생의 활동을 좀더 적극적으로 개입하여 개선해주고자 노력한다.

문학수업 UCC프로젝트 모둠상호평가(2차)

* 필수항목
1. 자신이 속한 학급은? *

채점자	모둠원	별점	이유
최○○	최○○	5	점검이로서 모둠활동 과정의 기록을 성실하게 수행했다.
정○○	조○○	5	이끔이로서 모둠을 잘 이끌어 갔다.
박○○	이○○	4	의견을 많이 내서 활동하는데 많은 도움을 주었다.
김○○	모○○	3	역할을 주면 나름대로 하지만 활동할 때 딴짓을 많이 하였다
홍○○	조○○	2	잘모르겠다고 하면서 대부분의 모둠활동에서 활동을 하지 않았다.

2. 자신의 차학교?
번통반 콧사트 고사해

3. 자신이 속한 모둠은?

4. 자신의 이름은?

5-1 자신이 평가할 첫번째 모둠원의 이름은?
정확하게 이름 전체를 기재해주세요.(성과 이름은 붙여쓰세요)

5-2 첫번째 모둠원의 평가점수는? *
● 5(아주 잘함)
● 4(잘함)
● 3(보통)
● 2(부족함)
● 1(아주 부족함)

5-3 첫번째 모둠원의 평가점수의 이유를 적어주세요. *

'거꾸로교실'과 관점의 변화

이제 교사의 '강의'는 수업의 헤게모니를 주도하는 위치에서 '교과서'와 동일한 또 다른 '텍스트'인 객체로 탈바꿈하게 된다. 교사 역시도 수업을 주도하는 중심인물에서 학생의 수행을 보조하는 주변인물로 역할이 옮겨진다. 이러한 변화 속에서 학교에서 유통되는 교육적 권위를 가진 '지식'은 자신의 권위를 해체하고 학생들이 가지고 놀 수 있는

'대상'이 된다. 그리고 비로소 학생은 그 '지식'에 대한 궁금증을 표출하기 시작한다.

"네가 말하는 것이 정말 맞는 거니?"

교사도 변하게 된다. 내가 하고 있는 수업에 대해, 내가 전달하는 지식에 대해 의문을 표시한다. 그래서, 실제로 '거꾸로교실'은 어떠한 고정된 틀이 없다. '영상'도 반드시 있어야 하는가에 대한 문제는 교사가 만들어가는 수업의 상황과 목적에 따라 조정된다. 그리고 이제 '거꾸로'의 의미는 여기에서 다양하게 파생되어 변화된다.

"기존의 전통적인 교사와 학생의 관계가 뒤집히는 거꾸로,
숙제를 학교에서 강의는 집에서 실행하게 되는 시간이 뒤집히는 거꾸로,
교사의 가르침이 중심이 되는 수업의 형태에서 학생의 배움을 중시하는 수업의 형태로 뒤집히는 거꾸로,
도구화된 지식의 습득에서 삶과 연관된 지식을 배우는 학습의 목적이 뒤집히는 거꾸로,
하위인지 지식에 대한 수업에서 상위인지 지식으로 수업이 이루어지는 지식 수준에 따른 수업비중의 거꾸로,
지식을 전달하고 습득하는 수업에서 지식을 조정하고 구성하는 수업으로의 지식을 바라보는 관점의 거꾸로"

이러한 다양한 '거꾸로'의 의미를 교사는 자신의 수업에 적용하고 실천하면서 스스로 발견하는 것이 중요하다. 결국 실천을 통해 자기 자신의 수업의 비전을 하나씩 만들어갈 수밖에 없기 때문이다. 그렇게 자신의 수업실천이 쌓이다보면 언젠가는 세상에 단 하나 밖에 없는 자신만의 '거꾸로교실'이 탄생할 것이다.

탈근대 시대의 학교, '수업 노마드'로서의 교사의 탄생

최초의 스마트폰이 출현한 이후 이제 수많은 개인미디어 기기가 인간의 손에 들어왔다. 모든 사람들은 이제 실시간으로 온라인으로 소통하며 음성과 문자를 넘어서 사진, 영상까지 손쉽게 공유할 수 있게 되었다. 그래서 사람들은 이제 '새로운 세상'이 출현했다고 한다. 그러나 나는 '새로운 세상'이라는 전제에 대해서 근본적으로 동의하지 않는다. 오히려 이 도구는 우리가 원래 살고 있던 세상의 허구를 걷어 내버린 것이다. 마치, 구텐베르크의 인쇄기로 찍어낸 루터의 독일어 성경이 중세 카톨릭이 재단해 놓은 신앙의 방식을 본질로 돌려놓았듯이 이러한 개인 미디어의 시대는 근대가 만들어놓은 수많은 질서를 해체해버린 것이고 '학교' 역시 그 해체의 과정에서 자신의 질서를 재구조화는 과정일 뿐이다.

'자크 랑시에르'의 '무지한 스승'에서 '오로지 한 인간만이 한 인간을 해방할 수 있다'[5]라는 문구를 읽고 나는 수업 시간에 '한 사람이 한 사

---

5) 무지한 스승(자크 랑시에르 지음, 양창렬 옮김/궁리 2008년) P195

람을 가르치는 활동'을 구상해서 적용했었다. 모둠별로 서로 다른 색깔의 색종이를 각각 나누어 가지고 한 편의 소설 작품에서 영역별로 가르칠 내용을 적었다. 빨간 색종이 모둠은 '소설의 주제'에 대해, 파란 색종이 모둠은 '소설의 인물'에 대해, 노란 색종이 모둠은 '소설의 구성'에 대해 적는 방식으로 9개 모둠이 각각 만들었던 것이다. 그리고 이제 서로 가르치는 시간에는 빨간색 모둠 학생과 파란색 모둠 학생이 서로 만나 빨간색 모둠 학생은 '소설의 주제'에 대해 파란색 모둠 학생에게 가르치고, 파란색 모둠 학생은 빨간색 모둠 학생에게 '소설의 인물'에 대해 가르쳤다. 그리고 그 과정을 마친 다음엔 서로의 색종이를 바꾸어 자신이 방금 배운 내용을 다른 색깔의 모둠 학생과 만나 다시 가르치는 방법이었다. 나는 이 활동이 반드시 성공할 것이라고 생각했다. 그러나 서로 가르치고 배우는 활동이 시작된 지 십여 분만에 교실은 대혼돈 상황에 빠지기 시작했다. 가르치는 학생은 자신이 가르칠 내용을 모르고 배우는 학생도 무슨 내용을 배웠는지 기억하지 못했다. 당황한 나는 수업 활동을 중단시키고 학생들을 다시 자리에 앉힌 다음에 이번 수업 활동이 실패한 이유를 상의하게 되었다. 놀랍게도 아이들은

"가르치고 배우는 과정이 두 세 번 반복되면서 가르쳐야 할 내용이 원본과는 점점 다르게 변하게 되어 결국 가르칠 수 없게 되었다. 이것은 결국 언어를 통한 인간의 의사소통은 한계를 가질 수밖에 없다는 사실을 우리들로 하여금 알게 하였다."

라는 결론을 내렸다. 이처럼 '가르침'과 '배움'은 서로 함께 일어나는 상보적인 과정이다. '가르침'이 없는 '배움'이 존재할 수 없고, '배움'이 없는 '가르침'이 생겨날 수 없기 때문이다. 그리고 이러한 '배움'과 '가르침'의 상보적 발생은 수업이라는 공간에서 '교사'와 '학생'의 평등한 의사소통 구조와 '수업'과 '지식'에서의 평등한 지적 권위의 위계 관계가 이루어질 때 생겨난다.

친구가 될 수 없다면 진정한 스승이 아니고,
스승이 될 수 없다면 진정한 친구가 아니다.
　이탁오

명나라 말의 유학자 '이탁오'의 말처럼 결국 수업이라는 것은 스승과 친구의 관계처럼 가르침과 배움이 서로 교차적으로 일어나는 끊임없는 변화의 과정을 만들어 가는 것이다. 이미 교육이라는 것은 '근대' 이전부터 존재해왔던 것인데 근대에 들어와 국가 단위의 공교육으로 주조된 것에 대한 교육의 껍데기를 해체하고 다시 복원하는 것이 탈근대를 향하는 '수업 노마드'로서 교사의 역할이 될 것이다.

다시 처음으로

지금까지 나의 '거꾸로교실' 수업을 돌아보았을 때 얻을 수 있었던 깨달음은 학습영상의 효과도 아니고 재미난 수업 활동도 아니었다. 학생들의 성적이 많이 올라갔다는 결과는 더욱 아니었다. 아이러니하게도 그 기간에 내가 경험한 최고의 사실은 결국 인간에 대한 신뢰 회복이었다. '인간'에 대한 신뢰 회복이라? 이것은 너무나 당연한 말일지 모른다. 하지만, 그것은 당연하기에 제일 어려운 일일 수도 있는 것이다.

우리는 '인간'으로 살고 있을까? 이 말은 "인간으로 존재한다."와 "인간과 인간으로 관계를 맺는다."라고 풀어서 이야기 할 수 있다. 그리고 우리는 '수업'을 통해서 '교사'도 인간으로 존재하고, '학생'도 인간으로 존재하며, 서로 '인간'과 '인간'의 관계를 맺고 있는지에 대해 되돌아보아야 한다.

나는 과거에 학교에서 정말 무서운 선생님 중 한 명이었다. 강의식이었던 내 수업시간에는 한 명도 잘 수 없었고 학급 아이들의 입시 준비도 폭압적으로 이끌어갔다. 예상대로 입시의 성과는 항상 월등했다. 그것으로 보상해주기라도 하는 듯이 나는 학생들을 비인간적인 미숙한 존재로 취급하며 그들의 인간성을 존중하지 못했던 사실에 대한 상처를 스스로 덮어왔다.

'거꾸로교실' 수업을 실천하고 있을 때의 일이다. 우연히 우리 반을 지나가다 수업시간에 학급 아이들 서른여섯 명 거의 대부분이 엎어져 자고 있는 것을 보았다. 너무 화가 난 나는 수업이 끝나기를 기다려 우리 반에 가서 아이들의 허벅지를 매섭게 때렸다. 예전에는 '사랑의 매'라는 단어로 합리화하고 지나갔을 것이다. 그런데, 이번에는 무엇인가 크게 잘못된 느낌이 들었다. 그날 밤새 고민을 하다 학급 SNS에 '정당하지 못한 수단이 정당한 목적을 담보할 수 있을까?'라는 물음을 던졌다. 그리고, 일주일 동안 학급에서 아이들과 난상토론을 벌인 끝에 우리는 더이상 '짐승'이 되지 않기로 했다. 그리고 서로 '인간'이 되기로 다짐했다.

우리는 당연스럽게 교육에 있어서 '인간'에 대한 신뢰를 전제한다. 아마 과거에는 그러한 전제가 가능했던 시대가 있었을 수도 있다. 하지만, 우리는 막상 내 옆에 앉아있는 동료교사를 믿지 못하며 앞의 이웃을 믿지 못하는 시대에 살고 있다. 그리고 학교의 관리자는 교사를 믿지 않으며, 우리도 역시 학생을 믿지 않는다. 학생들도 자신의 모둠에 속한 동료 학생들을 믿지 못한다. 자신에 비해 타인은 미숙한 존재이니 통제되고 바르게 이끌어 갈 수밖에 없는 대상으로 생각한다. 많은 사람들이 배움이 일어나는 수업의 전제는 '관계'라고 한다. 그러나, 이 '관계'는 신뢰를 전제로 일어나는 것인데, 문제는 이 신뢰라는 것은 절대로 인지적으로 우리가 받아들일 수 있는 요소가 아니란 것이다. 입과 머리로는 알고 있다고 할 수 있지만 마음으로 받아들이지 않는 이상 절대 알 수 없는 것이 바로 '신뢰'인 것이다. 아마 우리는 이 험난한 세상과 접하기 전에는 동화책 속의 이야기처럼 사람에 대한 믿음이 있었을 것이다. 하지만 우리는 커가면서 그 신뢰를 점점 잃어버렸다. 나쁜 사람, 나쁜 세상에 대한 경험이 우리를 이런 어른으로 어느덧 만들어 버렸다.

'거꾸로교실'을 실천하면서 발견하는 학생들의 변화는 - 아니 학생들의 변화가 아니라 구조의 변화로 인한 학생들 원래의 본성의 회복 - 이러한 나쁜 경험을 극복하고 '인간'에 대한 신뢰를 회복하기 위한 강한 동기가 된다. 처음 '거꾸로교실'을 할 때 나는 아이들을 믿지 못했다. 활동도 좀더 상세하게 내용화되었고, 학습영상도 교육방송 수준으로 자세하게 제시하였다. 하지만 아이들의 성취를 보면서 점점 믿음이 쌓이기 시작했다. 아이들도 모둠 활동을 함께 하며 '서로'를 믿기 시작했다. 처음에는 종이 한 장처럼 얇았던 신뢰의 경험들이 계속해서 쌓여 이젠 누구도 찢을 수 없는 거대한 뭉치가 되었다.

우리는 교사이기 때문에 그런 어른들의 세상을, 질서를 그대로 재생산해서 아이들에게 전달할 수는 없을 것이다. 세상의 수많은 집단이 현실적 이유로 '인간'에 대한 신뢰를 자본의 뒤로 미루더라도 교육집단만큼은 이상적 가치를 끝까지 부여잡아야 한다고 생각한다. 그래서 '거꾸로교실'에서는 먼저 '인간'으로서의 존재와 '인간'과 '인간'의 의미 있는 관계의 회복 먼저 반드시 이루어져야 한다. 그리고 나서야 '수업'에 대한 '거꾸로'로, '지식'에 대한 '거꾸로'로 파생될 수 있는 것이다.

탈출에서 탈주로

현재 내가 진행하고 있는 '거꾸로교실'은 완벽한 것이냐? 라는 질문에 나는 '아직 갈 길이 멀다'는 대답 밖에 할 수가 없다. 지금도 나의 '거꾸로교실'은 현재진행형이며 완성될 수 없는 과제이면서도 이미 완성된 과제이기도 하다. '하나의 고정적인 수업모델이 완성될 수 있다'는 전제를 가정하는 것은 이미 '거꾸로교실'의 패러다임을 부정하는 것이기 때문이다.

'들뢰즈'[6]는 '표상 없는 사유'에 대해 질문한다. 실제로 근대 학교 교육의 패러다임은 이러한 '표상적 사유'를 개념화하고 이것을 가르쳤다. 하지만 이미 '표상'의 주체성은 부정된 지가 오래이다. 들뢰즈는 '무엇인가를 제대로 알고 있는 가장 확인하기 쉬운 방법'으로 '리듬을 탄다'라는 이야기를 한다. 리듬을 탄다는 것은 '이해'나 '인식'과 다른 차원에서 무언가를 제대로 실행할 수 있는 능력과 결부되어 있다. 여기에서 학습자는 고정화되고 주체화된 지식을 받아들이는 것이 아니라 '지식'이라는 리듬을 연주하는 연주자가 되어야 한다. 수영을 하는 방법에 대한 무수한 이론과 개념보다 물의 흐름을 이용하는 능력, 흐름을 자신의 리듬에 맞게 타면서 이용하고 때론 변용을 가하는 능력이 필요하기 때문이다. 여기에는 교사도 학생도 주체화된 기존 지식을 재생산하는 수동적 객체가 아니라 '수업노마드'로서의 지식을 '자기의미화'하는 새로운 개별자로 거듭나야 한다.

여기에서 '질문이 있는 교실'과 '거꾸로교실'의 접점이 만들어진다. '질문'이라는 것은 자신이 주체가 되어 세상을 '자기 의미화'하는 과정에서 일어날 수밖에 없는 필연적인 과정이다. 지식의 절대성이 해체된지 수백 년이 지난 지금 아직까지 교사가 '신'의 대리인으로서의 '교황'의 역할을 고수한다는 것 자체가 모순이었던 것이다. '성경'에 대한 해석이 다시 개인에게 돌아간 시대에 '교사'는 먼저 해석한 자이면서 해석에 대해 열린 자로서 '학생'들의 자유로운 해석을 지원하고 응원할 수 있어야 한다.

'거꾸로교실'은 이러한 근대적 교육의 패러다임을 해체하고 자기의

---

6) 질 들뢰즈(Gilles Deleuze)(1925~1995) 프랑스의 현대 철학자

미화를 통해 복원하는 실천이다. 탈근대적인 자기의미화의 과정은 결코 개념의 전달에서 시작하는 것이 아니라 실천을 통한 자기 개념의 정립을 통해 진행되는 과정이며 이것은 '교사'와 '학생' 모두 '노마드'로서 생각의 경계를 허물어낼 때 시작이 된다. 처음에는 어렵다고 느껴질 수도 있지만 그동안 교사 스스로 한 번도 걸어가지 않았던 길이다. 이제까지 교사는 국가의 지시에 따라 학생을 훈육하는 중간관리자로서의 역할에만 충실했기 때문이다. 하지만 과거의 패러다임을 고수한다면 변화된 사회에서 자라나는 아이들은 그것을 더이상 받아들이지 않을 것이고 학교와 교사를 거부해 버릴 것이다. 교사도 학생도 스스로의 길을 만들어가야 하는 새로운 시대가 되었다. 그래서 이제 교실은 '탈출'해야만 하는 장소가 아니라 '탈주'할 수 있는 공간으로 변해야 할 것이다.

질문으로 자라나는 배움,
배움의 공동체

강양희
장곡중학교

강양희

'좋은' 국어 선생님이 되고 싶어 늦깎이로 교사가 되었지만,
아직 그 꿈에 이르지 못했다는 생각에 계속 달리고 있다.
스스로 자기 삶의 주인으로 설 수 있는 학생,
약한 이웃을 사랑할 수 있는 감수성을 가진 학생,
우리말과 글을 사랑하는 학생을 길러내고 싶다.

질문으로 자라나는 배움, 배움의 공동체

수업을 바꿀 용기

교실 맨 앞줄에 앉은 꼬마는 가슴이 두근두근거린다.

"선생님, 그런데 베짱이가 겨울에도 살아 있어요?"

이런 질문을 마음속으로 하고 있다. 그러나, 얼굴이 벌겋게 달아오르도록 심장이 요동치는데도 불구하고 꼬마는 결국 질문을 포기하고 만다. 내성적이고 소심한 이 꼬마는 '개미와 베짱이'라는 우화를 배우며, 겨울에 베짱이가 개미에게 구걸하러 가는 장면에 의문이 생겼던 것이다. 만약 질문을 했더라면 선생님은 어떤 반응을 보였을까? 꼬마가 끝내 질문하지 못한 것을 보면 그간 꼬마의 질문에 선생님이 어떤 반응을 보였을지 짐작할 수 있다.

이 아이는 수없는 두근거림과 포기를 반복하며 어느덧 어른이 되어 국어 교사로 아이들 앞에 서게 되었다. 중고등학교 시절에 배웠던 것과 똑같이 한 시간 내내 강의를 하고 나서 '나는 왜 재미있는 수업을 하지 못할까'를 고민한다. 수업의 흐름을 깨는 '질문'을 하는 학생들에게는 '그런 질문은 나중에 교무실에 와서 하라'는 말로 일축한다.

이 국어교사의 일상이 바로 몇 년 전까지 나의 모습이었다. 수업을 마치고 교실을 나오면서 개운하거나 행복해본 기억은 거의 없었다. 수업 준비를 많이 해도 만족도가 높아지지 않았다. 수업을 잘 한다고 생각하든 그렇지 않든, 많은 교사들이 수업을 바꾸고 싶어한다. 나도 그랬다. 이 때 내 수업을 바꿔보기 위해 옮긴 학교가 배움의 공동체 수업을 하고 있는 혁신 학교였다. 배움의 공동체에 대해 그 흔한 연수 한번 받지 않고 갔지만, 필요한 것은 연수나 지식이 아니라 수업을 바꿔보겠다는 의지와 용기였다.

함께 바꾸면 더 쉽다

10년간 고수했던 수업 방법을 하루 아침에 갑자기 바꾸는 것이 쉬운 일은 아니다. 몇 년 전 너무나도 드센 아이들을 만나 같이 소리지르고 복닥거렸던 그 해에 내 목소리 중 일부는 돌아오지 못할 곳으로 가버렸다. 그 때부터 사용하기 시작한 마이크를, 학교를 옮기고 나서도 계속 사용했다. 그런데, 수업 컨설팅을 해주시는 우리 학교의 수석 선생님께서 내 수업을 보신 후 제일 처음으로 꺼내신 말씀이 마이크를 버리라는 것이었다. '마이크를 사용해야 작은 목소리로 수업할 수 있다'고 반론을 펼쳤지만, '커다란 마이크 소리는 아이들의 목소리를 키울 뿐'이라는 말씀에 공감하고 바로 마이크를 버렸다.

내가 짧은 시간에 배움의 공동체 수업에 적응하고 수업을 바꿀 수 있었던 이유는 이러한 컨설팅, 보살핌과 이미 이 학교에 정착돼 있던 고유의 협력 문화 때문이었다. 각자 다른 빛깔을 가진 교사들이 한마음으로 배움의 공동체 수업을 이루어 낸 바탕은 교사들간의 협력 문화였다. 그리고 교사들의 이러한 문화와 더불어, 잦은 협의를 가능하게 하는 행정적인 지원과 시스템도 중요하다. 교사들의 행정 업무를 최소화하기 위해 행정 인력을 보충하고, 같은 학년간 교사들의 원활한 협의를 위해 부서가 다르더라도 같은 학년 교사들을 한 교무실에 배치하는 것이 그 방법이다. 고등학교의 경우 대부분 학년제이기 때문에 같은 교무실에서 협의를 하는 것이 더 쉬울 수도 있다. 또, 학년 초에 교과 교사를 학년별로 정할 때 기존 교사와 새로 들어온 교사를 같은 학년으로 짜지어 배치함으로써 전입, 신규 교사들이 빠르게 학교의 수업 방식에 정착하도록 하는 것도 학교 전체의 시스템을 유지하게 하는 요인이다.

이러한 체제를 갖추기 어려운 학교라 해도 같은 과목, 같은 학년을 맡은 교사들끼리 협의 구조를 갖는 것이 꼭 필요하다. 시간과 마음을 내어 일상적으로 협의를 실천하면 생각보다 많은 성과를 낼 수 있다. 또, 문제가 있는 학생이 발생해도 교과 교사 한 사람의 힘이 아니라 전 교사의 힘으로 함께 해결해 나가기가 쉬워진다. 실제로 우리 학교에서는 한 학급의 수업에 문제가 생기면 해당 학년 교사들이 모두 달려들어 그 학급의 수업을 관찰하고 문제를 진단하여 함께 해결하는 시스템을 가동하고 있다. 모든 교사들이 이렇게 하는데 학생들의 수업 태도가 좋아지지 않을 수 없다. 수업 뿐 아니라 생활 지도 면에서도 함께 한다는 철학은 똑같이 적용된다.

철학을 공유하기 위해 교사들이 함께 공부하는 모임이 있으면 좋다.

일상적인 협의체나 독서토론모임과 같은 비공식적 모임이어도 좋고, 교과연구회나 연수의 형태와 같은 공식적 모임이어도 좋다. 이 둘이 함께 병행되면 더욱 좋다. 학교내 전문적학습공동체를 형식적으로가 아니라 실질적으로 운영해야 한다. 그래야 소통과 협력의 문화가 발전한다. 전문적학습공동체가 완전히 정착되면 공립학교처럼 해마다 교사들이 들고나는 경우에도 탄탄하게 학교의 시스템과 분위기를 유지할 수 있다.

교사 중심 수업에서 학생 중심 수업으로

전국적으로 많은 혁신 학교들이 운영되고 있는데, 그 중 수업을 바꾸려는 학교들이 주로 배움의 공동체 수업 방식을 택하고 있다. 수업을 바꾸어 학교를 혁신하고자 한다.

혁신 학교로 변모하기 전의 우리 학교는 학생도 교사도 행복하지 않은 공간이었다. 수업 시간에 대놓고 자는 학생이 흔했고, 깨우는 교사에게 화를 내고 욕을 하는 학생도 있었으며, 수업 시작을 알리는 종이 쳐도 교실에 들어가지 않고 복도에 우르르 몰려다니기 일쑤였다. 학부모는 학교와 교사를 신뢰하지 않았으며, 부모들끼리 학생 문제로 고소를 하기도 하는 등 생활 지도 문제도 심각했다. 여기에 문제의식과 위기의식을 느낀 몇몇 교사들이 자발적으로 독서토론 모임을 시작했다. 이와 함께 연수와 컨설팅을 받는 과정에서 배움의 공동체 수업을 만났으며 이를 잘 실현시키기 위해 혁신학교 제도를 받아들였다. 학생이 바뀌어야 학교가 바뀌고, 먼저 수업이 바뀌지 않으면 학생들을 변화시킬 수 없다는 생각은 '수업 혁신'으로 이어졌다.

배움의 공동체 수업이 기존의 수업 방식과 가장 다른 점이라면 교사 중심이 아니라 '학생 중심'의 수업이라는 점이다. 교사 중심의 강의식 수업에서는 학생이 수업을 듣는 듯하지만 머릿속으로는 딴 생각을 하거나 혼자서 낙서를 하는 등 수업 집중도가 떨어지는 경우가 많다. 그러나 학생이 수업의 중심이 되면 이런 현상은 거의 없어진다. 끊임없이 활동을 해야 하고 모둠 친구들의 말을 들어야 하고 자신의 생각을 이야기해야 하기 때문에 딴 생각할 시간이 없다. 학생중심 수업에서는 교사가 '가르치는' 것이 아니라 이러한 활동을 통해 학생들이 스스로 '배운다'.

사토 마나부 교수가 배움의 공동체론을 주창한 이유는 학생들이 더 이상 학교에서 배움의 의미를 찾지 못하고 '배움으로부터 도주'하는 현상에 대한 문제 의식 때문이었다. 그는 일본, 한국, 중국, 대만, 싱가폴 등 동아시아 국가에 공통적으로 나타나는 현상에 주목했다.[1] 동아시아 국가 학생들은 대부분 '세계에서 공부는 가장 잘하지만, 세계에서 가장 불행한 학생'들이다. 그리고 학생들은 이제 등교 거부, 따돌림, 수업시간에 잠 자기 등 배움으로부터 도주하는 현상을 노골적으로 보이기 시작했다. 그는 이 원인을 동아시아 국가의 독특한 역사적 맥락에서 비롯된 공통적 현상, '압축적 근대화, 경쟁교육, 산업주의, 국가주의, 공적 의식의 미성숙'에서 찾았다. 그리고 이제는 이와 같은 동아시아형 교육모델이 더 이상 지속 가능하지 않다는 결론을 내렸다.

---

1) 『배움으로부터 도주하는 아이들』, 사토마나부, 북코리아

사토 마나부는 이제 '공부'에서 '배움'으로 전환해야 함을 역설했다. 그는 '공부'와 '배움'의 차이가 '만남과 대화'의 유무에 있다고 보았다. 즉 진정한 배움이란 '세상과의 만남', '타인과의 만남', '자기와의 만남' 이 있어야 하고, 이러한 만남과 대화가 있는 배움을 '활동적 배움', '협력적 배움', '표현적 배움'이라고 하였다.

흔히 오해하는 것처럼, 배움의 공동체 수업은 단지 책상을 'ㄷ'자로 배치하는 형태의 변화나 모둠 활동을 중시하는 수업 기법의 변화에 있지 않다. 학생이 배움의 과정 속에서 자기와 만나고, 타인과 만나고, 세상과 만나는 과정이 있느냐의 여부가 핵심이다. 이러한 만남과 대화가 이루어지는 순간을 '배움이 일어나는 장면'이라고 한다.

그리고 이를 위해서는 학교의 구조와 문화 전체가 '배움'을 중심으로 공동체적으로 재조직되어야 한다. 사토 마나부는 학교의 구조 자체가 '민주성', '공공성', '탁월성'의 원리에 의해 배움의 공동체로 재조직되어야 한다고 주장하였다. 다시 말해 학생들만 배워야 하는 것이 아니라, 교사들도 동료성의 원리에 따라 자신의 수업을 나누고 함께 배우며 성장하는 과정이 있어야 한다는 것이다. 이것이 '배움의 공동체' 의 핵심적인 철학이자 원리이다.

활동지에는 질문만 있다

이러한 철학을 수업에서 구현하기 좋은 것이 모둠활동 방식이다. 지금 우리 학교는 전 학년이 전 교과 시간에 모둠 활동 방식으로 수업을 하지만, 처음에는 모둠활동수업에 대한 확신이 없어 강의식 수업과 병행하기도 하였다. 그러나 그런 수업을 관찰한 결과 교사가 강의를 하는 시간에는 현저히 학생들의 집중력이 떨어지고 수업에서 하나둘씩 빠져나가는 학생들을 어렵지 않게 발견할 수 있었다. 그래서 여러 번의 시행착오를 거쳐 교사의 강의를 최소화하는 방향으로 수업을 구성하였다. 쉽게 모둠을 만들었다 풀었다 할 수 있도록 모든 교실의 책상을 'ㄷ'자형으로 배치하고, 전과목의 활동지를 모둠 활동에 적합하도록 제작했다.

수업 시간에 교과서와 더불어 사용하는 학습지를 우리 학교에서는 '활동지'라 부른다. 이 학습지의 내용은 학생들의 모둠별 '활동'에 초점이 맞추어져 있기 때문이다. 교과의 내용은 대부분 재구성되기 때문에 교과서보다는 학습지를 더 많이 사용한다. 이는 수업 보조 자료의 성격이라기보다는 주교재에 가깝다. 기존의 학습지에서 주로 다루는 개념 정리나 괄호 넣기도 거의 없다. 활동지의 주요 내용은 질문이다. 어떤 개념 설명 없이 학생들은 활동지를 받으면 바로 질문에 대한 답을 찾기 위해 함께 탐구하는 활동을 시작한다.

예컨대, 국어교과서의 '정확하고 효과적인 표현'이라는 소단원의 마무리 단계에서는 다음과 같은 순서로 질문을 제시하였다.

1. 가 글에 쓰인 표현 방식을 살펴보고, 글쓴이가 이와 같이 표현한 의도는 무엇일지 말해 보자.
2. 나 의 1연을 일반적인 문장 순서로 바꾸어 써 보고, 바꾸어 쓰기 전과 바꾸어 쓴 후의 차이점을 말해 보자.
3. 다음에 제시한 가치 중 친구들과 나누고 싶은 가치를 5개 선택해 보자.
* 가치 : 사랑, 진실, 존중, 열정, 평등, 인내, 보람, 협동, 믿음, 용기, 배움, 노력

4. 3에서 선택한 가치를, 다음에 제시된 표현 방식을 사용하여 풀이해 보자.
자.
5. 자신이 만든 가치 풀이를 친구들이 만든 것과 비교해 보고, 가치에 담긴 다양한 의미를 발견해 보자.

먼저 표현 방식과 표현 효과에 대해 생각해 보고, 그 다음에는 표현 효과를 사용한 문장과 그렇지 않은 문장을 비교해 보며 그 차이를 이해하게 한다. 그 다음 단계에서는 앞에서 배운 표현 방식을 사용하여 직접 문장을 만드는 활동을 한 후, 마무리로 가치를 내면화하는 활동을 한다. 표현법이라는 이론을 아는 데 그치는 것이 아니라 자신이 스스로 배운 것을 활용하여 글을 쓸 수 있도록 교과서의 내용을 재구성하여 활동지를 만들었다.

활동지의 질문 하나하나를 해결해 나가는 과정을 통해 스스로 알고 배우게끔 만드는 것이 가장 좋은 활동지이다. 그러나 활동지의 발문이 모호하면 학생들은 어려움을 호소하고 수업은 방향을 잃고 만다. 따라서 사전에 학생들이 어떤 내용을 어려워할지, 어떤 활동에 어려움을 느낄지를 예상하여 활동지를 제작해야 한다. 대화 상황에서의 발문 만큼이나 활동지의 발문이 중요한 이유이다.

한 사람도 소외되지 않는, 모둠 활동 수업

한 사람도 수업에서 소외되지 않아야 한다는 배움의 공동체 철학은 교사 뿐 아니라 학생들도 몸으로 실현하고 있다. 미리 수업을 기획하고 이끌어가는 것은 교사이지만, 함께 모둠활동을 하면서 엎드려 있는 친구를 일으키고 멍때리는 친구를 각성시켜 활동을 하도록 만드는 것은 학생들의 힘이기 때문이다. 물론 처음부터 저절로 학생들이 이렇게 될 리는 만무하다.

배움의 공동체 수업이 무엇이며 어떻게 수업이 진행되는지 전혀 모르는 1학년 신입생들을 위해 학기를 시작할 때 1주일간 오리엔테이션 프로그램을 진행한다. 배움의 공동체 철학을 체득하기 위한 첫걸음인데, 놀랍게도 1주일간 교육을 받은 학생들은 배움의 공동체 방식의 수업에 바로 적응한다.

오리엔테이션의 내용 중 시사할 만한 것으로 EBS 영상이[2] 있나. 그 중 '조용한 공부방'과 '말하는 공부방' 실험은 서로 협력하는 모둠 활동이 얼마나 뛰어난 학습 방법인지를 증명한다. 이를 뒷받침하는 이론이 학습효율성피라미드인데, 이 표에서 가장 효율성이 높다고 제시된 것은 내가 아는 것을 상대에게 설명하는 방법이다. '말하는 공부방'은 실제 상황이 아니라 실험을 위해 연출한 장면인데도 우리 학교의 수업 장면과 매우 흡사하다. 학생들은 '내가 아는 것을 매일 모든 시간에' 옆친구에게 설명하므로.

모둠 활동 수업이 원활하게 이루어지기 위해 선행되어야 할 것이

2) 다큐프라임 '우리는 왜 학교에 가는가?' 시리즈 5부 '말문을 터라' 중 일부이다. 이 실험에 참여한 대학생들 집단을 두 그룹으로 나누고 역사와 관련된 일정 분량의 학습 내용을 제시하면서 한 그룹에게는 독서실 같은 곳에서 혼자 조용히 공부하도록 하고, 다른 그룹에게는 두 명이 짝을 지어 서로에게 질문하고 답하며 시끄럽게 공부하도록 주문한다. 일정 시간을 주고 시험을 본 후 결과가 공개되는데, '말하는 공부방' 학생들의 점수가 '조용한 공부방' 학생들의 점수보다 거의 두 배 가까이 높게 나온다.

경청 습관이다. 그런데, 학생들은 중학교 입학 전에 듣는 훈련이 잘 되어 있는 경우가 드물어 이를 훈련시켜야 한다. 그저 듣기만 하는 것이 아니라 친구의 말에 맞장구를 쳐주고 새로운 질문을 던지는 것도 모두 경청 훈련에 포함된다. 또, 옆모둠에 방해되지 않으면서도 같은 모둠 구성원들끼리는 충분히 들을 수 있는 정도의 작은 소리로 대화하는 것도 연습한다. 공개 수업을 보러 오는 외부 방문객들이 학생들의 모둠 활동 모습을 보고, 공개 수업이 아닌 평소에도 이렇게 조용히 모둠활동을 하는지 의아해 할 정도이다. 이렇게 조용히 모둠활동이 이루어지니 교사는 마이크를 사용하지 않으며, 소란스러워지는 경우에는 목소리를 높이는 것이 아니라 오히려 목소리를 낮춤으로써 학생들이 집중하도록 한다.

학생들은 활동지에서 주어지는 문제를 해결하기 위해 서로 묻고 답하며, 해결하는 과정에서 문제에 봉착하면 선생님을 부른다. 때로는 선생님이 바쁠 때에는 옆모둠 친구에게 물어보기도 하고 옆모둠 친구들끼리 하는 말에 귀를 기울이기도 한다. 협력의 범위가 한 모둠에 갇히지 않고 옆모둠에까지 뻗쳐 가는, 바람직한 공동체의 모습이다.

지난 번 공개 수업에서는 이런 일도 있었다. 80여 명의 교사가 참관하는 수학 수업이었는데, 먼저 활동을 마친 가은이가 멀리 떨어진 모둠의 다영이에게 큰 소리로 외쳤다.

"다영아, 2번 경우의 수 말야. 열여덟 가지 나오는 거 맞아?"

답을 확인하는 단순한 물음이었지만 평소에 활동하면서 어려움에 봉착할 때 다른 모둠 친구로부터 도움을 받았다는 것을 짐작할 수 있었다. 이를 보고 외부에서 온 교사는 당황스러워 했다. 공개수업 시간에 참관인들을 전혀 의식하지 않고 그렇게 외치는 것이 낯설었던가 보다. 그러나 우리 학교 교사들은 빙글빙글 웃었다. 이것조차 협력의 한 장면이라 생각하기에 대견하기도 하고, 공개수업이건 말건 그에 개의치 않고 자유롭게 활동하는 학생의 모습이 예뻐서였다. 가을이는 예외였지만 문제를 먼저 해결한 모둠은 다른 모둠이 활동을 마칠 때까지 조용히 기다려 준다.

배움은 질문으로부터 시작한다

서두에 출현했던 그 꼬마가 배움 중심 수업으로 모둠 활동을 하는 교실에 있었다면 어땠을까? 아마도 수많은 질문을 친구들에게 던졌을 것이다. 친구들은 이 꼬마의 질문에 대답도 하고 반문을 하거나 혹은 타박도 하면서 문제로 제기된 내용을 습득하고 발전시켜 함께 '배움'에 이르렀을 것이다.

활동지를 받은 학생들의 활동 모습을 들여다보면 여러 가지 양상이 나타난다. 낯선 용어를 만나면 우선 교사에게 "선생님, 사전 가지러 가도 돼요?"라는 질문부터 시작한다.[3] 이보다 더 사소하게 낱말 뜻을 묻거나 문제의 뜻을 묻는 질문들도 주저 없이 쏟아낸다. 어떤 질문도 허용된다는 의식이 학생들에게 배어있기 때문이다.

---

3) 우리 학교 교실 뒤쪽에는 한 모둠당 한 개씩 사전이 비치되어 있다.

학생들의 지적 수준이 다양하므로 활동지의 답은커녕 문제가 무슨 뜻인지조차 파악하지 못하는 학생도 있다. 이러한 학생들은 모둠 친구들에게 문제의 의미를 확인하는 질문부터 던진다. 이 또한 일대다의 일방적 수업에서는 하기 어려운 질문이다. 문제의 의미를 파악하지 못하는 학생들은 별로 없으므로 이것을 어려워하는 친구에게 누군가 답을 해준다. 그런데, 이렇게 1차원적인 질문을 하면서도 질문을 던지는 학생에게 전혀 부끄러움이 없다. 대답을 해주는 학생에게서도 친구가 이런 것도 모른다고 무시하는 태도를 전혀 발견할 수 없다. 친구들의 어떠한 질문도 그저 자연스러운 모둠 활동의 일부로 여긴다. 이처럼 모르는 것을 모른다고 하면서 내뱉는 질문이 가능할 때 학생들은 수업에서 소외되지 않고 배움을 얻어갈 수 있다.

갓 입학한 우리나라 중학교 1학년들에게는 초등학생과 같이 '저요, 저요'하는 모습이 남아 있다. 그러나 중학교 과정을 거치면서 서서히 입을 닫게 되는데, 위와 같은 형태의 수업에서는 적어도 고등학생이 되기 전까지는 계속해서 수업 시간에 입을 열도록 할 수 있다. 더 나아가 3년간 이러한 수업을 받은 학생들은 고등학생이 되어서도 입을 다물지 않고 계속해서 질문하고 발표하고 자기 생각을 표현하는 학생으로 자란다.

본교의 졸업생들은 고등학교에 가서도 중학교 때처럼 수업시간에 계속 질문을 한다고 경험담을 말하곤 한다. 이 학생들은 3년간 모둠 활동을 하면서 모둠 친구들과 수많은 질문을 나누었을 텐데 고등학교 교실에서는 친구들과 질문을 나눌 수가 없으니 그 질문을 모두 교사에게 했을 것이다. 그러나 선생님들은 질문을 잘 받아주지 않을 뿐 아니라 이러한 행동을 수업 방해 행위로 오해해서 어려움이 많았다고 한다. 이 학생들은 질문을 받아주지 않는 선생님이 답답하여 교장실에 들어가서 민원을 제기했다가 버릇없다고 되레 꾸중을 들은 일도 있었다고 한다. 졸업생들이 시시때때로 찾아와 어려움을 호소하는데 그 해답이 없어 안타까울 따름이다.

아직까지는 고등학교 교실에서 학생의 질문을 자연스럽게 받아주는 일이 수업을 방해한다거나 진도에 지장을 준다거나 하는 일로 받아들여지는 것 같다. 그 동안 모둠 활동을 하면서 모둠 친구들과 수많은 질문을 나누다가 질문을 나눌 대상이 없으니 그 질문을 교사에게 했을 것이고, 강의식 수업을 하는 교사들이 이렇게 많은 질문을 받아들이기는 어려웠을 것이다. 졸업생들이 시시때때로 찾아와 이 부분에 어려움을 호소하는데 그 해답이 없어 안타까울 따름이다.

질문하기 ∝ 연결짓기 ∝ 질문하기 ∝ 되돌리기

수업 시간에 교사와 학생이 나누는 대화, 질문과 대답은 중요한 의미를 갖는다. 예전에 강의식 수업을 위주로 하던 나는 혼자 떠드는 것이 아니라 학생들과 대화를 한다고 생각하면서도 이미 정해져 있는 답을 묻는 수업을 했다. 그러나 이처럼 교사가 학생에게 정해진 답을 요구한다면 그것은 진정한 대화라고 보기 어렵다.

수업 시간의 '대화'에 대해 교육학의 고전인 〈페다고지〉에서는 이렇게 쓰고 있다.

오직 비판적 사고를 필요로 하는 대화만이 비판적 사고를 낳을 수 있다. 대화가 없으면 의사소통이 없고, 의사소통이 없으면 진정한 교육이 불가능하다. 교사와 학생의 모순을 해소할 수 있는 교육은 양측을 매개하는 대상을 양측이 함께 인식하는 상황에서 가능하다. (중략) 반대화적 은행 저금식[4] 교육자가 생각하는 교육의 내용은 단지 학생들에게 강의하는 것에 관련된 문제일 뿐이다. 그는 자기 질문에 자기가 답하면서 자신의 교육 내용을 조직한다. 반면 대화적 문제제기식 교사 - 학생이 생각하는 교육내용은 선물이나 강요가 아니라 각 개인들이 더 알고 싶어하는 주제에 관해 조직적이고, 체계적이고, 계발된 지식을 '제시'하는 것이다.

이 책의 표현대로 하자면 나는 '은행 저금식 교육'을 하면서, '자기 질문에 자기가 답'했고 학생들과 '의사소통'을 하지 못했다. '의사소통이 없으면 진정한 교육이 불가능하다'는 말은 학생들이 '더 알고 싶어하는 주제'에 대해 교사와 학생 간의 문답이 없는 교실에서는 학생에게 배움도 일어날 수 없다는 뜻이다.

나는 현재 수업에서는 학생들과 진정한 대화를 하기 위해 노력하고 있다. 교육과정에 충실하면서도 학생들이 '더 알고 싶어하는 주제'에 가까운 수업을 하기 위해 '삶과 관련 있는 국어수업'을 하려고 노력한

---

4) (교사가 설명자인) 설명은 학생들이 설명된 내용을 기계적으로 암기하도록 만든다. 더 나쁜 것은 학생들을 교사가 내용물을 '주입'하는 '그릇'이나 '용기'로 만든다는 점이다. 더 완벽하게 그릇 안을 채울수록 그 교사는 더욱 유능한 평가를 받는다. 또한 내용물을 고분고분 받아 채울수록 더욱 나은 학생들로 평가된다. 이렇게 해서 교육은 예금 행위처럼 된다. 학생은 보관소, 교사는 예탁자다. 양측이 서로 대화하는 게 아니라, 교사가 성명을 발표하고 예탁금을 만들면, 학생은 참을성 있게 그것을 받아 저장하고, 암기하고, 반복한다. 이것이 바로 '은행 저금식' 교육 개념이다. - 〈페다고지〉, 파울루 프레이리, 그린비, 86쪽 /111~112쪽

다. 활동을 하면서 학생들이 질문할 경우 바로 답을 알려주기보다는 스스로 답을 찾을 수 있도록 다시 질문을 한다. 학생들은 교사의 질문을 통해 다시 힌트를 얻어 답을 찾아간다. 모둠별로 활동이 끝난 후에는 답을 공유하는 시간을 통해 자신들의 활동이 제대로 된 것이었는지 검증받는다. 이 때에도 교사는 정제된 언어로 정리하지 않고 학생들의 발표를 통해 내용을 정리한다. 학생들의 답을 들은 후에 교사의 말로 정리하는 것이 제일 쉽기는 하다. 그러나 이렇게 되면 학생들이 활동한 후 다시 강의를 하게 되어, 학생들이 활동한 것을 무의미하게 만들거나 수준이 낮은 내용을 생산한 것으로 전락시킬 우려가 있다. 그래서 교사가 따로 정리하지 않는다.

정답이 필요없는 확산적인 질문도 있지만 정확한 답을 필요로 하는 질문도 많다. 이런 경우 학생들이 정확한 답을 찾지 못하거나 핵심을 비껴가는 답들 속에서 헤맬 때가 있다. 그럴 때에도 '그것이 아니고 이것이다.'라는 방식보다는 답을 이끌어낼 수 있도록 현재의 답과 정확한 답을 연결짓는 질문을 사용한다. 연결짓는 질문을 통해 학생들은 스스로 정답을 찾게 되는 것이다. 이전에 배웠던 내용이나 개념이 정립되지 못해 헤맬 때는 되돌리는 질문을 사용한다. 전에 배웠던 내용을 다시 한번 상기시키는 질문을 통해 다시 학생들은 스스로 답을 찾아나간다.

질문이 피어나는 교실 - 시 수업

수업 시간에 실제로 어떤 대화를 주고받는지 들여다 보기로 하자.

국어에서 시단원을 배울 경우, 학생 활동 없는 교사 중심의 수업이라면 우선 시의 내용을 분석할 것이다. 교사는 낱낱이 시어와 구절의 뜻을 풀이하고 시 전체의 제재, 주제, 표현방법 등을 설명하고 학생들은 이를 듣고 받아적는 방식으로 수업이 진행된다. 이렇게 시를 배운 학생들은 시를 감상의 대상이 아니라 분석의 대상으로 받아들이며, 시를 싫어하는 학생들은 이런 수업 과정을 통해 양산된다.

배움의 공동체 교실에서 시 수업은 이러한 수업 방식과 대조를 이룬다. 시 단원을 통해 이루고자 하는 성취기준이 무엇이냐에 따라 조금씩 다르겠지만 시 수업은 시에 대한 내용 분석 없이 바로 감상부터 시작한다. 아무런 사전 설명 없이 학생들이 시를 만나고 그에 대한 느낌을 나누는 것이야말로 문학 수업의 궁극적 목표와 맞닿아 있는 것이라는 생각이 수업 설계의 바탕에 깔려 있다.

다음은 봄에 배운 시단원으로, 성취 기준은 '일상에서 의미 있는 경험을 찾아 다양한 작품으로 표현한다.'이며, 두 번째 시간 활동지의 일부이다.

* 다음 시를 감상하고 활동해 보자.

아내의 봄비

김해화

순천 아랫장 파장* 무렵 봄비 내렸습니다.
우산 들고 싼거리* 하러 간 아내 따라갔는데
난장* 바닥 한 바퀴 휘돌아
생선 오천 원 조갯살 오천 원
도사리* 배추 천 원

장짐 내게 들리고 뒤따라오던 아내
앞서 가다 돌아보니 따라오지 않습니다.

시장 벗어나 버스 정류장 지나쳐
길가에 쭈그리고 앉아 비닐 조각 뒤집어 쓴 할머니
몇 걸음 지나쳐서 돌아보고 서 있던 아내
손짓해 나를 부릅니다.
냉이 감자 한 바구니씩
이천 원에 떨이 해가시오 아줌씨
할머니 전부 담아주세요.

빗방울 맺힌 냉이가 너무 싱그러운데
봄비 감끼긴 이처워이며 너무 싸네요,
마다하는 할머니 손에 삼천원 꼭꼭 쥐어주는 아내

횡단보도 건너와 돌아보았더니
꾸부정한 허리로 할머니
아직도 아내를 바라보고 서 있습니다.

꽃 피겠습니다

---

* 과장(科場), 백일장, 시장(市場) 따위가 끝남. 또는 그때.
* 물건을 싸게 팔거나 사는 일. 또는 그렇게 팔거나 산 물건.
* (1) 시골에서 정해진 장날이 아닌 때에 특별히 며칠 동안 터놓은 장.
  (2) 한데에 허가없이 벌여놓은 가게들이 늘어선 장
* 과실이 자라는 도중에 떨어진 것

(1) 이 시의 화자는 어떤 상황에서 이 시를 지었을지 말해 보자.

(2) 이 시를 통해 시적 화자가 무슨 말을 하고 싶어 하는지 말해 보자.

(3) 이 시에서 가장 마음에 드는 구절을 찾아보고, 그 이유를 말해 보자.

교과서에 나온 시는 1차시인 전 수업시간에 다루었다. 이번 시간은 적용활동으로 교과서 이외의 시를 배우기 때문에 학생들이 이해 가능하고 답을 찾아가기 쉬운 시, 감동이 있는 시를 선택하였다. 활동지에서 학생들이 해결해야 할 문제는 세 가지이다. 시적 화자의 상황, 시의 주제, 마음에 드는 구절 찾기. 모둠별로 활동을 할 때 세 가지 문제를 어려워하는 집단은 없었다. 거친 답을 내놓느냐 정제된 답을 내놓느냐의 차이는 있을망정 넷이 함께 해결하면 시의 내용 정도는 모두 파악한다.

배움 수업에 익숙한 학생들도 항상 정답을 궁금해 하기는 한다. 그러나 교사는 절대로 '맞다, 틀리다'로 대답하지 않는다.

"선생님, 시적 화자의 상황이요. '시적 화자가 순천 아랫장에 갔다.' 이거 맞아요?"

"다른 친구들과 함께 생각한 거야? 너 혼자 생각한 거야?"

"다른 친구들도 비슷하게 생각하는 거 같은데요. 저희가 모둠활동한 거에요."

"시적 화자가 순천 아랫장에 가서 뭘 했을까?"

"서 있었어요."

"그게 끝이야?"

(옆친구) "야, 아내가 할머니에게 냉이 사는 것도 구경했잖아."

"그렇지. 그런 사건이 있었지."

"그럼, 시적 화자는 장에 가서 아내가 냉이 사는 걸 보았다. 이렇게 하면 돼요?"

"아내가 냉이 사는 걸 보는 시적 화자의 마음은 어땠을까?"

"흐뭇했어요."

"그렇지. 그런 내용도 요약해서 담아보면 어떨까?"

이러한 대화 과정이 필요치 않은 모둠도 있지만, 과제의 난이도 정도나 모둠원의 구성에 따라 다양한 대화가 필요한 경우도 있다. 내용 전달식 수업에서는 개별적으로 혹은 모둠 구성원들과 함께 질문하고 대답하는 대화를 나누기가 어렵다. 그러나 학생 활동 위주로 수업을 구성하면 일상적으로 이러한 대화가 가능하다. 모르는 것이 있는 학생은 언제나 모둠 안의 다른 친구들에게 물을 수 있으며, 모둠원이 모두 모를 때에는 언제나 교사에게 물을 수 있다. 교사는 답을 말하시는 않지만 학생들 스스로 답을 찾아갈 수 있도록 '연결짓기' 질문을 계속 던진다. 이러한 질문법과 대화는 학생 한 명 대 교사이든, 모둠원 네 명 대 교사이든, 반 전체 학생 대 교사이든 모든 수업 시간에 일상적으로 이루어지는 활동이다.

질문으로 세상과 소통하기 - 교과통합 프로젝트

다른 내용의 시 수업 장면을 들여다 보기로 하자.

봄에 있을 2박 3일의 체험학습과 연계하여 교과 통합 프로젝트를 기획했다. 대부분의 중학생들은 아름다운 체험학습 장소를 가더라도 감흥이 없고 수박겉핥기식으로 여행지의 겉모습만 슬쩍 둘러본 후 관광버스로 돌아와 스마트폰으로 게임하기 바쁘다. 이 프로젝트는 이런 학생들에게, 좀 더 의미있는 체험학습의 기회를 주고자 만들었다.

우선 학년별로 주제를 정했는데, 1학년은 자연, 2학년은 역사, 3학년은 공존이었다. 2학년은 역사와 관련 있는 유적지 두 곳을 여정에 포함시키는 것만 통일하고 나머지는 학급별로 학생들이 자율적으로 여정을 짜도록 하였다. 이것이 사회(지리) 시간에 이루어진 수학여행 가이드북 만들기이다. 역사 시간에는 체험학습 장소인 광주와 관련하여 5.18 민주화 운동을, 전주와 관련하여 동학농민전쟁을 배웠다. 미술 시간에는 모둠이 협동하여 민중화 그리기를 진행하였으며, 영어와 음악 시간에는 프랑스 혁명을 담은 노래로 가사와 음률을 익혀 공동 수행평가를 진행하였다. 창의적 체험활동 시간에는 5.18민주항쟁과 관련된 단편소설과 영화를 보았다. 이 교과통합프로젝트의 이름은 전체적인 내용과 걸맞게 '새로운 세상을 향한 발걸음'이었다. 국어 시간에는 역사와 관련된 내용으로 참여시를 다루었다.

국어수업 시간에 사용한 활동지 1번은 이렇게 시작한다.

> 1. '참여시'란 용어를 들어본 적이 있는가? 사전에서 '참여 의식'이라는 단어를 찾아 그 뜻을 적은 후, '참여시'란 어떤 시를 말하는 것인지 생각하여 써 보자.

참여시에 대해 배워본 적이 없고 처음 접하는 학생들에게조차 개념을 먼저 설명하지 않고, 학생들 스스로 개념으로 접근해 갈 수 있도록 활동지를 구성하였다. 학생들의 사고는 사전에 나와 있는 '참여 의식'이라는 단어에 갇힐 수도 있지만 시를 모두 배운 후에 참여시에 대해 다시 개념이 정립되므로 사전 설명은 필요치 않다.

강의식 수업이 어쩔 수 없이 필요하지 않느냐는 질문에, 위와 같이 발문을 만들고 활동지를 구성한다면 모둠활동만으로도 개념 수업이 가능하다고 답하고 싶다. 교사가 말을 할 때만이 아니라 활동지를 만들 때에도 마찬가지이다. 어떤 영역의 수업을 하더라도 활동지에는 절대로 먼저 정리된 지식이나 개념을 제시하지 않는다. 그것보다 질문이나 과제를 먼저 던지며, 그 과정에서 개념이나 정의에 대한 사전 지식이 부족한 경우에는 교실마다 모두 비치되어 있는 국어 사전을 활용하도록 유도한다.

　수업의 흐름을 보면, 참여시의 개념에 대해 정리한 후 1980년대의 참여시(광주항쟁을 소재로 한 시, 김준태) 한 편을 감상하고 내용을 파악한다. 이어서 그 참여시와 대조되는 의미를 담고 있는 1980년대의 다른 시(전두환 생일 헌정시, 서정주)를 감상하고 두 시를 비교해 본다. 그 다음으로 이어지는 활동은 다음과 같다.

---

　4. 김수영 시인의 평론인 '시여, 침을 뱉어라'의 일부분을 읽어 보자.

　시는 온몸으로 , 바로 온몸으로 밀고 나가는 것이다. 그것은 그림자를 의식하지 않는다. 그림자조차도 의지하지 않는다. 시의 형식은 내용에 의지 않고 그 내용은 형식에 의지하지 않는다. 시는 그림자에조차도 의지하지 않는다. 시는 문화를 염두에 두지 않고, 민족을 염두에 두지 않고, 인류를 염두에 두지 않는다. 그러면서도 그것은 문화와 민족과 인류에 공헌하고 평화에 공헌한다. 바로 그처럼 형식은 내용이 되고 내용은 형식이 된다. 시는 온몸으로, 바로 온몸을 밀고 나가는 것이다.

이 시론도 이제 온몸으로 밀고 나갈 수 있는 순간에 와 있다. …
(중략) … 자유의 과잉을, 혼돈을 시작하는 것이다. 모기소리보다
도 더 작은 목소리로, 시작하는 것이다. 모기소리보다도 더 작은
목소리로 아무도 하지 못한 말을 시작하는 것이다.
아무도 하지 못한 말을. 그것을……

(1) '시여, 침을 뱉어라'라는 말의 의미가 무엇인지 이야기해 보자.
앞에서 배운 김준태와 서정주의 시를 예로 들어 설명해 보자.
(2) 앞에서 배운 시의 내용을 바탕으로 하여 문학과 역사의 관계
에 대해 써 보자.

김수영의 '시여, 침을 뱉어라'라면 고등학생들도 이해하기 어려운
수준의 평론이다. 그런데도 불구하고 참여시 뒤에 이 내용을 굳이 넣
은 것은 학생들이 참여시의 사회 역사적 기능까지 온전히 이해하도록
하기 위해서이다. 아니, 학생들이 '시여, 침을 뱉어라'라는 평론 제목의
의미만 깨달아도 이 수업은 목표에 도달한 것이라는 생각이었다. 아니
나 다를까, 학생들은 본문의 의미 파악도 매우 어려워했다.

"선생님, 잘 모르겠어요. 말이 너무 어려워요."
"많이 어렵니?"
"네, 시가 문화와 민족을 염두에 두지 않는다구요?"
"글쎄 …, 그 문장의 바로 뒷부분까지 꼼꼼히 읽어봐."
"잠시만요. 시가 문화와 민족과 인류에 공헌한다는 거네요?"
"그렇지. 그래도 내용 파악이 잘 안 되면 '시여 침을 뱉어라'라는 제

목에서 '시여'와 '침을 뱉어라' 사이에 아무 수식어라도 넣어봐. 어떤 수식어가 들어갈 것 같아?"

"음 …, 사회? 국회의원?"

"그럼, '시여 사회에 침을 뱉어라'가 될까? 그것도 괜찮지만 조금 더 구체적으로 말한다면?"

"그럼 '시여, 부정부패한 사회에 침을 뱉어라' 이건 어때요?"

"그렇지, 그래야 앞뒤 문맥도 잘 어울리지?"

"네! 우리가 맞혔다!"

"그래, 그런 '부정부패한 사회'를 넣은 것도 좋고, 또 더 넣을 만한 것들이 뭐가 있을까?"

"기레기요."

"기레기?"

"기자요. 진실 보도를 하지 않는 언론."

"그러네. 언론도 포함되겠네. 그럼, 이런 사회나 언론 등을 모두 포함하는 조금 더 깔끔한 표현을 만든다면?"

"어려워요."

"한자말을 넣어서 정리해봐. 한 번."

"한자로 하는 건 더 어려운데 …."

"그럼 선생님이 도와줄까? 정의롭지 못한 거..."

" …… ."

"두 글자 …."

"불의!"

"그렇지!"

"시여, 불의한 현실에 침을 뱉어라!"

"우와! 대단하다. 너희 모둠 최고! 그럼 이제 내용 정리할 수 있겠지?"

"네!"

이 수업 장면이 우리나라의 여느 교실과 다른 점이 있다면 학생들이 매우 자유롭게 질문한다는 것이다. 정말로 궁금하고 중요한 질문이라 하더라도 학생들이 교사의 강의 중간에 불쑥 손들고 질문할 수 없는 상황. 수업이 끝나고 질문해야지 하다가도 급히 나가는 선생님의 뒷모습을 바라보며 질문을 포기해 버리는 상황. 이것이 우리 주위의 일반적인 교실의 상황이다. 그런데, 이 교실에서 학생들은 그것이 아무리 사소한 것일지라도 거리낌없이 질문하고 거리낌없이 대답한다. 혹시 틀린 답을 하여 창피함이 돌아올 것을 두려워하지 않으며, 한 학생이 틀린 답을 이야기하더라도 교실의 어느 누구도 그것을 비웃거나 눈여겨보지 않는다.

모둠 활동 시간에 나는 여러 모둠을 돌며 활동을 지도한다. 학생들이 나누는 대화를 슬며시 들으면서, 이야기해야할 내용이 잘 나오고 흐름이 좋은 모둠에는 별로 개입하지 않는다. 위 대화는 헛다리를 짚거나 갈피를 잡지 못하고 마냥 헤매는 모둠, 교사에게 도움을 요청하는 모둠에 들어가서 지도한 내용이다. 모둠별로 대화의 내용은 조금씩 다르겠지만 활동을 어려워하는 모둠을 돌며 위와 같은 종류의 대화를 나눈다. 어려운 과제를 해결해야 할 경우 교사가 다가가기 전에 학생들이 먼저 선생님을 부르는 경우도 많다.

학생들은 모둠 활동을 할 때에는 네 명씩 모둠을 지어 앉지만 전체 공유의 시간에는 모둠 구성을 해체하고 다시 교사에게 집중하는 좌석 배치로 돌아온다. 이 문제에 대한 전체 공유의 시간에는 이러한 대화가 오고갔다.

"자, 4번 문제 함께 공유해 볼까요?"

"네!"

" '시여, 침을 뱉어라'가 무슨 의미일까요? 모둠 별로 생각했던 거 이야기해 볼까요?"

"시여, 침을 뱉어라'는 '시가 사회를 비판할 때 떳떳하게 말해라.' 라는 뜻입니다."

"네, '침을 뱉어라'라는 말을 '떳떳하게 말하라'는 것으로 해석했군요. 쉽게 잘 풀어썼네요. 다른 모둠 이야기도 들어 봅시다. 2모둠이 아까 열띤 논쟁을 펼치는 것 같던데 2모둠 발표들어볼까요?"

"진실을 밝히지 않는 세상을 시가 비판해야 한다는 내용입니다."

"오~! 대단한데. 왜 '진실을 밝히지 않는 세상'이라고 생각했어요?"

"이건 세월호 문제 때문에 그렇게 생각했어요."

"그렇구나. 광주항쟁 당시에도 처음에는 진실이 밝혀지지 않았어요. 오랫동안 민주화 투쟁을 한 결과 나중에 진실이 밝혀지게 된 거죠. 앞에서 배웠던 시는 광주항쟁 때 제자를 잃은 시인이 원고 청탁을 받고 울면서 몇 시간 만에 쓴 시라고 해요."

"우와! 장난 아니네요, 쌤!"

"그렇지? 그 때는 이런 시를 쓰는 것만으로도 경찰서에 끌려가던 시대였는데 …, 이렇게 이론적인 내용과 현재 사회의 모습을 연결시킨 2모둠이 대단하네요. 여러분! 2모둠 생각 어때요?"

"멋있어요."

"그렇죠? 이 정도면 4번은 거의 정리된 것 같은데 마지막으로 우리 모둠이 너무 잘 한 것 같아서 발표해야겠다는 모둠?"

"저희 모둠이요! 우리 모둠은 시가 불의한 현실에 맞서야 한다는 의미로 파악했습니다."

"우와! 정말 발표 안 들었으면 서운할 뻔 했네. 대단하다. 그러니까 참여시는 현실이 정의롭지 못할 때 이를 비판하는 기능을 했던 거죠."

"그럼 다음 4(2)번 문제로 문학과 역사의 관계는 어떠해야 하는지에 대한 답을 들어봅시다. 이 문제는 어느 모둠이 대답할까요?"

"저희요. 문학으로 역사를 기록할 수 있다."

"네, 문학으로 역사를 기록할 수 있죠. 그럼 역사책처럼 서술하는 것을 말하는 건가요?"

"아니오."

"그럼 어떻게 기록할까요?"

"비판적으로요. 문학으로 역사를 비판적으로 기록할 수 있다."

"네, 더 좋아졌네요. 다른 모둠은?"

"역사가 시가 되고 시가 문화가 된다."

"오! 멋진 표현인데? 그건 무슨 뜻일까요? 친구들에게 설명해 주자."

"그러니까요, 어떤 사건이 있어서 그것을 가지고 시를 만들고요, 그 시를 통해서 또 무언가 문화 같은 것이 된다는 거죠."

"그렇구나. 너무 멋진 말이어서 선생님이 적어야 할 것 같아요. 다른 친구들도 이해했죠? 그럼 다른 모둠 이야기를 들어볼게요."

"문학으로 역사를 바꿀 수 있다."

"와! 정말? 대단한 생각인데? 문학으로 역사를 바꿀 수 있어요?"

"네, 저희는 그렇게 얘기했는데요?"

"문학으로 역사를 어떻게 바꾸죠?"

"참여시 같은 걸로요."

"아, 그렇구나. 맞아요. 그럴 수 있죠. 1980년대에는 이런 참여시를 대학생들이 많이 읽고 시위에 나서기도 했대요. 그런 시를 쓰고 나서 바로 감옥에 간 사람도 있구요."

"정말요? 정말로 시 썼다고 감옥에 갔어요?"

"그래요. 민주화가 되지 않은 사회였으니까요. 마지막으로 한 모둠만 더 발표해 볼까요?"

"문학은 역사의 또다른 외침이다."

"와, 우리 2학년 대단하다. 어떻게 그런 멋진 말을 만들어 냈어요? 선생님한테 이 문제 풀라고 했으면 절대 이런 답을 쓰지 못했을 거예요. 여러분 정말 대단해요. 이 말은 문학이 역사를 그대로 기록하는 것이 아니라, 문학만의 특성을 가지고 문학답게 표현할 수 있다는 말이 되겠죠?"

감동적인 수업이었다. 학생들로부터 배우는 수업이었다. 처음에 문학과 역사의 관계를 생각해 보자는 발문을 만들 때에는 참여시의 사회적 기능을 학생들이 인식할 수 있으면 좋겠다는 생각에서였다. 그런데, 학생들이 활동을 통해 느끼고 깨달은 것은 그 이상이었다. '시여, 침을 뱉어라'라는 평론은 어려운 글이었지만 이 수업의 전 시간에 이미 참여시를 배우면서 어느 정도 문학과 역사의 관계에 대한 내용이 내면화되었던 것으로 보인다. 5.18 광주 민주 항쟁을 소재로 한 참여시의 주제를 학생들이 이렇게 정리한 것을 보면 말이다.

'우리나라 민주화 실현을 위한 광주 시민들의 위대한 희생'
'민주화되기까지 광주 시민들의 노력과 희생을 기억하자.'

현대사에 대해 아직 깊이 있게 배우지 않은 학생들이 이런 내용과 표현을 만들어내는 것이 놀라웠다. 이것은 단지 국어 시간만으로 이루어낸 결과물은 아닐 터이다. 창의적 체험활동 시간에 5.18 당시에 죽은 중학생을 모티프로 한 단편소설을 읽고, 사건이 생생하게 담긴 영화를 보고, 역사 시간에 흐름을 배우고, 영어 시간에는 다른 나라의 민중 혁명에 대해 접함으로써 융합 촉발된 사고 과정의 성과이다. 교과통합프로젝트가 가진 큰 힘이기도 하다.

교실 안에 있던 질문을 '나'의 삶 속으로 들여오기

교실에서 이러한 수업을 한 후 체험학습에 참가한 학생들의 태도는 사뭇 달랐다. 자신들이 짠 여정이므로 더욱 적극적으로 여행지를 탐색하고 즐겼으며, 역사와 관련된 장소에서는 진지한 태도를 보였다. 광주 망월동 묘지에서는 학생들이 해설을 듣고 있는 표정이 너무나 숙연하고 진지해서 문화해설사가 울음을 터뜨리는 일도 일어났다. 광주항쟁을 직접 겪었다는, 나이가 지긋한 해설사는 중학생들이 체험학습으로 오는 것을 많이 보았지만 이런 학생들은 처음이고 너무나 감동이라고 했다. 그것은 학생들의 진심이었을 것이다. 이 프로젝트의 마지막 활동으로 학생들이 쓴 기행문의 구절구절을 살펴보면 느낄 수 있다.

- 망월동의 모습을 보니 숙연해질 수밖에 없었다.
- 그렇게 많은 사람들이 하나의 사건으로 한 곳에 묻혔다는 것이 그 사건의 규모와 참혹함을 생생하게 전하는 듯하였다.
- 광주에서의 일정이 끝나고 느꼈다. 그들이 없었다면 지금의 나, 우리, 민주주의도 없다.
- 그 사진조차 없는 묘지 앞에서는 가슴 속에서 울컥한 무언가가 올라왔다. 그들의 죄없던 무고한 죽음을 설명하는 오월지기의 말씀에 귀를 기울이니 어린 아이부터 임신한 아이가 있던 임산부까지 많은 사람들이 그려졌다.
- 묘지를 다 돌고 나니 5.18 광주 민주화운동 희생자 분들을 잊지 말고 사람들이 5.18광주묘지에 한 번쯤은 오셨으면 좋겠다고 생각했다. 그것이 우리를 위해 희생하신 분들을 기억하고 추모하기 위한 방법 중 하나라고 생각하였기 때문이다.

역사를 바로 알아야 한다는 거창한 주제를 실현시키기 위한 프로젝트는 결코 아니었다. 학생들의 삶과 가까운 교육을 실천하기 위해 여러 교과가 모여 뜻깊은 체험학습을 만들고자 했던 소박한 목적이었다. 그런데, 정성들여 가꾼 농작물이 알찬 수확물을 내는 것처럼, 아이들도 예상보다 훨씬 더 뛰어난 결과물과 성장의 모습을 보여주었다. 더욱 중요한 것은 아이들이 이 체험학습을 정말로 즐거워했으며 만족도가 매우 높았다는 점이다. 놀이공원 정도가 아니면 산야를 도는 체험학습에서 감흥을 잘 느끼지 못하는 중학교 2학년들도 '어떻게' 하느냐에 따라 얼마든지 바뀔 수 있다는 가능성을 보여주었다.

협력과 배려의 교실에서 치유되는 아이들

올해만 해도 천여 명이 넘는 사람들이 우리 학교를 방문하였는데, 교육전문가와 비전문가를 막론하고 '이 학교는 아이들의 표정이 참 밝다'는 말을 공통적으로 한다. 취재를 하러온 모 방송국 제작진들이 말하기를 여러 학교를 돌며 취재를 하고 있는데, 그 중에서도 유독 우리 학교의 아이들이 밝고 안정적이며, 선생님들과 스스럼없이 편하게 지내는 모습이 놀랍다고 했다. 다른 학교와는 많이 다르다고 했다.

실제로 우리 학교에서는 학생이 과잉 행동을 하거나 교사에게 욕을 하여 분란이 되거나 하는 일들이 거의 없다. 흔히 중2병이라는 오명을 안고 살아가는 2학년 학생들도 마찬가지다. 작년에 만난 2학년 수현이(가명)는 밝고 쾌활한 학생이었는데, 알고 보니 부모의 이혼 후 아버지와 둘이 살고 있었다. 1학년 때는 담임 선생님 속을 많이 썩였다고 스스로 말할 정도로 외모에 관심이 많고 언행이 다소 거칠며 가정에서 돌봄이 이루어지지 않는 학생이었다. 그동안 근무했던 학교에서 보아

온, 이와 비슷한 환경과 성향을 가진 아이들은 3학년이 되면 흡연, 가출 등의 일탈 행위 혹은 무기력증, 자퇴 등의 경로를 밟는 경우가 많았기에 내심 걱정하면서 그 아이를 지켜보았다. 그런데, 수현이는 학교 생활을 매우 즐거워했으며 성적이 낮은데도 불구하고 오히려 공부를 잘하는 아이를 이끌며 모둠활동을 주도하고 있었다.

전에 보았던 그 아이들과 수현이는 어떤 점이 달랐던 것일까? 서로 마주보며 앉아 있는 교실의 책상 배치와 지속되는 모둠 활동, 일상적으로 주어지는 협력 과제 등은 학생들 사이에 정서적인 유대감과 공동체성을 높여주는 역할을 하고 있었다. 같은 반의 학생들은 동성이든 이성이든 간에 서로 사이가 유난히 좋으며 수업 시간 중에도 친구들의 말이나 행동에 관대하고 호의석이나. 친구가 맞는 대답을 했건 틀린 대답을 했건 무조건 긍정적인 반응을 보인다. 이는 중학교 2학년 교실에서 일반적으로 나타나는 현상은 아니다.

또, 수현이가 3년간 열심히 학생회 활동을 하면서 에너지를 그쪽으로 발산하고 선배들에게 배우면서 학생 복지를 위해 활동했던 것들이 학교 생활을 더욱 즐겁게 만들어 주어 수현이를 긍정적인 방향으로 이끌었다고 본다. 졸업을 앞둔 수현이는 이제 정서적으로 매우 안정적인 모습을 보이고 성적도 향상되었으며, 작년 담임이었던 나를 볼 때마다 달려와 안기며 '사랑한다'를 외치는 학생이 되어 있다.

초등학교 때 마음의 상처를 입고 중학교 1학년 내내 학교에 잘 적응하지 못했던 재민이(가명). 재민이는 2학년 초에는 9시가 넘어서 등교하는 일이 잦았으며, 수업 시간에 엎드려 있고 싶으면 엎드려 있고,

교실에 있기 싫으면 도서실에 가 있는 아이였다. 교사들은 재민이가 엎드려 있으면 깨우지 못했는데, 친구들은 재민이를 깨워서 함께 모둠 활동을 하였다. 재민이는 잠깐 일어나서 아이들의 이야기를 듣다가, 공유를 하는 시간에 교사가 말을 하면 도로 엎드렸다. 그런데 시간이 지날수록 재민이는 엎드리는 횟수가 점점 줄어들고 급기야 교사에게 말을 걸기도 하였다. 오늘 수업시간에는 '다음 시간에 은어를 배울 차례인데, 너희들이 사용하는 게임 용어를 몰라서 활동지 만들기가 어려우니 누가 좀 도와주겠느냐'고 했더니 재민이가 손을 번쩍 들어 도와주겠다고 하였다. 감정을 최대한 숨기면서 '재민이 고마워'라고 차분히 말했지만, 속으로는 너무 놀랍고 뿌듯해서 소리라도 지르고 싶었다.

보이지 않는 시간 속에서 우리가 느낄 수 없을 만큼 조금씩 성장하는 재민이. 교사들의 노력만으로는 재민이의 이러한 변화를 이루어낼 수 없었을 것이다. 자신들도 모르게 배려의 문화, 공동체의 문화가 어느덧 몸에 밴 학생들에게서 그 답을 찾아야 한다. 3년간 이러한 생활을 한 학생들이 2학기 마지막 국어 수행평가로 쓴 자기소개서에는 다음 글들과 비슷한 내용이 많다.

내가 다니는 장곡중학교는 혁신학교고 모둠활동을 하는데, 중학교에 입학하고 모둠활동에 적응이 안 됐는데 다 같이 문제를 풀고 공유하는 활동에 적응해갔다. 모둠활동이 처음에는 불편했는데 모둠원끼리 협동하고 문제를 해결해 나가고 도와줄 수 있어서 좋았다.

- 김미나

중학교에 들어와서 나는 친구들을 이끄는 일을 좋아하게 되었다. 맨 앞에 나서서 이거 해, 저거 해 소리치기 보다는 학급 친구들끼리 같이 어떤 활동을 할 때 뒤처지는 친구를 도와주거나 친구들이 잘 할 수 있도록 알려주는 것에 흥미를 느꼈다. 어렸을 때의 나는 소심하고 말수도 적었는데, 이렇게 리더십 있게 아이들을 이끄는 활동을 하다 보니 성격도 점점 더 자신감 있고 당당해질 수 있었던 것 같다.

- 주하린

질문을 통해 모두가 성장하는 교실

배움의 공동체 수업 방식으로 수업을 받은 학생들은 학년이 올라갈 수록 놀랄 만한 성장을 하는 것이 눈에 띈다. 1학년에 갓 들어온 학생들은 모둠 활동을 원활하게 하지 못하고 경청 습관이 안 되어 있으며, 스스로 답을 찾아가는 활동을 힘들어 한다. 그러나 2학년 정도가 되면 '모둠 활동을 시작하자'라는 말이 떨어지기가 무섭게 책상을 돌려 모둠을 만들고 활동을 시작한다. 4명으로 이루어진 모둠원의 역할은 따로 정해져 있지 않지만 누군가는 먼저 말을 꺼내 모둠을 이끌고 누군가는 맞장구를 쳐준다. 아무 말을 하지 않는 모둠원에게도 말을 시키고, 끝까지 말을 안 하면 활동지에 필기라도 하게 만든다.

끊임없이 질문하고 끊임없이 대답하는 가운데 학생들의 사고력과 문제해결력이 높아지며, 듣고 말하는 언어 능력도 자연스럽게 발달한다. 말하기 위해서는 먼저 들어야 하기 때문에 경청 능력과 공감 능력도 높아진다. 잠재적 교육과정으로 학생들 사이에 친밀도가 높아지고 협력과 배려의 문화가 만들어진다. 또, 질문을 주고받는 방식의 수업을 오래도록 받은 학생들은 그 과정 속에서 자신도 모르는 사이에 생각하는 힘, 비판적인 능력이 길러진다.

수업 시간에 자연스럽게 질문에 길들여진 아이들은 학교의 일상 생활에서도 질문을 하는 것이 자연스럽다. 이를 통해 학생과 교사 사이에 자연스럽게 소통이 이루어지며, 수업 이외의 학급 행사나 학교 행사를 할 때에도 이 원활한 소통 덕에 수준이 높으면서도 학생들의 만족도가 높아지는 행사를 하게 된다. 많은 교사들이 학생들의 어떠한 질문도 귀담아 듣고 공감하기에 학생들은 학교 생활로 인한 스트레스를 잘 느끼지 않으며 정서적으로도 안정된 모습을 보인다.

교과 수업뿐 아니라 사회 참여 활동으로 이루어지는 창의적 체험활동, 학생이 기획하고 진행하는 학교 축제를 비롯한 모든 활동이 학생의 주체적인 사고 능력과 자율성을 기르는 데 일조하고 있다. 2학년은 창의적 체험활동 시간에 마을과 사회를 만나는 활동을 하였다. 1학기에는 마을 구석구석을 돌며 마을 지도를 그리고, 아파트 경로당에 가서 노인들께 봉사를 하고, 카페에서 커피 찌꺼기를 얻어다 학교 화장실에 비치하기도 하고, 허름한 동네 벽에 벽화를 그리겠다고 동네 주민들에게 제안하여 벽화를 그려내기도 했다. 2학기에는 수요집회에 참여하여 우리 사회의 모습과, 잘 알지 못했던 역사에 대해 고민하는 시간을 가졌다. 교과 이외의 시간들이 이렇게 구성되어 있으니 학생들은 여러 방면에서 생각과 마음이 함께 자라는 성장을 보여준다.

그 성장을 보여주는 다음과 같은 글이 있다. 이것은 2학년 때 수요집회에 참가한 경험이 있는 3학년 학생이 쓴 글이다.

2학년 때에는 위안부 할머니들과 함께 하는 수요집회에 참여한 것이 가장 기억에 남습니다. 그냥 위안부라는 것이 옳지 못한 것이라고만 생각하고 있었던 저는 박물관을 둘러보고 할머님들을 직접 만나보면서 진정으로 그들의 아픔을 같이 느끼고, 함께 나눌 수 있었습니다.

위안부 문제에 대해 그냥 옳지 못한 일이라고만 막연히 생각했던 이 학생은 수요집회 참석 후 '진정으로 그들의 아픔을 같이 느끼고 함께 나눌 수 있었다'고 했다. 이것이 질문이 있는 교실에서 만들어낸 진정한 성장의 모습이다.

배움의 공동체 수업, 일반 교실에서도 가능할까?

많은 선생님들이 힘을 모아 척박한 땅을 일구고 씨앗을 심고 가꾸어 몇 번의 수확을 내기까지 나는 이곳에 있지 않았다. 이미 비옥한 땅이 된 후에 입성한 나는 그 분들께 배우며 행복하게 생활하고 있다. 여러 가지 일로 힘들어하는 다른 학교의 선생님들을 보며 죄스러울 정도이다. 학교 전체가 이러한 시스템으로 돌아간다면 더할 나위 없겠지만 이는 단시일 내에 되는 것도 아니고, 또 여러 사람이 협력해야 가능한 일이므로 당장 이런 해결 방법이 있다고 말하기도 난감하다.

그러나 꼭 학교 전체가 바뀌어야 자신도 그러한 시류에 따라 수업을 바꿀 수 있는 것은 아니다. 수업을 바꿀 생각을 가지고, 같은 학년을 맡고 있는 동료 교사와 협의만 잘 한다면 도전해 볼 만한 일이다. 또, 동료 교사 설득이 어렵다면 혼자서라도 도전할 수 있다. 글머리에서 말했듯이 제일 필요한 것은 수업을 바꿀 용기이다. 용기만 있다면, 그리고, 실패를 두려워하지 않을 혹은 실패해도 견딜 수 있는 열정과 신념이 있다면 누구라도 가능한 일이다.

우선 학생들에게 모둠활동이 익숙해지도록 훈련시켜야 한다. 강의식으로 수업을 하더라도 이와 병행하여 지속적으로 모둠 활동을 시켜야 한다. 우리 학교에서 인근 학교로 1주일에 하루 순회를 나가는 선생님이 계신다. 그 학교는 혁신학교도 아니고 모둠 활동을 하는 교사도 드물다. 거의 모든 교사가 강의식 수업을 하는 학교에서 배움의 공동체 수업이 가능하냐고 그 선생님께 물으니 1주일에 국어가 한 시간인데도 된다고 말씀하신다.

"계속 하면 돼요."

처음에는 잘 안 되더라도 끈기를 가지고 계속 시도하면 된다는 말이다. 평소에 모둠 활동을 해보지 않은 학생들은 그동안 강의식 수업을 들으며 억눌러 왔던 것을 발산하느라 처음에는 모둠을 만드는 것만으로도 무척 흥분할 것이다. 그러나 시간마다 계속 모둠을 만들고 활동하는 일에 익숙해지면 그것이 습관이 된다. 모둠은 꼭 4명씩 만들도록 하고 역할은 정해주지 않는다. 학기 초에 교과부장을 뽑아 이 학생들이 수업 시작 전에 교실 정리를 하도록 하는 것도 좋다.

수업 시간에 모둠 활동을 시도하면서 병행해야 할 것은 학습지를 모둠 활동에 맞게 제작하는 일이다. 기존에 사용하던 학습지나 교과서에 제시된 학습 활동을 수정하여 학생들이 스스로 답을 찾아가는 활동을 할 수 있도록 구성해야 한다. 강의식 수업에 비해 진도가 느려지는 것은 교과서 내용을 재구성하는 방법으로 해결할 수 있다. 불필요한 부분을 과감히 도려내는 것이 제일 좋지만 그것이 어렵다면 덜 중요하다고 생각되는 단원을 축소해서 가르치는 방법으로 진도를 조정한다.

혼자 하던 것을 같은 학년의 같은 교과 선생님들과 함께 하고, 점차 다른 교과들로 넓혀간다면 학생들은 몇 과목 수업만으로도 금방 이러한 수업에 익숙해지고 능력을 발휘하게 된다. 잡무에 허덕이고 아이들이 버글거리는 교무실에서 수업에 대한 고민을 함께 나누고 개선점에 대해 협의하기가 쉽지는 않다. 따라서 독서토론과 같은 소모임을 통해 현재의 수업을 반성하고 함께 바꿔보자는 분위기를 형성하는 것이 좋다. 좋은 수업을 하고자 하는 갈망은 누구에게나 있을 것이므로, 듣고 싶은 연수를 함께 듣는 것으로부터 시작하는 것도 좋겠다.

상상 그 이상의 성장, 꿈은 아니다.

학교를 옮기고 나서 초반에는 그저 나의 수업 방법을 바꾸기가 두려웠고, 수업 준비를 하는 데에 급급했었다. 그런데, 나의 준비에 비해 아이들의 활동 모습과 성장 속도는 언제나 '상상 그 이상'이었다. 이런 보람이 따라오니 활동지를 만들기 위해 야근을 하는 시간이 전혀 스트레스로 다가오지 않았다. 무의미한 잡무에 시간을 모두 허비하고, 부실한 수업을 하고 교실을 나올 때 들었던 자괴감도 이제는 저 먼 과거의 일이 되어버렸다. 다른 교과의 수업을 보면서도 늘 배우는 점이 있고, 학생들에게서도 배우는 점이 있다. 교사들에게도 배움이 일상화되어 있다 보니 우리 학교에서는 공개 수업할 교사를 정할 때 서로 하겠다고 하는 진풍경이 벌어지기도 한다. 보통 학교에서는 상상하기 어려운 일이지만, '수업을 공개하면 내가 성장한다'는 믿음이 있기에 가능하다.

우리가 바꿀 수 없는 패러다임이 분명히 존재한다. 그러나 몇몇의 힘으로 조금씩 바꾸어 나가는 틀이 언젠가는 저 큰 패러다임에도 변화를 줄 것이라 생각한다. 교사와 학생이 모두 행복한 학교. 우리 모두가 꿈꾸는 이상이다. '어떻게' 생각을 바꾸느냐, '어떻게' 실천하느냐에 따라 그 꿈이 그리 먼 데 있는 것이 아니라는 것을 함께 느끼고 싶다.

히느루타 토론교실

질문하고, 토론하며, 인생의 해답을 찾아볼까?

3

최선순
범계중학교

최선순

안양시 소재 범계중학교 국어 교사로 재직 중이며,
안양과천교과토론연구회 회원으로 활동중이다. 교직 초년기엔 지식을 양적으로 전달하는 데 급급했다.
가정에선 세 명의 자녀를, 학교에선 30여 명의 자녀를 기르다보니 어느덧 엄마 같은 교사가 되어 있었다.
나이 들어가면서 눈높이를 더욱 낮추어 친구 같은 교사가 되기를 소망한다.

하브루타 토론교실

詩. 최선순

내가 침묵하는 공간이라고?
자물쇠가 채워진 입을 여는
하브루타가 있잖아.
나를 깨워줘.

나는 예시바[1] 도서관이야.
'하브루타 1차 좌석 이동'
'하브루타 2차 좌석 이동'만 하면
질문은 저절로 쏟아지게 되어 있어.
각양각색으로 답할 수 있도록
질문을 만들어 주렴.

나는 질문공작수란다,
오늘 배운 내용이나 꿈과 우정에 대해
연예계 뉴스와 점심 메뉴에 대해
마음껏 질문을 던져 보렴.

꼬리에 꼬리를 무는 질문으로
쉬우르가 펼쳐질 때
브레인스토밍을 일으키며
구조화되는 스키마

열린 광장 자유토론장에서
질문하고, 대화하며,
토론과 논쟁을 통해
인생의 해답을 찾아갈 때,
비로소 나의 존재 이유를 깨닫게 돼.

내 수업은 절찬리 상연 중
너희들은 저마다 인생의 주인공들이니까,
나는 언제까지나 문을 잠그지 않을 거야.
내 열쇠는 너희들의 입 속에 있단다.

---

[1] 유대인의 전통적인 학습 기관이며 도서관이다. 유대인 최대 거주지인 미국과 이스라엘 등에 수많은 예시바가 있다. 이곳의 좌석들은 둘 이상이 마주보고 앉는 형태이며, 토론과 논쟁을 중시하는 유대인의 공부 스타일이 그대로 반영되어 있다.

자물쇠가 채워진 입을 여는 열쇠, 하브루타를 만나다

2014년부터 안양 과천 교과토론 연구회 회원으로 활동하면서, 여러 가지 토론 수업 사례 중 하나로 하브루타 토론을 만났다. 그 즈음 다양한 종류의 토론을 교실 수업에 적용하면서 많은 시행착오를 거듭하였는데 토론 수업을 하면서 가장 어려웠던 점은 학생들의 입 열기였다. '인간은 아는 만큼 표현한다'고 굳게 믿으며 살아온 나는 토론 수업을 하면서부터 그 말이 틀렸다는 것을 경험했다. 중1, 중2, 중3 학생들이 학년이 올라갈수록 지식의 양과 깊이는 더해 가는데 입은 점점 굳게 닫혀가기 때문이다. 학년이 올라갈수록 쓰기 능력은 향상되는데 발표 능력과 말하기 능력은 점점 퇴보하는 현상은 다만 학생의 문제만이 아니라 교사의 책임이 더 크다. 애초에 세상에 대한 호기심과 질문으로 가득했던 학생들을, 거듭되는 획일적 강의식 수업을 통해 은연중에 수동적 인간으로 길들인 장본인이 바로 교사들이니까.

'하브루타'는 두 사람이 짝을 지어서 질문하고, 대화하고 토론하는 활동으로, 유대인들의 전통적인 교육 방법을 일컫는다. 하브루타는 이러한 활동들을 통해 뇌를 격동시켜 창의성을 계발하고, 비판적 사고력과 의사소통 능력을 기르는 데 효과적이다.

나는 하브루타를 이런 거창한 교육 철학으로서가 아니라 자물쇠가 채워진 입을 여는 도구, 즉 하나의 수업 기법으로서 만났다. 하브루타 토론은 기본적인 방법만 알고 있으면 학습지를 따로 만들지 않아도 된다. 그래서 '교과서의 날개 부분이나 학습활동 부분만 가지고도 충분히 질문하고, 대화하며, 토론할 수 있을 거야.'라는 꿈에 부풀어 바로 수업에 적용해 보았다.

3월부터 수업시간마다 하브루타 토론 기법을 익히기 위해 교과서를 보면서 큰 소리로 그 날 배운 내용을 짝에게 말하고, 짝의 말에 경청하는 훈련을 하였다. 적극적인 분위기 조성을 위해 '하브루타 1차 좌석이동'(어깨짝 1:1토론), '하브루타 2차 좌석이동'(앞뒤짝 1:1토론, 4인 모둠토론으로 확대)과 같은 좌석 형태를 개발하여 즉각적으로 의자를 이동하는 훈련도 하였다. 큰 소리로 교과서를 윤독하거나 시를 외우는 등의 말하기 훈련이 어느 정도 익숙해진 후, 이제는 자신의 생각을 논리적으로 표현하는 연습을 하였는데, 질문을 던지면 '예, 아니오'로 짧게 답하고 끝나는 경우가 많았다. 사고의 깊이가 얕다는 증거다.

그래서 사고력을 키우기 위해 어떠한 주제에 대해 생각하거나 질문에 대한 답을 할 때는 그렇게 생각하게 된 이유나 근거를 서클 맵(Circle Map)을 통해 써보는 활동을 실시하였다. 이를 통해 토론에 대한 사고 체계를 만들고, 토론 수업의 형태에 자연스럽게 접근하기 위해서였다. 서클 맵(Circle Map)은 주제가 되는 대상에 대한 생각을 정리하도록 도와주는 생각 그물(Thinking Map)의 하나이다. 배경지식을 찾거나 개념 정의에 사용되므로 주제에 대한 관련 정보의 생성과 생각의 정리를 돕는다. 그래서 수업 초반이나 후반 어느 때나 사용해도 효과가 있는 수업 형태이다. 그런데 실제로 문학 수업에 적용해 보니, 초반에 사용했을 때는 텍스트에 대한 기본 지식이 부족해서인지 충분한 시간을 주었는데도 더 이상 쓸 말이 없어 멍하니 있는 경우가 많았다. 그래서 텍스트에 대한 기본지식을 어느 정도 쌓은 후 단원 마무리

시간에 서클 맵(Circle Map) 활동을 해보니 활발하게 이루어졌다.

하브루타의 시작은 질문이다. 질문을 통해 대화를 하고 이것이 토론으로 발전하여 논쟁이 가능해지기 때문이다. 질문은 그 사람의 지적 수준을 보여준다. 주로 모르는 것에 대해 질문하기 때문에 질문만으로도 그 사람의 지적 수준을 짐작할 수 있다. 질문은 그 질문을 받은 사람을 새로운 방향으로 생각하게 만드는 위력을 지녔다. 내가 던진 질문으로 인해 상대방의 가치관이 변화된다. 그래서 유대인은 질문을 통해 그 사람을 평가한다고 한다. 정답이 아니라 질문을 가지고 평가한다.

4월 무렵부터는 소단원을 마무리하는 시간에 그 단원을 정리하는 내용을 바탕으로 질문지 양식에 기록해가며 질문 만드는 훈련을 하였다. 학습내용을 바탕으로 한 질문 만들기가 익숙해진 후 여기에 자신의 의견이 들어간 창의적인 질문을 1개~2개씩 추가해서 질문 만드는 활동을 하였다. 처음엔 질문하는 방법을 잘 몰라서 '예, 아니오'나 단답형으로 답할 수 있는 짧고 간단한, 내용 확인 식의 질문을 주로 하였다. '나룻배와 행인의 시에서 시적 화자는 누구인가?'가 그 예이다. 그래서 학생들에게 질문을 만들 때 그 질문의 답이 3줄~5줄이 나오게 질문을 만들도록 요구하는 방법을 생각해냈다. '시적 화자인 나를 나룻배에 비유했을 때와 여객선에 비유했을 때 어떤 차이가 있을까?', '만약 이 시의 화자가 나룻배가 아니라 강물이라면 어떻게 될까?' 등이 그 예이다.

좋은 질문 만들기가 익숙해진 후 이제는 종이에 기록하지 않고도 바로 질문하고 대답하는 하브루타 활동이 활발하게 이루어진다. 학생들끼리의 하브루타 활동은 물론 학생과 교사의 하브루타 활동인 쉬우르[2]가 펼쳐질 때도 정답을 바로 제시하기보다는 답을 유도하는 질문을 통해 문제에 대해 한 번 더 깊게 생각하는 기회를 주었다. 학습 내용을 안내하거나 정리할 때도 직접적으로 제시하지 않고, 꼬리에 꼬리를 무는 질문을 통해 학생들이 스스로 해답을 찾을 수 있도록 유도하였다. 올해는 질문으로 시작해서 질문으로 쉬우르하는 수업의 연속이었다.

자유토론 기법과 정식 디베이트를 하브루타의
'토론과 논쟁을 통해서 해답을 찾아가는 과정'에 접목하다

매 단원 수업을 할 때마다 질문 만들기와 질문을 이용한 하브루타 활동을 실시하였다. 이 활동이 끝나면 학급의 대표 질문 1개를 뽑아 논제로 다듬은 후, 1차시~2차시 분량의 토론 수업을 진행하였다. 하브루타를 통해 길러진 논리적인 사고를 바탕으로 본격적인 토론을 수업에 적용한 것이 자유토론 모형이다. 자유토론은 15분~20분 안팎의 토론이기 때문에 수업 중간에도 간단하게 활용할 수 있는 장점이 있다. 하브루타란 두 사람이 짝을 지어 1. 질문하고, 2. 대화하며, 3. 토

---

2) 쉬우르 : 학생들끼리 질문, 대화, 토론, 논쟁을 한 뒤 교사가 전체 학생과 질문, 대화, 토론을 하면서 학생들이 빠트린 내용에 대해 질문을 던지며 좀더 심화된 생각을 이끌어내는 단계이다.

론과 논쟁을 통해서 해답을 찾아가는 과정이다. 학생들로 하여금 더욱 깊게 사고하는 방법을 익히는 것이 궁극적 목적이기 때문에 그 지향점은 기존의 토론교육과 같다. 그래서 일반적인 토론 형태인 '자유토론 기법'을 하브루타 세 번째 단계인 '토론과 논쟁을 통해서 해답을 찾아가는 과정'에 접목하여 수업을 펼쳐나갔다.

2학기 때는 한 걸음 더 나아가 '토끼전' 단원을 학습할 때 질문 만들기 활동을 한 다음, 학급별 대표 질문을 논제로 다듬은 후, 약 2주일간 8차시 분량의 정식 디베이트를 실시하였다. 이때 '입론지 작성하기' 활동은 쓰기 수행평가와도 연계하여 실시함으로써 일석이조의 효과를 거두기도 했다.

정식 디베이트에 도전하고 싶으신 분은 '참교육원격교육연수원, 2015 고양중등지회 참교육한마당, 발표자료모음집'[3]을 참고하면 된다.

하브루타 토론수업 절찬리 상연 중

한용운의 〈나룻배와 행인〉을 기형도의 〈엄마걱정〉과 연관 지어, 5차시로 구성하여 하브루타 토론수업을 실시하였다.

---

3) 토론의 구성 요소, 논제 정하기, 토론 절차, 수행평가와 연계한 입론서 작성하기 등 토론 활동에 필요한 구체적인 자료들과 8차시 분량의 수업지도안이 상세하게 담겨 있다.

나룻배와 행인

시. 한용운

나는 나룻배
당신은 행인.

당신은 흙발로 나를 짓밟습니다.
나는 당신을 안고 물을 건너갑니다.
나는 당신을 안으면 깊으나 옅으나 급한 여울이나 건너갑니다.

만일 당신이 아니 오시면 나는 바람을 쐬고 눈비를
맞으며 밤에서 낮까지 당신을 기다리고 있습니다.
당신은 물만 건너면 나를 돌아보지도 않고 가십니다그려.
그러나 당신이 언제든지 오실 줄만은 알아요.
나는 당신을 기다리면서 날마다 날마다 낡아갑니다.

나는 나룻배
당신은 행인.

엄마 걱정

시. 기형도

열무 삼십 단을 이고
시장에 간 우리 엄마
안 오시네, 해는 시든 지 오래
나는 찬밥처럼 방에 담겨
아무리 천천히 숙제를 해도
엄마 안 오시네. 배춧잎같은 발소리 타박타박
안 들리네. 어둡고 무서워
금 간 창틈으로 고요한 빗소리
빈방에 혼자 엎드려 훌쩍거리던

아주 먼 옛날
지금도 내 눈시울을 뜨겁게 하는
그 시절, 내 유년의 윗목

〈1차시 수업〉은 학생들에게 꼬리에 꼬리를 무는 질문을 던져가며 '나룻배와 행인'에 대한 동기 유발을 하는 시간으로 펼쳐보았다. '나룻배와 행인'이라는 시를 읽고 첫 번째 사람이 질문를 던지면 다음 사람이 답을 하고 그 답이 나오게 된 원인을 다시 묻고 답을 찾아가도록 하는 것이 꼬리에 꼬리를 무는 질문이다. 다음은 그 과정에서 산출된 질문들이다.

* '나룻배와 행인'의 시적 화자는 누구인가?
* 이 시의 시적 화자는 자신을 왜 '나룻배'에 비유했을지 나룻배의 기능과 연관 지어 본다면?
* 나룻배가 행인을 대하는 구절은 어느 부분인가?
* 그 구절에서 느낄 수 있는 나룻배의 행인에 대한 태도는?
* 행인이 나룻배를 대하는 구절은 어느 부분인가?
* 그 구절에서 느낄 수 있는 행인의 나룻배에 대한 태도는 어떠한가?
* 여울은 무슨 뜻인가? 왜 급한 여울이라고 표현했을까?
* 급한 여울처럼 고난과 시련을 상징하는 시어에는 또 어떤 것들이 있을까?
* 시적 화자를 행인으로 바꾸어 감상하면 누구의 어떤 태도가 더 부각이 되는가?
* 작가가 시적 화자를 나룻배로 정한 이유를 시의 주제와 관련지어 생각해 본다면?
* 이 시는 전체 몇 연으로 구성되어 있는가? 1연과 똑같은 연은?

* '머리 부분에 해당하는 1연과 꼬리 부분에 해당하는 4연이 서로 관련이 있다'를 사자성어로 표현하면?

* 수미상관 표현을 통해 얻을 수 있는 효과는?

* 독립운동가의 입장에서 이 시를 감상한다면 시 속에서 '당신'이 어떤 존재로 해석될 수 있을까?

* 승려의 입장에서 이 시를 감상한다면 시 속에서 '당신'이 어떤 존재로 해석될 수 있을까?

〈2차시 수업〉에서는 성취기준에 근거하여 '나룻배와 행인'과 '엄마 걱정'의 시적 화자의 내고로 인이 보고, 두 편의 시에 담긴 시적 화자의 태도를 비교해 보았다. 그 다음, '나룻배와 행인'의 경우 학생들이 직접 시적 화자를 바꿔 시를 낭송해 봄으로써 시적 화자의 태도가 시에 미치는 영향이 크다는 것을 스스로 깨닫게 하였다. 수업 형태는 두 편의 시를 소리 내어 낭송하고, 분단별로 한 연씩 돌아가며 윤독하기도 하고, 학습활동 부분의 활동 내용을 발표할 때 짝을 이뤄 '하브루타 토론'을 실시하였다. 유대인의 하브루타 전통에서는 어린 시절부터 탈무드를 소리 내서 크게 읽는 교육 과정이 있다. 조용히 읽어야 한다는 고정관념을 버리고 남들 앞에서 자기 의견을 말하기 위해서 자신감을 길러주는 활동이다. 활발한 짝 토론을 위한 예비활동으로 소리 내어 읽기 활동을 하면 좋다. 이 단계를 거쳐야 질문 나누기 활동이 자연스럽게 이루어진다. 실제로 학생들에게 훈련시켜 보니 길게는 6개월, 짧게는 2개월 정도의 시간이 걸렸다. 언뜻 보아 이 기간이 길게 느껴질지 모르지만 어릴 때부터 학교나 교당에서 이런 습관이 몸에 배도록 생활해온 유대인에 비하면 지극히 짧은 기간이지 않은가?

〈3차시 수업〉은 성취기준에 근거한 마지막 수업 시간으로, 서클 맵 활동과 연계하여 기본 수업과 토론 수업의 연결고리를 형성하는 시간이다. 그리고 '이유', '근거'를 찾아보는 활동을 함으로써 토론에 대한 사고 체계를 만들고, 토론수업의 형태에 자연스럽게 접근하기 위해서 마련한 시간이다. 활동 내용을 간략하게 안내하면 다음과 같다.

수업 초반에 교사는 학생들에게 '서클 맵 개인 활동지'(A4용지 양면) 활용 방법을 안내하고, 4개 분단의 어깨짝 8줄 중 홀수 줄은 '나룻배와 행인' 부분을, 짝수 줄은 '엄마 걱정' 부분을 주제로 활동지를 작성하도록 돕는다. 홀수 줄과 짝수 줄의 각각의 활동이 끝나면 이제 주제를 바꾸어 홀수 줄은 '엄마 걱정', 짝수 줄은 '나룻배와 행인'을 주제로 서클 맵 활동지를 작성하도록 안내한다.

서클 맵이 완성되면 학생들은 '서클 맵 개인 활동지'를 이용하여 하브루타 활동을 한다. 이 때 실시하는 하브루타 활동은 자신이 작성한 서클 맵을 보면서 어깨짝, 앞뒤짝에게 내용을 소개하는 정도에 지나지 않지만 다음 시간에 질문 나누기를 할 때 밑거름이 되는 소중한 활동이다.

학생들의 개인 활동지 작성이 끝나면 하브루타 2차 좌석 이동 후 4인 모둠형태를 취하여 '서클 맵 모둠 활동지'(B4용지 양면)를 작성하여 하브루타 토론을 펼친다.

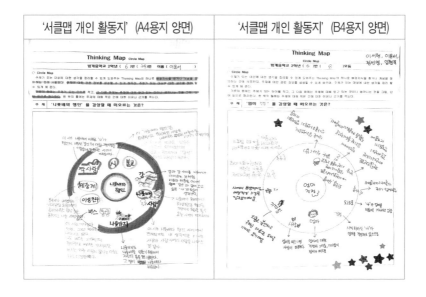

'서클맵 개인 활동지' (A4용지 양면)	'서클맵 개인 활동지' (B4용지 양면)

〈4차시 수업〉에서는 하브루타를 몸에 익히기 위해서 질문 만들기 활동을 실시하였다. 하브루타 첫 번째, 두 번째 단계인 '1. 질문하고, 2. 대화하며'를 수업 속에서 그대로 실천하기 위해서이다. 활동 내용을 간략하게 안내하면 다음과 같다.

수업 초반에 교사는 학생들에게 다음과 같이 하브루타 질문지 작성하는 방법을 안내해 준다. 먼저 질문 패턴 및 대답 패턴을 제시한다. 홀수 줄은 '나룻배와 행인'에 대한 질문 5개를 만들고 각각의 질문에 대한 '나의 대답'을 작성하게 한다. 짝수 줄은 '엄마 걱정'에 대한 질문 5개를 만들고 각각의 질문에 대한 '나의 대답'을 작성하게 한다. 각각의 활동이 완성되면 질문지를 서로 맞바꾸어 짝의 질문에 대한 답을 '짝의 대답' 란에 작성하고 질문지를 짝에게 되돌려 준다.

그리고 질문지를 작성할 때의 유의 사항에 대해서도 자세하게 안내해 주어야 한다. 질문을 만들 때 '글, 글쓴이, 독자, 사회, 학습목표' 등의 요소와 관련하여 골고루 만들도록 한다. 그리고 짝이 이미 작성한 '나의 대답'을 보고 쓰지 않도록 짝이 쓴 답을 반으로 접어서 가리고 작성하도록 당부한다.

질문지 작성하는 활동이 끝나면 이 질문지를 이용하여 하브루타 활동을 실시한다. 순서는 다음과 같다.

① 하브루타 1차 좌석 이동 후 어깨짝과 1:1로 하브루타 실시
② 홀수 줄부터, 첫 번째 '질문'을 던지면 짝수 줄이 대답하고, 이어서 홀수 줄이 자신이 던진 질문에 대한 답을 말한 후 두 번째 질문으로 넘어감
③ 1번 질문~5번 질문까지 차례대로 '②'과정을 실시
④ 홀수 줄 말하기가 끝나면 짝수 줄이 똑같은 방법으로 말하기 함
⑤ 하브루타 2차 좌석 이동 후 앞뒤짝과 1:1하브루타 실시
⑥ '②~④'를 반복함
⑦ 하브루타 2차 좌석 이동 후 4인 모둠활동
⑧ 모둠별로 좋은 질문 1개씩 뽑아 보드판에 보드펜으로 대표 질문 쓰기
⑨ 모둠별로 돌아가며 선택된 질문과 질문을 뽑은 이유 발표하기
⑩ 질문을 통한 쉬우르

이때 선정된 모둠별 대표 질문들 중 가장 좋은 질문 1개를 뽑아 논제로 다듬어서 다음 차시에 자유토론의 논제로 사용할 수 있다.

다음은 학생들이 작성한 질문 만들기 활동지이다.

〈4차시 홀수줄 활동지 실제〉	〈4차시 짝수줄 활동지 실제〉
'나룻배와 행인' 질문 5개 만들기	'엄마 걱정' 질문 5개 만들기

〈 참 고 자 료 〉

〈 4차시 홀수줄 활동지 〉	Havruta
	Question ∝ Conversation
	( )중학교 2학년 ( )반 ( )번 이름 ( )

○ 하브루타 토론

자유롭게 이야기하며 수다를 떨 듯 공부하는 방법이다. 나이, 성별과 관계없이 **두 사람이 짝을 지어 논쟁을 통해서 해답을 찾아가는 과정**을 말한다. 토론을 통해 승자를 가리는 것이 목적이 아니라 더욱 깊게 사고하는 방법을 익히도록 하는 것이 궁극적인 목적이다.

주 제 : '나룻배와 행인' 을 감상하고 하브루타 토론하기

* 질문 패턴 : "~는 무엇일까?", "~는 왜 그럴까?", "~을 왜 ~라고 했을까?", "~이 ~이라면 ~는 어떻게 될까?", "~의 예를 들면?", "~는 과연 그럴까?", "~에 대해 나라면 어떻게 할까?"
* 대답 패턴 : "나는 ~라고 생각해. 왜냐하면 ~이기 때문이야. 너는 ~에 대해서 어떻게 생각하니?"

	질 문	나의 대답과 이유(근거)	짝의 대답과 이유(근거)
1. (글)			
2. (작가)			
3. (독자)			
4. (사회)			
5. (기타)			

* 짝수줄 활동지 주제: '엄마 걱정'을 감상하고 하브루타 토론하기. 양식은 위와 동일

강의식 교실을 질문이 있는 교실로 만들기

	하브루타 1차 좌석이동	하브루타 2차 좌석이동
토론 형태	(어깨짝 1:1 토론)	(앞뒤짝 1:1 토론) (4인 모둠토론으로 확대)
의자 이동	의자를 짝꿍쪽으로 ∠90° 돌린 후, 짝꿍과 1:1로 마주보기	교탁을 기준으로 첫 번째 줄과 세 번째 줄 학생들이 의자를 뒷좌석 책상 쪽으로 ∠180° 돌린 후, 뒤에 앉은 학생과 1:1로 마주보기
좌석 형태		
방법	1. 홀수 줄부터 질문하기 2. 짝수 줄이 질문에 답하기 3. 짝수 줄이 질문하기 4. 홀수 줄이 질문에 답하기	1. 홀수 줄부터 질문하기 2. 짝수 줄이 질문에 답하기 3. 짝수 줄이 질문하기 4. 홀수 줄이 질문에 답하기 5. 4인 모둠토론으로 확대
질문 패턴		"~는 무엇일까?", "~는 왜 그럴까?", "~을 왜 ~라고 했을까?", "~이 ~이라면 ~는 어떻게 될까?", "~의 예를 들면?", "~는 과연 그럴까?", "~에 대해 나라면 어떻게 할까?"
대답 패턴		"나는 ~라고 생각해. 왜냐하면 ~이기 때문이야. 너는 ~에 대해서 어떻게 생각하니?"
질문 하기 예시		* **홀수 줄** : "나룻배와 행인을 읽고, 내가 만든 첫 번째 질문은 '1.당신은 실제로 어떤 존재로 해석 될 수 있을까?'야. 너의 답을 듣고 싶어." * **짝수 줄** : "나는 '당신'이 나룻배의 남자친구인 것 같아. 왜냐하면 나룻배가 많은 희생을 감수하 고 기다리기 때문이야. 사랑에 빠지면 그렇게 되잖아. 그런데 약간 짝사랑 같기도 해. 너는 '당신' 에 대해서 어떻게 생각하니?" * **홀수 줄** : "한용운 시인님이 일제 강점기에 이 시를 쓰셨기 때문에 '일제에 빼앗긴 조국'이라고 해석하거나, 승려임을 감안하여 '진리를 깨우친 절대자'로도 해석할 수 있을 것 같아." "내가 만든 두 번째 질문은 2.시적 화자를 나룻배가 아니라 큰 여객선에 비유하면 어떻게 될까?' 야. 너의 답을 듣고 싶어." * **짝수 줄** : "나룻배는 작고 보잘 것 없어 보이지만 여객선은 크고 근사하기 때문에 시적 화자를 여객선에 비유하면 시적 화자의 존재가 더 귀하게 느껴질 것 같아. 행인도 감히 무시를 못했을 것 같아. 너의 답이 궁금하구나." * **홀수 줄** : "내 생각은 조금 달라. 나룻배가 허름하기 때문에 오히려 행인에 대한 희생의 마음이 더 부각되는 것 같아. 그리고 시적 화자를 정확하게 시간을 지켜서 운행하는 여객선에 비유하면 기다림에 대한 절실함과 헌신적인 느낌이 약하게 느껴질 것 같아."
효과		1. 하브루타 토론을 교실 속에 정착시킴 2. 국어교과 뿐만 아니라 모든 교과에서 활용할 수 있음 3. 간편한 좌석이동을 통해 매 수업시간마다 즉각적으로 하브루타 토론활동을 할 수 있음 4. 하브루타 2차 좌석 이동 후, 4인 모둠활동으로 확대하여 토론활동을 펼침으로써 자 연스럽게 협동학습이 이루어지며 확산적 사고력이 길러짐

* 위의 표에 '나룻배와 행인' 질문나누기 예시가 있다.

'나룻배와 행인'을 바탕으로 홀수 줄이 만든 모둠별 대표 질문들

- '나'를 나룻배가 아니라 여객선에 비유하면 어떤 느낌이 들까?
- 행인이 나룻배의 사랑을 알아챘다면 어떻게 되었을까?
- 만약 이 시의 화자가 나룻배가 아니라 '강물'이라면 어떻게 될까?
- 나룻배와 행인을 연인 사이가 아니라 '엄마와 나'의 관계로 설정하면 어떤 변화가 있을까?
- 나룻배는 행인이 반드시 올 것이라고 믿고 있는데 만약 행인이 오지 않을 것이라고 가정한다면 어떻게 행동할까?
- 우리 주변에서 나룻배와 같은 존재를 찾아본다면 어떤 것들이 있을까?
- 내가 나룻배라면 나의 행인은 누구일까, 또 내가 행인이라면 나의 나룻배는 누구일까?
- 행인과 같은 사람만 존재한다면 이 사회는 어떻게 될까?

'엄마 걱정'을 바탕으로 짝수 줄이 만든 모둠별 대표 질문들

- 아빠는 이 시간에 어디에서 무엇을 하고 계실까?
- 어릴 적 기억이 작가의 삶에 어떤 영향을 주었을까?
- 엄마가 늦게까지 연락이 안 되는 아이를 기다리는 상황이라면 엄마의 심정은 어땠을까?
- 만약 이 시의 화자가 누군가와 함께 엄마를 기다렸다면 이 시의 느낌은 어떻게 달라졌을까?

☞ '내 유년의 윗목'을 '내 유년의 지하실', '내 유년의 등잔 밑' 등으로 표현하면 어떤 느낌이 들까?

☞ 만일 어린아이 집에 텔레비전이 있었다면 어떻게 될까?

☞ 우리 사회에도 시 속의 어린 아이처럼 늦게까지 일하러 가신 엄마를 기다리고 있는 아이들이 있을까?

☞ 늦게까지 일하러 가신 엄마를 기다리는 아이들을 위해 국가적 차원에서 도와줄 일은 무엇이 있을까?

이번 질문 만들기 활동을 통해 학생들이 교과서의 날개 부분에 있는 정형화된 질문과는 달리 창의적이고 깊이 있는 나만의 질문들을 쏟아내는 것을 보고 감탄하였다. 그리고 같은 질문에 대해 어깨짝, 앞뒤짝이 서로 다르게 답변하는 모습을 보며, 아이들은 어른에 비해 훨씬 유연하게 사고하며, 그 사고는 무한대로 열려 있다는 것을 다시 한번 깨달았다.

〈5차시 수업〉에서는 일반적인 토론 형태인 '자유토론 기법'을 하브루타 세 번째 단계 '3. 토론과 논쟁을 통해서 해답을 찾아가는 과정'에 접목하였다. 하브루타를 통해 '나룻배와 행인에 담긴 시적 화자의 삶의 자세에 대해 토론하기 위한 시도였다. 자유토론은 민족사관고등학교식 토론을 교실 환경에 맞게 약식으로 변형한 형태이다.

자유토론의 논제는 주로 4차시 질문 만들기 활동 시간에 뽑은 모둠별 대표 질문 8개 중 학급별 대표 질문 1개를 뽑아 논제로 다듬어서 사용한다. 그리고 단원 특성에 맞게 새롭게 논제를 만들 수도 있다.

이 수업에서는 수업 초반에 '좋은 논제의 요건'에 대해 학생들에게 몇 가지 안내를 한 후, '나룻배와 행인'에서 모든 학생들이 각각 1개의 논제를 만들도록 안내하였다. 그리고 그 논제를 뒷받침하는 논증의 요소인 '이유, 근거, 예상반론'을 찬성의 입장에서 작성한 후, 어깨짝의 활동지와 교환하여 짝의 논제에 대해 각자 반대의 입장에서 '이유, 근거, 예상반론'을 작성하는 시간을 갖도록 하였다. 그리고 이 활동지를 보면서 하브루타 1차 좌석으로 이동하여 어깨짝과 하브루타 활동을 실시하고, 다시 하브루타 2차 좌석으로 이동하여 앞뒤짝과도 하브루타 활동을 하도록 하였다. 이후 4인 모둠을 구성하여 좋은 논제 1개를 뽑아 보드판에 적도록 하였다.

이때 학생들이 논제를 정할 때 '인생에서 가장 소중하게 생각하는 가치가 무엇인지'를 떠올리며 고르도록 유도하였다. 왜냐하면 좋은 수업은 결국 삶과 연결되어 있기 때문에 학생들이 토론 활동을 통해 자신의 삶을 되돌아보고 새롭게 펼쳐나가게 하기 위해서이다.

모둠별 대표 논제가 정해지면 모둠 장은 보드판을 앞으로 들고나가 '자신의 모둠에서 소중하게 생각하는 인생의 가치가 무엇인지' 말하고, 그것과 연관 지어 논제를 뽑은 이유를 간단하게 설명한 후 논제가 쓰여진 보드판을 칠판에 붙인다. 이때 교사는 겹치거나 비슷한 논제가 적혀있는 보드판을 한 줄로 세운 후 학급별 대표논제를 최종적으로 1개 고르도록 한다. 시간이 많을 경우 모든 학생들이 앞으로 나와 스티커를 붙이거나 별표시를 하는 방법으로 뽑으면 좋다. 하지만 시간에 쫓길 경우 거수로 정하거나, 교사가 각각의 논제를 소리 내어 읽어주고 박수소리를 제일 크게 받은 모둠의 논제를 대표논제로 정하는 방법도 효율적이다.

이 날 2학년 6반의 대표 논제는 3모둠과 8모둠의 논제인 '나룻배는 행인을 기다려야 한다'로 결정되었다. 1, 3모둠에서 소중하게 생각하는 인생의 가치는 '사랑'이고 논제는 '나룻배는 행인을 사랑해야 한다', 2모둠에서 소중하게 생각하는 인생의 가치는 '관심'이고 논제는 '행인은 나룻배를 소중하게 대해야 한다', 4모둠에서 소중하게 생각하는 인생의 가치는 '자율적인 삶'이고 논제는 '나룻배는 행인을 포기해야 한다', 5모둠에서 소중하게 생각하는 인생의 가치는 '사랑'이고 논제는 '진정한 사랑은 기다리는 것이다', 6모둠에서 소중하게 생각하는 인생의 가치는 '상대방에 대한 태도'이고 논제는 '나룻배는 행인에게 무관심해도 된다', 7모둠에서 소중하게 생각하는 인생의 가치는 '감사'이고 논제는 '행인은 나룻배에게 고마워해야 한다', 8모둠에서 소중하게 생각하는 인생의 가치는 '희망'이고 논제는 '나룻배는 행인을 기다려야 한다'이다.

자유토론을 시작하기 직전에 전체 학생을 대상으로 '나룻배는 행인을 기다려야 한다'라는 논제에 대해 찬성, 반대 중 마음이 기우는 쪽을 손들게 하여 그 숫자를 칠판에 적어 놓는다. 그리고 토론이 끝난 후에 토론자들의 설득력 있는 발언으로 인해 마음의 변화가 생긴 학생들을 손들게 하면 제법 많은 학생들이 손을 든다. 이때 '상대방의 마음을 움직이는 힘!' 이것이 바로 토론의 묘미라고 곁들이면 학생들은 '와~'하며 탄성을 내지른다.

그 다음 교사는 자유토론 형식을 안내하고, 학생들은 일사천리로 토론좌석을 만든다. 학생들은 어느새 훈련이 되어 1분 만에 자유토론

좌석을 만들기도 한다.

자유토론의 순서는 다음과 같다.

① 모둠 구성은 팀당 4인이며, 한 사람 당 약 2분 정도로 골고루 발
   언함. 토론자 8인을 제외한 나머지 학생들은 판정위원 역할 담당
② 찬 - 반 '작전회의' 약 2분 정도 부여
③ 찬성 측 첫 번째 발언을 시작으로 자유롭게 반대쪽과 번갈아가며
   찬-반 의견을 주고받음
④ 상대 팀에 대한 반론을 하지 못해 토론이 원활하지 않을 경우,
   방 생에서 있는 학생두 주 1명이 반론하지 못한 쪽에 대해 지원을
   할 수 있음(지원자에게 '발표보너스' 부여)
⑤ 찬 - 반 '작전회의' 약 2분 정도 부여
⑥ 반대 측 최종발언, 찬성 측 최종발언
⑦ 판정 및 판정 소감 발표

다음은 이 날의 열띤 토론 장면이다. 토론 내용을 보면서 하브루타
토론교실의 풍경을 상상해보라.

이 날 찬성 측 첫 번째 토론자는 "나룻배는 행인을 사랑하기 때문에
기다림마저 행복합니다. 나룻배가 행인을 사랑하다보면 행인이 언젠
가는 돌아올 것이기 때문에 찬성하는 입장입니다."라고 발언하였다.

반대 측 첫 번째 토론자는 "행인이 언제 돌아올지 모르는데 무작정
기다리는 것은 시간을 낭비하고 훗날 후회할 수도 있는 일이라고 생
각합니다. 행인이 나룻배의 사랑을 거부하는데도 사랑을 강요하는 것

은 옳지 않는 행동이며, 이는 스토킹에 해당됩니다. 진정한 사랑은 상대방이 거부할 때 포기할 줄도 알아야 한다고 생각합니다. 또한 시를 보면 나룻배는 '급한 여울, 바람 눈비' 등 여러 가지 시련을 겪게 되는데 나 자신보다 남을 더 사랑하는 것은 옳지 않다고 생각합니다."라고 발언하였다.

이에 대해 찬성 측 두 번째 토론자는 "저는 반대 측 첫 번째 토론자의 의견 중 '나룻배가 행인을 기다리는 것이 시간 낭비다'라고 말한 부분에 대해 반박하는 바입니다. 나룻배가 행인을 기다리는 것은 충분히 가치 있는 일입니다. 예를 들어 우리가 연예인을 직접 사귀지는 못하지만 좋아하는 것만으로도 행복을 느끼는 것처럼 나룻배도 행인에 대한 기다림 그 자체만으로도 행복을 느끼기 때문입니다. 또한 시련과 고통을 참으면서까지 남을 사랑하지 말아야 한다고 했는데 그럴만한 가치가 있다면 내가 아닌 타인도 충분히 사랑할 수 있다고 생각합니다."라고 반박하였다.

반대 측 두 번째 토론자는 "방금 찬성 측 토론자께서 연예인 얘기를 했는데 예를 들어 엑소를 좋아하는 수많은 팬들이 있습니다. 엑소라는 연예인은 대중들에게 자신들의 노래를 알리기 위해서 나온 가수입니다. 하지만 이 시는 남자와 여자의 사랑 구도가 그려지는 시입니다. 그래서 나룻배와 행인을 연예인과 팬의 관계로 비유하면 적절하지 않다고 생각합니다. 그리고 기다린다고 해서 꼭 그 사람이 돌아오고, 사랑이 이루어진다는 보장이 없기 때문에 반대하는 입장입니다."라고 반박하였다.

이 때 토론 중간에 찬성 측 의견을 보충할 발언자가 나타나 다음과 같이 발언하였다. "꼭 사랑이 이루어지지 않아도 기다리는 자체만으로도 행복과 희망을 느낄 수도 있습니다. 기다림 없이 얻을 수 있는 사랑은 없다고 생각합니다. 그리고 행인이 돌아온다는 확신이 없기 때문에 기다리지 않는다는 것은 인생을 포기하는 것이나 마찬가지이므로 나룻배는 행인을 기다려야 한다고 생각합니다."

이에 대해 반대 측 의견을 보충할 발언자가 일어나 "행인이 나룻배를 거부하는데 계속 관심을 보이는 것은 성숙한 사랑이 아니라고 생각합니다. 그래서 상대방의 입장을 생각해서라도 포기할 줄도 알아야 한다고 생각합니다."라고 보충 발언을 해주었다.

반대 측 최종발언으로는 "행인이 나룻배를 거부함에도 불구하고 계속 기다리는 것은 스토킹이라고 생각하며 더 나아가 범죄라고 생각입니다. 그리고 사랑은 무조건 기다리는 것이 아니라 서로 상호 작용이 있어야 하며, 상대방의 의견을 수용하고 포기할 줄도 알아야 성숙한 사랑이라고 생각합니다. 마지막으로 삶의 의미는 꼭 사랑에만 있는 것은 아닙니다. '건강, 친구와의 관계, 성적' 등에서도 삶의 의미를 찾을 수 있습니다. 이러한 삶의 의미를 무시한 채 사랑에만 매달리는 것은 바람직한 행동이 아니라고 생각합니다. 그래서 저희는 '나룻배는 행인을 기다려도 된다'는 논제에 반대하는 바입니다."

마지막으로 찬성 측 최종 발언자가 일어나 "여러분은 누구를 좋아해본 경험이 있습니까? 누구나 한 번쯤은 그런 경험이 있으실 것입니다. 그 때 심정이 어떠셨나요? 심장이 벌렁벌렁하고 두근거리지 않으셨나요? 이 시에서도 이와 비슷한 상황을 볼 수 있습니다. 이 시에서 '나는 눈비를 맞으며 밤에서 낮까지 당신을 기다리고 있습니다.'라는 구절을 통해 나룻배는 행인에 대해 헌신적인 사랑을 하고 있다는 것을 알 수 있습니다. 여러분, 극작가 〈장 아누이〉는 '사랑과 기다림은 무엇보다 자신을 위한 선물이다.'라고 말했습니다. 즉 이 말은 나룻배는 자신을 위해 행인을 기다린다는 의미이기도 합니다. 여러분, 이 시가 궁극적으로 전달하는 메시지는 무엇일까요? 저는 이 시의 나룻배가 행인을 기다리듯 포기하지 않고 끝까지 기다린 결과, 우리의 독립도 이루어졌다고 생각합니다."라고 마무리해 주었다.

토론이 펼쳐질 때, 토론자 8인을 제외한 나머지 학생들은 판정위원 역할을 담당하며, 5차시 활동지인 '자유토론 판정표'를 작성한다. 토론할 때 교사는 사회자와 계측자의 역할을 담당하며, 모둠 구성원이 골고루 발언할 수 있도록 유도한다. 또한 판정위원 학생들이 경청하며 판정표를 작성할 수 있도록 하며, 판정위원석에 있는 학생들에게도 토론 중간 중간에 발언 기회를 준다. 판정위원은 토론이 끝나면 찬성·반대 총점을 내고 집계한 후, 우승팀을 가리고, 최우수토론자를 선정한다. 그리고 판정위원 대표가 일어나서 판정 및 판정 소감을 발표한다.

이때 나는 학생들에게 하브루타 토론의 취지에 대해 짧게 물었다. 그리고 학생들이 이 토론의 취지가 '경쟁이 아니라 협력에 있으며, 승패를 가르기 위함이 아니라 사고의 폭을 넓히고 논리적인 생각을 기르기 위한 것임'을 깨달을 수 있도록 질문으로 유도하였다. 이어 최우수 토론자가 오늘의 토론에 대한 소감을 얘기하며 토론을 마무리하려할 때, 오늘 토론에서 패한 팀에게도 소감을 묻고 패한 팀의 발언으로 토론을 마무리하게 했다. 그렇게 하니 패한 팀도 아쉬웠던 점이나 하소연 등을 짧게 토로하면서 마음이 살짝 누그러지고 분위기가 한결 좋아지는 듯했다.

구체적인 활동 장면은 'YouTube'[4]에서 살펴볼 수 있다.

대한민국의 중2보다 힘이 센 하브루타!

2014학년도부터 현재까지 하브루타를 실천하다 보니 아이들과 나의 삶에 많은 변화가 생겼다. 학생들이 국어 교과에 대한 자신감이 생기고, 매 시간 모두가 수업의 주체가 되어 적극적으로 참여하다보니 자연스럽게 의사활동능력이 향상되었다. 그리고 학급 행사를 치를 때나 학교 폭력 사안이 발생했을 때도 하브루타 토론을 이용해서 해결해나가니 마술처럼 술술 문제가 풀리기 시작했다. 체육대회를 앞두고 학급 단체복을 정할 때 의견이 분분하여 결국엔 맞추지 말자는 의견까지 나왔다. 그런데 내가 몇 개의 질문을 만들어 제시하고, 어깨짝, 앞뒤짝과 하브루타 토론을 시키자 금세 원성이 잦아들고 평화로운 분위기에서 단체복이 결정 되었다. 지나친 비속어 사용으로 인해 교실 분위기가 안 좋아졌을 때도, 비속어와 관련된 질문을 각각 10개 이상 만들어, 좌석을 바꿔가며 1시간 가량 하브루타 토론을 실시하다보니 저절로 비속어에 대한 폐해를 깨우치게 되었다. 그리고 중2 교실에서 잠시나마 비속어가 사라지는 기이한(?) 현상도 체험했다. 서로에 대한 오해로 학교 폭력 사안이 생겼을 때도 반성문을 쓰게 하는 대신 싸우

---

4) YouTube / 하브루타 토론수업1(중2학년국어) / 하브루타 토론수업2(중2학년국어)'

게 된 경위와 자신의 심정에 대해 10개 정도의 질문을 만들게 하였다. 그리고 또 상대방의 입장에서도 10개의 질문을 만들게 하여 낮은 목소리로 하브루타 토론을 시켰다. 그렇게 하니까 교사의 지나친 충고나 조언 없이도 신통하게 문제가 해결되었다.

그래서 나는 확신한다. 하브루타 토론은 창의적이고, 논리적이며, 비판적인 사고력을 기르는 데 도움이 될 뿐만 아니라 인성교육에도 도움이 되는 신비의 교육방법이라고.

요즘 '하브루타 토론 수업'을 비롯하여 '거꾸로 수업'이나 '배움 중심 수업', '융합 수업' 등 다양한 수업 방법들이 잠자는 교실을 깨우고 있다. 교육은 패션이나 핸드폰처럼 유행을 타다 어느 순간 사라지는 상품이 아니다. 그러므로 이러한 좋은 교육 방법들이 사라지지 않고 보완되어 지속되기를 소망한다. 하지만 아무리 훌륭한 교육 방법이더라도 교단에서 실천하지 않으면 무용지물이 되고 만다. 닫힌 교실의 창문을 열고, 오늘부터 용기 내어 실천해 보면 어떨까?

질문으로 알아보는 하브루타 토론 수업의 궁금한 점

1. 하브루타 토론 활동 수업을 하면서 교과 진도는 무리 없이 나가나요?

☞ 하브루타 토론은 기법 자체로 접근할 경우, 매 시간마다 교과 진도를 나가면서 자연스럽게 이루어지는 활동이므로 진도와는 무관합니

다. 다만 하브루타 토론을 조금 발전시켜 논쟁식 수업을 하거나 정식 토론 수업에 접목할 경우는 따로 시간을 내야만 합니다.

☞ 시간을 확보하는 방법은 1차·2차 지필평가 직후, 여름 방학 전후, 겨울 방학 전후, 2월 봄방학 전 등의 자투리 기간을 이용하여 활동 수업을 하는 것입니다.

☞ 시간을 확보하는 또 다른 방법은 3월 새 학기가 시작되기 전에 동 교과 교사와 함께 협의하여 교육과정을 재구성하는 것입니다. 또한 수행평가와 연관 지어 토론 활동 수업을 하면 토론 수업 자체가 평가를 준비하는 것이기 때문에 참여도도 높고, 시간을 효율적으로 활용할 수 있습니다.

☞ 하브루타 토론은 물론 기존의 토론 수업의 효과와 필요성을 인지하고 교육 현장에서 실천하고자 할 때 부딪히는 어려움이 교과 진도 확충 문제입니다. 저 또한 이를 완전히 극복했다고는 할 수 없지만 아직까지 큰 어려움 없이 교과 진도에 얽매이지 않고 활동 수업을 하고 있습니다. 그 비결은 예를 들어 교육과정 상 5차시로 계획된 수업의 경우, 1차시~3차시까지 성취기준에 근거하여 밀도 높게 진도를 나가는 것입니다. 이때는 강의식 수업의 장점을 최대로 활용합니다. 그리고 4차시~5차시에 계획한 활동 수업을 하는 것입니다. 그러기 위해서는 반드시 동기 부여가 필요합니다. "얘들아, 수업은 수업대로 알차게 하고, 활동수업도 재미있게 하려면 기본학습에 충실해야 한단다. 우리, 기본 지식을 많이 쌓아서 활동 수업 알차게 하자." 이렇게 말입니다.

2. 문학 이외에 설명문, 논설문 등에도 하브루타를 적용할 수 있을까요? 더 나아가 다른 교과에도 적용할 수 있을까요?

　하브루타의 기본 원리만 알면 어느 영역, 어느 교과든지 응용이 가능합니다. 예를 들어 음운의 변동 현상 중 '구개음화' 단원을 배울 때, 학생들은 '구개음화' 단어 하나만 가지고도 10개가 넘는 질문을 만들어냅니다.

1. 구개는 무슨 뜻이지?
2. 구개음은 무슨 뜻이지?
3. 구개음화란 무슨 뜻이지?
4. 구개음의 예에는 무엇이 있을까?
5. 왜 구개음이란 이름이 붙여졌을까?
6. 구개음을 설명할 때 꼭 필요한 자음과 모음엔 무엇이 있지?
7. 구개음화가 일어나는 단어에는 어떤 것들이 있을까?
8. 음운의 변동 현상에는 또 어떤 것들이 있을까?

등등. 짝꿍끼리 질문을 주고받으며, 이 질문에 대한 답을 찾다보면 어느새 어려운 문법도 친근하게 느껴지고, 쉽게 이해가 됩니다.

　설명문에 적용할 경우, 질문을 만든 후 하브루타 토론 활동을 하면 텍스트 분석이 명료해져서 하브루타 효과가 탁월합니다. 설명문 수업 사례를 하나 들어볼게요.

관계는 첫인상부터 시작된다

글. 이철우

우리의 모든 관계는 만남에서 시작된다. 만남 없는 관계란 있을 수 없고, 설사 있다 하더라도 극히 드물다. 다른 사람과 직접 얼굴을 마주한 만남이 일반적이지만 전화나 전자 우편을 통한 만남도 얼마든지 있을 수 있다. 이러한 만남 가운데 가장 중요한 것은 첫 만남인데 그 이유는 사람들이 처음에 형성된 인상은 좀처럼 바꾸려 하지 않기 때문이다.

사람들이 첫인상을 형성할 때에 사용하는 정보는 대단히 제한적이나 쓸 수 있는 정보라고는 기껏해야 상대방의 얼굴 생김새, 체격, 신장 등의 겉모습과 몸짓, 말투 정도이다. 하지만 이러한 정보만으로도 우리는 상대방에 대한 첫인상을 무리 없이 형성한다. 무리가 없는 정도가 아니라 첫인상만으로 상대방의 성격뿐 아니라 모든 것을 판단해 버린다. 〈중략〉

사람들은 왜 극히 제한된 정보로 형성된 첫인상을 바꾸려고 하지 않을까? 여기에는 여러 가지 이유가 있겠지만 가장 중요한 이유는 우리들 마음속에 있는 '가설 검증 바이어스'[5] 때문이다.

첫인상이 형성되고 난 다음에 사람들은 자신의 판단이 옳다는 것을 증명하는 정보만 선택적으로 받아들이고 자신이 내린 판단에 들어맞지 않는 정보는 무시하거나 쉽게 잊어버린다. 뚱뚱한 사람

---

5) 사회심리학에서는 상대방에 대한 첫인상이 형성되고 난 다음에 사람들은 자신의 판단이 옳다는 것을 증명하는 정보만 선택적으로 받아들이고, 자신이 내린 판단에 들어맞지 않은 정보는 무시하거나 쉽게 잊어버리는 현상을 '가설 검증 바이어스'라고 말한다.

을 절제가 부족하다고 생각하는 사람은 뚱뚱한 사람의 여러 행동 중에서 자기의 생각에 부합하는 것만 기억하고 나머지는 아예 무시해 버린다. 이 사람은 이러한 과정을 거듭하면서 자기의 생각이 옳다고 제멋대로 확신해 버린다. 이러한 현상을 사회 심리학에서는 '가설 검증 바이어스'라고 부른다.

'가설 검증 바이어스'를 입증한 연구에는 여러 가지가 있는데 그 가운데에서 스나이더와 스완이라는 사회 심리학자들의 실험이 대표적이라 할 수 있다. 그들은 실험 대상자인 대학생들에게 외향적인 성격을 파악할 수 있는 질문들과 내향적인 성격을 파악할 수 있는 질문들이 골고루 적힌 카드 26개를 보여 주고, 이 카드 중 앞으로 만나게 될 사람을 판단하는 데 도움이 될 것 같은 질문 12개를 선택하라고 했다. 일반적으로 사람의 성격이 외향적인가, 내향적인가를 판단하기 위해서는 두 성격을 파악할 수 있는 질문을 골고루 선택해야 할 것이다. 하지만 이 실험의 결과, 대부분의 대학생은 스스로 그 사람의 성격이 외향적인가, 내향적인가에 대한 판단을 내리고 나서, 그것을 뒷받침할 수 있는 질문들만 선택하였다. '가설 검증 바이어스'가 입증된 것이다.

이러한 '가설 검증 바이어스'는 첫인상뿐만 아니라 우리의 생활 전반에 영향을 미치고 있다. 혈액형에 따라 성격을 분류하는 '혈액형 성격학'이 들어맞는 것처럼 생각되는 주된 이유도 '가설 검증 바이어스' 때문이다. 사람들은 상대방의 혈액형에 부합한다고 생각하는 성격이나 행동만을 의도적으로 수집하고, 또 그것들을 축적하여 혈액형이 성격과 관련이 있다고 믿게 된다. 〈 중략 〉

첫인상은 여러 가지 측면이 있을 수 있는 상대의 성격을 제한된 정보뿐인 자기의 잣대로 재단하여 마음대로 형성한 것이기에 위험하다. 이 모두가 '가설 검증 바이어스' 때문이라는 것은 두말할 필

☞ 다음은 위 글을 읽고, 학생들이 좌석을 이동하며 하브루타를 한 예시입니다.

* 홀수줄 : "'관계는 첫인상부터 시작된다'를 읽고, '글'과 관련하여 내가 만든 첫 번째 질문은 '상대의 성격을 제한된 정보뿐인 자기의 잣대로 재단하니는 것은 무슨 뜻일까?'야. 너의 답을 듣고 싶어."

* 짝수줄 : "상대의 여러 가지 특성을 살펴보려 하지 않고, 자신의 눈에 보이는 몇 가지 정보로만 상대의 성격을 판단한다는 뜻인 것 같아. 왜냐하면 사람들은 저마다 가설 검증 바이어스를 가지고 상대방을 대하기 때문인 것 같아. 너는 이것에 대해서 어떻게 생각하니?"

* 홀수줄 : "나도 너의 의견과 비슷해. 실제로 나도 학기 초에 우리 반 뚱뚱한 민철이를 보고 뚱뚱해서 게으르고 체육도 못할 것이라고 생각했는데 실제로는 아주 부지런하고 체육도 잘 하는 친구잖아."

" '글쓴이'와 관련하여 내가 만든 두 번째 질문은 '글쓴이도 가설 검증 바이어스에 빠진 적이 있었을까?'야. 너의 답을 듣고 싶어."

* 짝수줄 : "글쓴이도 가설 검증 바이어스에 빠진 경험이 있다고

생각해. 이 글이 그 경험을 바탕으로 쓰여진 글이라고 생각하기 때문이야. 너는 이것에 대해 어떻게 생각하니?"

* 홀수줄 : "내 생각은 조금 달라. 가설 검증 바이어스에 빠진 주변의 사람들을 보고 이대로 두면 안되겠구나 생각해서 글을 썼을 거라고 생각해. 왜냐하면 글쓴이는 가설 검증 바이어스의 폐해에 대해 어느 누구보다 정확히 알고 있기 때문이야." 세 번째 질문은 '사람들은 왜 뚱뚱한 사람을 보면 낙천적일 것이라고 생각하고, 마른 사람을 보면 지적이고 예리한 성격이라고 생각할까?'야. 너의 답을 듣고 싶어."

다음은 위 글을 마무리할 때 제가 학생들과 쉬우르한 것입니다.

아래의 첫 번째 질문부터 마지막 질문까지 따라가다 보면, 학생들과 쉬우르를 하기 위한 연습이 될 것입니다. 꼭 도전해 보시기 바랍니다.

꼬리에 꼬리를 무는 질문으로 학생들과 쉬우르를 펼치는 시간

* 짝꿍의 첫인상을 말해볼까요? 짝꿍의 첫인상을 그렇게 받아들인 이유가 무엇인지 말해볼까요?

* 국어 선생님의 첫인상과 그렇게 첫인상을 받아들인 이유를 릴레이로 말해 볼까요?

* 첫인상에 영향을 주는 것은 상대방의 얼굴 생김새, 체격 외에 또 무엇이 있을까요?

* '바이어스'는 무슨 뜻이고, '가설 검증 바이어스'는 무슨 뜻일까요?

* 뚱뚱한 사람을 보면 낙천적일 것이라고 생각한 적이 있나요?

* '가설 검증 바이어스'를 입증한 연구에는 '스나이더와 스완의 사회 심리학자들의 실험' 외에 또 어떤 연구가 있을까요?

* 이 실험만으로 '가설 검증 바이어스'를 입증했다고 할 수 있을까요?

* 혈액형에 따라 성격을 분류하는 '혈액형 성격학'에서는 각각의 혈액형에 따른 성격을 몇 가지로 분류하고 있을까요?

* 여러분은 혈액형 성격학을 어느 정도 믿고 있나요?

* 혈액형이 O형인 친구가 소심한 행동을 하면 '어쩌다 한 번 그러겠지'하고 넘기고, 대범하게 행동하거나 적극적으로 행동하는 부분만 그 친구의 성격인 양 받아들이는 것을 가설 검증 바이어스라고 할 수 있을까요?

* 교과서에 나와 있는 '가설 검증 바이어스'의 예 외에 또 다른 예를 우리 주변에서 살펴볼 수 있을까요?

* '가설 검증 바이어스'를 버리고 상대방의 실제 모습을 보기 위해 우리는 어떤 노력을 해야 할까요?

☞ 다른 교과에도 물론 적용 가능합니다. 특히 사회과, 도덕과의 경우 수업 내용 자체가 토론 수업의 재료이기 때문에 적용가능성뿐만 아니라 활용 방법 또한 무궁무진합니다.

3. 시를 분석한 후에 질문 만들기를 하면 작품에 대한 선입관이 생

겨서 오히려 창의적인 질문 만들기에 방해가 되지 않을까요?

    ㄸ 저도 처음에는 제 생각이나 참고서의 내용이 주입이 될까봐 시를 무작정 읽힌 다음 작품에 대해 개괄적으로 안내하고 바로 질문 만들기 활동을 했었는데 시행착오를 겪었습니다. 간혹 창의적인 질문을 만들기도 했지만, 엉뚱하거나 사고를 요구하지 않는 단순한 질문이 대부분이었습니다. 거의 무에서 유를 창조한다고나 할까요. 창의적인 사고나 기발한 발명품 등은 하늘에서 뚝 떨어진 것이 아니라 기존의 해박한 지식을 기반으로, 거기에 무궁무진한 아이디어가 더해져서 만들어진 결정체입니다. 그래서 텍스트에 대한 기본 지식을 충분히 쌓은 후에야 좋은 질문도 나오고, 창의적인 질문도 만들어지는 것입니다.

    4. 교과서를 이용해서 하브루타 토론 활동을 한다고 하셨는데 그 구체적인 방법들을 몇 가지만 안내해 주실래요?

    ㄸ 국어의 경우 학습활동 부분에 실제로 '대화를 나누고 토론해보자'는 내용이 많이 나옵니다. 예를 들어, '글쓴이의 경험처럼 자신에게 깨달음을 준 경험을 떠올려 보고, 친구들에게 이야기해보자', '이 소설의 소년처럼 자신이 좋아하는 것에 빠져 곤란했던 경험을 이야기해보자.' 이런 부분이 나오면 반드시 하브루타 토론 활동을 하고 넘어갑니다. 가벼운 내용은 하브루타 1차 좌석 이동을 하여 어깨짝과 1:1로 하브루타 토론활동을 실시합니다. 그러나 '자신의 가치관을 반영하여 토끼전의 결말을 써보자.'처럼 깊이 있게 다뤄야 하는 내용이나 아이

들의 공력이 많이 들어간 내용은 하브루타 2차 좌석 이동 후 모둠 활동까지 해서 깊이 있게 다룹니다.

　　💬 질문 만들기 활동지를 따로 준비하지 않고 교과서 날개 부분에 추가 질문을 2개~3개씩 만들어서 어깨짝과 주고받은 후 교과 내용에 대해 설명하거나 쉬우르하면 훨씬 더 적극적으로 수업이 이루어집니다. 그 이유는 학생들이 질문을 만들면서 본문을 여러 번 살펴보고, 학생들 스스로 내용 파악을 한 상태에서 수업하기 때문입니다. 교과서 날개 부분에 학생들이 직접 만든 질문을 보여드릴게요.

　　학생들이 '수난이대'를 읽고 한 페이지 당 '글, 작가, 독자, 사회'와 관련된 질문을 각각 2개씩 만들었습니다. 이것은 마지막 페이지, '아버지가 아들을 업고 외나무다리를 건너는 장면'을 보고 한 학생이 만든 질문입니다.

〈 '글'과 관련된 질문 〉

* 용머리재는 실제로 있는 고개일까? 만약 있다면 어느 지역에 있을까?

* 외나무다리가 아니라 징검다리였다면 결말이 어떻게 마무리되었을까?

〈 '작가'와 관련된 질문 〉

* 아들이 전쟁터에 나가 죽는 것으로 설정했다면 작가는 어떻게 이야기를 이끌어갈까?

* 작가가 아버지와 아들이 외나무다리를 건너다 물 속에 빠지도록

설정한다면 어떻게 이야기가 바뀌게 될까?

〈 '독자'와 관련된 질문 〉

* 내가 용머리재라면 진수와 아버지에게 어떤 말을 해줄 수 있을까?

* 만약 6·25 전쟁을 경험하신 우리 할아버지께서 이 장면을 보시면 어떤 느낌을 받으실까?

〈 '사회'와 관련된 질문 〉

* 팔, 다리를 잃거나 상이군인이 된 사람에게 국가는 어떠한 보상을 해주었을까?

수난이대 단원에서는 한 학생 당 평균 60여 개가 넘는 질문들을 만들어냈습니다. '글, 작가, 독자, 사회'와 관련된 질문을 만들기 위해서는 많은 시간을 할애해야 하므로 질문 만들기는 과제로 부여하였습니다. 그리고 이 질문을 가지고 1시간 동안 좌석을 이동해가며 질문나누기 하브루타 활동을 실시하였습니다. 저는 이 단원에서 내용정리를 과감히 생략하고 쉬우르로 마무리하였습니다. 왜냐하면 학생들의 무수한 질문 속에는 제가 가르쳐야 한다고 생각했던 것들이 거의 다 들어있었기 때문입니다. 이러한 활동을 한 후에는 수난이대의 대표적인 세 장면을 선택해서 3주에 걸쳐 '뮤지컬 만들기 수행평가'를 하였는데, 학생들이 등장인물의 마음을 뮤지컬에 생생하게 담아내었답니다. 이 모든 것이 질문나누기 활동을 통해 텍스트를 깊이 있게 이해한 덕분이라고 생각합니다.

하브루타 토론교실을 연 지도 어느덧 2년이 되어갑니다. 그 동안 하브루타를 통해 깨달은 것이 있습니다. 진정한 토론활동은 연중행사로 진행되는 대회형 토론처럼 똑똑한 몇몇 학생들과 각본에 짜인 드라마의 대사를 줄줄 외우는 것과 같은 연기 활동이 아니라는 것을…. 하브루타 토론 교실은 항상 시끌벅적합니다. 오늘도 하브루타 토론 교실에서는 갖가지 꿈을 가진 아이들이, 각자의 향기와 빛깔에 걸맞는 목소리로 끊임없이 질문을 주고받고 있답니다. 그리고 매 수업 시간마다 한 편의 연극을 무대에 올리고 있습니다. 왜냐하면 학생들은 너나 할 것 없이 저마다 인생의 주인공들이기 때문입니다.

저만치 무대 뒤편에 엎드려 있는 호기심 가득한 눈빛들을 깨우는 일, 진정 우리들 교사가 해야 할 일이 아닐까요?

질문이 답이 되는 질문

詩. 최선순

질문엔 질문으로 답하라.
질문을 던진 자가
스스로 답을 찾을 수 있도록

질문의 답은 꼬리가 길어야 한다.
또 다른 질문에 꼬리가 밟힐 수 있도록

꼬리가 밟혀서 잘려나가면
도마뱀처럼 꼬리를 키우고,
카멜레온처럼 옷을 갈아입고,
빨갛게 노랗게 답할 수 있도록 질문해야 한다.

모든 질문에는 답이 있다.
아인슈타인이 우주에게 던진 질문의 답은
$E=MC^2$이다.
스마트폰, 드론항공기, 3D프린터…….
무수한 질문의 답들

'삶과 죽음?', '나?'에 이르기까지
어떤 질문에는 답이 없기에
삶은 삶이고, 죽음은 죽음이며
나는 나, 그냥 그대로
질문이 답이 된다.

질문은 사고의 거울이다.
내가 던진 질문은
사고의 성장판이 되어
나를 키우고, 질문을 키운다.

무릇 책을 읽는다는 것은
이야기 한 자락에 안겨있는 질문에게
살짝 말을 건네는 것이다.
"왜?"

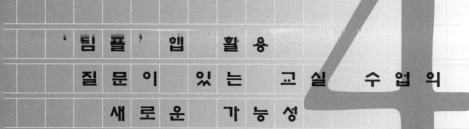

4

'띰플' 앱 활용
질문이 있는 교실 수업의
새로운 가능성

이홍배

전) 천일중학교 수석교사
전) 서울중등수석교사회장

이홍배

전) 천일중학교의 수석교사로 / 전) 서울중등수석교사회장을 역임하였으며,
⟨3일 만에 끝내는 자기주도학습 전형⟩, ⟨창의력 교육을 위한 즉석과제 길라잡이⟩ 등
3권의 단행본을 집필했다.
2007년에 교사들의 노벨상이라고 할 수 있는 교육부 인증 신지식인으로 선정되었으며,
'수상 제조기'라는 별명이 있을 정도로 과학탐구대회, 발명대회, 로봇대회, 국내외 창의력 올림피아드
대회에서 금상 수상팀을 지도한 선생님으로 유명하다.
2013년 수석교사가 된 뒤로는 연수와 강의를 통해 수업노하우를 전국에 있는 교사들에게 전해주고 있다.
특히, 질문이 있는 교실 수업과 거꾸로교실의 활성화를 위해 많은 노력을 기울이고 있다.

'팀플' 앱 활용 질문이 있는 교실 수업의 새로운 가능성

엉뚱한 질문도 허용하라

학기 초가 되면 항상 고민한다. 과학 수업 방법을 어떻게 해야 하는지, 어떻게 하면 학생들의 호기심을 키워주고 탐구심을 향상시킬 수 있는지. 아이들에게 학기 초에 내 소개와 수업방법에 대해 안내할 때 항상 다음과 같이 말해왔다.

"선생님은 어떤 질문도 허용한다. 특히 엉뚱한 질문을 오히려 좋아한다. 과학수업과 직접적인 관련이 없는 질문도 허용한다. 여러분의 호기심을 즉시 해결해야 사고력과 창의력, 탐구심이 향상되기 때문이다."
"아하! 그렇구나!"

이렇게 학생 스스로 자신의 궁금한 점을 해결해 나가면서 수업에 몰입하다 보면 사고력, 창의력이 자연스럽게 향상된다는 것을 학생들을 지도하면서 알았기 때문이다.

EBS '부모'라는 프로그램에 '유대인 자녀교육'이라는 주제의 전문가

패널리스트로 참여했던, 〈공부기술〉의 저자 조승연 씨는 학창 시절 미국으로 유학을 가서 고등학교 때 유대인 친구를 사귀었다고 한다. 소수민족이라는 공통점을 가진 둘은 대화를 하면서 서로를 가르쳐 주는 관계가 되었는데, 그 친구는 자신에 비해 머리가 좋은 편이 아니었고, 고등학교 때 성적 역시 그렇게 뛰어나지 않았다고 한다. 그런데 그 유대인 친구가 고등학교를 졸업하고 하버드대학교에 입학했다는 것이다. 게다가 백악관에 초청까지 받았다고 한다. 어떻게 하버드대학교에 합격할 수 있었느냐고 묻는 조승연 씨에게 그가 들려준 대답이 걸작이다.

"하버드대학교 논술 문제가 내가 아버지랑 식탁에서 토론했던 내용보다 쉽게 나왔어."[1]

이것이 유대인의 위력이다. 이러한 유대인의 교육방법이 왜 우리나라 교실에서는 이루어지지 않는 것일까? 질문이 있는 교실, 엉뚱한 질문도 허용하는 교실을 통해 잠자는 교실을 깨우고 학생들의 사고력과 창의력을 신장시키는 방향으로 우리 교육이 나아가야 한다고 생각한다.

질문이 사라진 교실, 어떻게 바꿀 것인가?

"사실 우리 대학에서 학부생들은 버려진 셈이죠. 학부생들 잘 가르

---

1) 『질문하는 공부법, 하브루타』 (전성수, 양동일 공저 - 라이온북스)

친답시고 시간과 노력을 쏟아봤자 업적으로 전혀 인정 안 되잖아요. 시간 낭비죠."[2]

"학부생 애들이 무슨 비판적 사고를 해요? 먼저 외워야 할 게 산더미인데."

"학생들이 창의적이면 안 돼요. 애들이 창의적이면 실험하다가 사고만 쳐요."

이혜정, 교육과 혁신 연구소 소장이 쓴 책,『서울대에서는 누가 A+를 받는가』에 인용된 서울대 교수들의 발언 내용이다. 공부 잘하는 인재들이 모인 우리나라 학벌 구조의 정점에 서 있는 서울대에서도 학생들의 창의적 상상력은 이처럼 무시되기 일쑤다. 서울대뿐만 아니라 많은 대학의 학생들은 어쩌면 관성적으로 교수의 강의 내용에 어떠한 의문도 던지지 않고 그대로 받아들여, 높은 학점을 받아 좋은 회사에 취직하거나, 공무원으로 임용되는 것이 목표가 되어버린 것은 아닐까? 일방적으로 외우도록 하는 주입식 교육의 결과는 참혹하다.

2000년, 필자의 아들이 분당에서 학력 수준이 높다는 중학교의 1학년에 다니고 있었다. 그런데 질문을 많이 하고, 선생님의 발문에 답변을 너무 길게 한다는 이유로 왕따를 경험하였다. 너무나 가슴이 아팠다. '질문을 하면 진도에 문제가 생긴다.'는 이유였다. 이처럼 진도라는 모순에 빠져서 학생들의 호기심을 무참히도 빼앗아간 우리의 교실 문화가 오랫동안 고착화되어 왔다.

---

2) http://gg.gg/3won0

'질문이 사라진 교실, 입시위주 교육이 호기심을 지웠다!'[3]라는 한 언론사의 머리기사 제목으로도 현재의 교육 현실을 짐작할 수 있다. 이러한 충격적인 글을 보고도 교육의 현실을 바꾸어야 한다는 것에 의견을 달리할 교사는 없을 것이다.

'수업을 어떻게 바꿀 것인가?' 이것이 문제이다. 'how to?'에 대한 부분에서는 대부분 갸우뚱한다. 어찌되었든 수업에 활력을 불어 넣어 주어야한다. 궁금한 것이 많은 학생들과 질문을 잘하는 학생들이 리더가 된다는 이스라엘의 교실을 우리도 만들 수 있다. 미력하지만 천일중학교에서도 뜻을 같이하는 8명의 교사가 '질문이 있는 교실'을 만들어 보고자 교사 학습동아리를 만들어 현장에서 실천하고 있다.

2년 전, 필자는 수석교사가 되고나서부터 수업방법에 대해 더욱 많은 연구를 하게 되었다. 특히 조희연 교육감이 강조하는 '질문이 있는 교실'을 구현하기 위해 많은 노력을 해왔다. 그러던 차에 교육박람회에서 '팀플'이라는 교육용 앱을 알게 되었다. '팀플' 앱은 질문이 있는 교실과 거꾸로 교실 수업을 진행하는 데 아주 유용한 앱이라는 것을 알고 기뻤다. 카페나 클래스팅, 밴드를 이용해서 프로젝트 학습을 진행해 보았지만, 여러 가지로 불편했기 때문이다.

가장 불편한 점은 거꾸로 교실을 하기 위해 동영상을 촬영해서 올려놓아도 많은 학생들이 보고 오지 않는다는 점이다. 또 누가 보았는지, 안 보았는지도 파악이 쉽지 않아 독려하기도 어려웠다. 하지만 '팀

---

3) 한국일보 2011. 4. 16 [질문이 사라진 교실 〈상1〉]

플' 앱에서는 한눈에 확인을 할 수 있다. 또한 팀을 기반으로 하기 때문에 경쟁과 협력을 동시에 유도할 수 있어 효과적이다.

팀 기반학습에 기초한 '팀플(timple)' 앱

학습이론 중 행동주의 이론과 인지주의 이론이 있다. 그러나 학습자의 외적환경 조건에 따라 학습결과가 달라진다는 행동주의 이론이나, 내적인 인지변화에 초점을 두고 있는 인지주의 이론 모두 교수자가 학습설계의 중심이 되고 있다는 점에서는 같다. 두 이론 모두 어떻게 하면 객관화된 지식을 최대한 효과적으로 학생들에게 전달할 수 있는가에 초점이 맞추어져 있다. 각기 다른 환경 속에서 자란, 서로 다른 지식과 경험을 가진 수십 명의 학생을 한 교실에서 동시에 가르쳐야 한다는 것이 문제의 본질이다.

이에 반해 구성주의란 학습자가 능동적인 주체가 되어, 서로 다른 경험을 학습자 간의 상호작용을 통해 문제를 해결하고, 이 과정을 통해 학습한다는 이론이다. 구성주의는 지식을 구성하는 강조점을 기준으로 개인의 인지과정에 중점을 둔 인지적 구성주의와 사회적 상호작용에 중점을 두는 사회적 구성주의로 나뉜다. 어느 것이든 학습자 스스로 능동적으로 의미를 부여해 가는 과정 속에 지식을 구한다는 점에서, 외적으로 나타나는 결과만을 가지고 평가를 해 왔던 기존의 학습 방법과는 차이가 있다.

그렇다면 이 구성주의를 교실 수업에 실제로 어떻게 적용을 해 볼수가 있을까? 구성주의 이론에 따른 다양한 학습 방법이 있지만 여기서는 팀기반 학습(TBL)에 대해서 자세히 살펴보기로 하자.

인터넷 백과사전에 따르면, 팀 기반학습(TBL, Team Based Learning)이란 '공통의 인식과 관심을 같이하는 적정 규모의 팀원이 현안과제나 문제를 해결하고, 공동의 목표를 달성하기 위해서, 개개인이 갖고 있는 다양한 아이디어를 대화를 통해 공유하면서, 지식을 창출하는 학습'이라고 정의하고 있다.

개인학습은 오로지 본인 혼자서 배우고 익히는 것에 그치는 반면, 팀 기반학습은 이를 다시 팀원들과 공유 및 확장, 발전시켜 팀 전체의 성과로 만들어 낸다는 점에서 학습에 대해 더 큰 동기 부여나 책임감을 가지게 한다. 집단학습 역시 공동의 목표를 달성한다는 점은 같지만, 팀 기반학습이 보다 더 구성원에 대한 소속감이나 결속력이 강한 팀워크를 바탕으로 문제를 해결해 나간다는 점에서 차이가 있다. 다만, 팀 학습 활동을 체계적이고 효율적으로 하기 위해서는 TBL 학습 모델의 장점을 잘 살릴 수 있는 환경과 프로그램 설계가 매우 중요한데, '팀플' 앱은 팀 기반학습의 장점을 부각하여 설계된 교육용 앱이다.

팀 기반학습 관리 솔루션을 제시해주는 '팀플' 앱

2015년 1월 필자는 코엑스 교육박람회에서 '팀플'이라는 어플리케이션을 만났다. 이 앱은 팀 기반학습(TBL) 또는 프로젝트 기반학습(PBL, Project Based Learning)의 장점을 잘 살릴 수 있도록 만든 웹기반 솔루션이라는 생각이 들었다.

서울시교육청의 정책 중 하나가 '질문이 있는 교실'을 만드는 것이다. 그 당시 필자는 학교 현장에서 교사들이 '질문이 있는 교실을 어떻게 풀어나갈 것인가'하는 문제에 봉착해 있었는데 이를 한 학기 동안 고민해 온 필자로서는 사막에서 오아시스를 만난 기분이었다.

'아하, 이 솔루션을 이용하여 학생들의 팀 단위 학습관리 및 토론 수업 등을 진행할 수 있겠구나. 다양한 커뮤니케이션 기능을 통해 학생 간 능동적 상호작용을 기대해 볼 수도 있겠군!'

이런 생각이 들었다. 문제는 이 솔루션의 사용료였다. '이것을 이용하려면 비용 발생이 될 텐데…….' 그런데 다행히도 직원과의 대화를 통해 학교에는 무료로 보급할 예정이라는 반가운 소식을 들었다. 비용 문제가 발생이 될 경우 많은 교사들에게 소개하기가 머뭇거려진다. 그런데 무료라니 너무 기뻤다. 그래서 우선 수석교사들에게 2015년 1월 방학 중에 자율연수를 받을 수 있는 기회를 마련하였고, 예상대로 많은 수석교사들이 참여하여 긍정적인 피드백을 받았고, 현재 많은 교사들이 이 앱을 사용하여 질문이 있는 교실수업을 하고 있다.

'팀플' 앱으로 토론 수업에 자신감이 생기다

'토론수업은 국어시간이나 사회시간에 하는 것이지, 진도 나가기도 바쁜데 언제 과학 수업시간에 토론을 하느냐?' 이런 생각으로 지나쳤던 토론 수업이었다. 토론에 대한 자신감이 부족하고, 토론 수업에 대한 경험이 없다 보니, 그 동안 학생들의 토론 능력 향상을 위한 노력은 아예 뒤로 제쳐 놓았었다. 그러나 하브루타를 공부한 이후 학생들에게 토론을 시켜보니, 생각보다 학생들의 토론 능력이 우수함을 알게 되었다. 거기에다 '팀플' 앱을 활용하니까 토론에 생명력을 불어 넣은 것처럼 너무 좋았다.

학생들의 반응도 생각 외로 뜨거웠다. 하브루타로 토론한 결과를 무기명으로 팀플에 올리라고 하였다. 그리고 글을 쓴 학생이 누구인지 모르는 상태에서 좋은 글을 쓴 학생의 글에 '공감' 버튼을 누르라고 하였다. 좋은 의견을 제시한 친구들 3명에게 공감하기를 한 다음, 그 결과를 가지고 학생들과 점수를 부여하고 이름을 확인하는 과정을 거쳤다. 칭찬을 하고 박수를 보내 주는 과정을 통해서 평소에 말을 잘하지 않았던 학생들이 '팀플' 앱 토론의 과정에서 스타로 탄생되는 경우도 있었다. 이는 덤으로 얻은, 예상치 못했던 또 다른 성과이기도 하다.

학생들의 이러한 토론 경험들을 통해서 토론하는 능력도 점점 길러지는 것 같다. 토론을 거듭할수록 학생들이 게시판에 올리는 글의 수준도 높아졌다. 요즘은 이런 토론 수업을 다른 선생님들께 소개하는 데서 또 다른 기쁨을 느끼고 있다.

한번은 ICT활용 교육이나 앱 활용 교육에 별로 관심이 없었던 천일중학교 국어교사에게 팀플을 소개한 적이 있었다. 그런데 의외로 뜨겁게 반응을 보이면서 연구수업에 한번 활용해 보겠다고 하셨다. 그 선생님은 '인당수에 몸을 던진 심청이는 효녀이다'는 논제를 가지고 성공적으로 연구수업을 마쳤고, 학생들의 반응도 매우 좋았다. 그 선생님은

"수석선생님께서 알려주신 '팀플' 앱을 통해서 토론 수업을 하니까 학생들이 훨씬 더 적극적으로 수업에 임했다. 토론 결과를 실시간으로 확인할 수 있어서 더욱 더 좋았다."고 하셨다. '팀플' 앱을 활용하면 학

생 참여형 수업을 통해서 기존의 교실 수업 방법을 개선할 수 있어서 좋다.

현재 이 서비스는 PC에서 인터넷에 접속(http://www.timple-edu.com)하거나 구글 플레이스토어에서 '팀플'이란 앱으로 스마트폰에 다운로드 받아 무료로 사용할 수 있다. 아이폰 유저의 경우에는 인터넷에 해당 사이트(http://www.timple-edu.com)로 접속을 하면 일반 앱과 마찬가지로 동일하게 사용할 수 있다. 팀플은 (1)팀플 (2)수업(과제) (3)토론(찬반, 투표, 독서) (4)자료 이렇게 크게 4개의 섹션으로 구성이 되어 있으며, 각각 어떠한 기능들이 있는지 살펴보면 다음과 같다.

(1) 팀플

이 섹션은 교사가 프로젝트 및 미션(해결과제)을 만들어 팀원들(학생들)에게 제시하는 곳이다. 교사가 담당하는 학생들의 '반'을 만들고 팀을 편성하여 학생들에게 프로젝트별로 일정한 미션을 부여하는 것이다. 프로젝트가 학습활동이든 체험활동이든 상관없이 선생님이 선행자료(동영상, 문서, URL링크)를 제시한 후, 학생들에게 이에 대한 피드백을 개인별, 팀별로 받을 수 있다. 중요한 것은 선행 자료는 없어도 되지만 학생들이 능동적으로 수행을 해야 하는 미션은 반드시 제시를 해 주어야 한다는 점이다.

여기서 미션, 즉 해결과제는 맞고 틀리고의 정답이 정해져 있는 것보다는 문제중심학습(Problem-Based Learning, PBL)에서의 '문제'와 같이 학생들이 지적 탐색을 통하지 않고서는 손쉽게 해답을 구할 수 없는 약간은 복잡한 것을 제시하는 것이 좋다.

팀플에서는 이 미션(과제)의 수행률이 팀별 그래프로 실시간 확인이 되어 팀 간 선의의 경쟁을 유도하며 팀 내부적으로는 팀워크를 이용하여 협동학습을 진행할 수 있다. 소모적이고 불필요한 단순 줄 세우기식의 경쟁은 피해야 하지만, 시간이 한정된 교실수업의 학습 효과를 높이기 위해서라도 동기유발 및 흥미의 관점에서 약간의 경쟁은 필요하다. 또한, 미션 수행률 자체는 미션의 수행(과제 제출) 여부만을 판단하기 때문에 학습성취도 차이에 따른 팀구성의 불만은 최소화할 수 있다.

과제를 잘 했고, 못 했고의 문제가 아니라 단순히 '했는가? 안 했는가?'의 문제이기 때문에 학생들 각자가 자신의 수준에 맞게 미션을 수행하면 되며, 이 부분에서 같은 팀원들의 도움을 받을 수도 있다. 과제의 질적 문제는 팀 평가와는 달리 교실현장에서 교사의 정성적인 평가에 의해 개인별로 평가를 받을 수 있다.

더 좋은 것은 학생들이 수업에 들어오기 전에 배울 내용을 미리 공부하고 온다는 점이다. 학생들은 과제를 해결해나가는 과정에서 스스로 질문을 만들게 된다.

(2) 수업(과제)
이 섹션은 학생들이 제출한 미션(과제)을 볼 수 있는 게시판이다.

교사가 제시한 미션에 따라 학생들은 동영상, 파일, 사진(이미지), 텍스트 등 다양한 형식으로 과제를 제출할 수 있다. 앞서 말한 미션(과제)의 질적인 평가를 이 섹션에서 한다. 팀플 섹션이 단순히 학생들이 미션수행 여부를 확인하는 과정이라면 여기는 학생들이 과제수행을 얼마나 잘 했는지를 평가할 수 있으며, 이 단계를 교실 현장에서 학생들과 함께 수업의 일부분으로 진행할 수 있다. 다음은 학생들이 미션(과제)을 얼마만큼 수행했는지를 한눈에 보여주는 게시판이다.

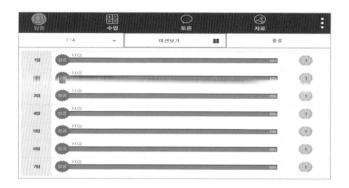

(3) 토론(찬반, 투표, 독서)

토론 섹션은 3개로 분류된다.

첫 번째 찬반 토론은 사회적으로 이슈가 될 만한 내용에 대해 찬반의 형식으로 의견을 쓰고 이에 대해 토론할 수 있다. 토론 결과 공개하기를 누르면 학생들이 입력한 찬반 의견을 그래프로 실시간 확인할 수 있다. 토론의견에도 내용의 완성도에 따라 교사가 직접 점수주기를 할 수 있으며, 무기명 의사 표현도 가능하다. 또한, 토론 배틀 등에 활용할 수 있도록 1회에 한 해 의견을 바꿀 수 있는 기능이 있어 토론 전

후의 찬반의 비율을 실시간으로도 확인할 수 있다. 다음은 교사가 만들어 놓은 토론 게시판에 학생들이 입장하여 토론한 내용의 일부이다.

두 번째 투표항목은 일반적인 선다형 형태의 poll 기능으로 2~5개까지 자유롭게 항목을 설정하여 만들 수 있다. 학습관리보다는 학급운영 등에 있어서 학생들의 다수의견을 반영하고자 할 때 유용하게 사용할 수 있다.

세 번째 독서항목은 서평을 남길 수 있는 섹션이다. 앞선 두 항목이 반드시 교사만 등록할 수 있다면 예외적으로 이 섹션은 교사뿐만 아니라 학생들도 자신이 읽은 책을 등록할 수 있다. 교사가 학생들에게 추천도서를 남기거나 혹은 학생들에게 독후감을 남기도록 할 때 유용하다. 교사가 점수주기 버튼 하나만 클릭함으로써 학생이 등록한 모든 콘텐츠에 개인점수를 부여할 수 있다.

(4) 자료

이 섹션은 교사가 가지고 있는 좋은 자료들을 단원별, 프로젝트별로 정리하여 미리 등록하는 곳이다. 자료는 동영상, 문서파일(ppt, hwp, pdf), 이미지, 텍스트, URL링크 등 그 형식을 가리지 않고 등록할 수 있으며, 반 별로 각각 공유여부를 설정할 수 있다. 또한 미리 자료들을 등록해 놓으면 팀플을 만들 때마다 일일이 자료를 찾을 필요 없이 이 자료실에서 바로 찾아 등록하면 된다.

(5) 기타 기능

채팅 창 알림 - 학생들이 팀 단위 메신저 채팅을 할 때, 다른 팀의 진행률이나 미션 제출 여부가 계속 알림 형태로 뜨는 기능이다.

팀 배정 변경 - 팀 구성이 된 이후라도 언제든지 팀 수를 조정하거나 학생들을 팀 이동 시킬 수 있다. 팀 선택은 학생들은 최초 1회 직접 할 수 있으나, 교사는 언제든지 새로 지정 또는 변경이 가능하다.

반 코드 및 비번 관리 - 교사가 생성한 반의 초대코드를 언제든지 새로 생성할 수 있다. 예를 들어, 외부로 유출이 되었다고 판단될 경우, 학생이 반으로 들어오는 비번을 잊었을 때, 직접 바로 초기화를 해 줄 수 있다.

점수관리 - 팀 점수 및 개인 점수 누적 통계 확인이 가능하다.

'팀플' 앱 활용 수업 단계

팀플을 이용한 수업은 다음과 같이 크게 4단계로 구분할 수 있다.

1단계는 학습 준비 단계로서 제일 먼저 수업을 진행할 반과 팀들을 생성하고, 학생들에게 제시할 팀플 자료나 미션을 등록한다.

2단계는 수업 전 단계(pre-class)로 수업 이전에 학생들이 능동적인 수업을 하도록 학습동기를 유발하는 단계다. 이 단계의 주체는 학생으로서, 수업 전에 학생들이 메신저로 팀별 소통을 하며 미션과제를 수행해 나가는 단계이다. 팀플을 통하여 다른 팀들과 미션 수행률을 비교해 보기 때문에 팀에 대한 소속감을 가지고 팀 전원이 지정 기간 내에 미션을 달성하도록 하는 것이 목적이다.

3단계는 수업 단계(In-class)인데 실제로 학생들이 제출한 미션과제를 이용하여 토론 수업 등의 활동을 해 나가는 단계이다. 이 단계에서는 학생들 개개인의 스마트폰이나 PC를 활용하기보다는 대형 화면을 통해 과제를 다 같이 보면서 오프라인에서 대면식 토론을 하는 것이 효과적이다. 학습의 소재 및 화두를 교사가 제시하는 형태가 아니라 본인들의 과제에서 도출함으로써 수업시간의 집중도 및 참여도를 높일 수 있다.

4단계는 수업 후 단계(post-class)로 학생들이 제출한 과제 및 토론 내용을 리뷰 및 평가하는 단계이다. 평가하는 단계 역시 수업의 일부분으로서 학생들과의 공감대가 이루어지면 바람직하다. 이를 위해 미선(과제)을 무기명으로 제출하도록 하여, 제출자가 누구인지가 직접적으로 보이지 않은 상태에서 학생들에게 점수주기를 할 수 있다. 이렇게 하면 학생들 스스로도 좀 더 자신 있게 과제 등을 제출하고, 추후 평가단계에서의 불만도 줄일 수 있다. 교사의 입장에서 제출자가 궁금한 경우, 과제가 우수하여 칭찬이 필요한 경우 등에는 해당 물음표 사진을 누르면 제출자의 사진과 이름이 일시적으로 보이도록 되어 있다.

'팀플' 앱 따라하기

팀플을 이용하여 수업을 진행할 때는 4단계로 진행한다. 우선 교사의 준비단계를 거쳐 수업 전 단계까지는 교사가 운영할 반 만들기를 하면 반 초대코드가 생성된다. 다음으로 수업 전 단계에서는 수업에 사용하게 될 자료를 등록하고, 팀플 만들기를 하여 과제를 등록하게 된다.

과제가 '팀플'이라는 메뉴에 등록이 되면 학생들은 '초대코드 입력'을 통해 자동으로 교사가 올려놓은 사전과제를 확인할 수 있고, 사전과제에 대한 숙제를 올리고, 제출한다. 수업단계로 들어오면 우선 팀별로 제출된 과제에 대한 공유와 토론이 이루어진다.

토론의 결과와 팀별 질문을 만들어 팀장이 과제제출을 한다. 교사는 학습지를 배부하고 학습한 내용을 정리할 수 있도록 안내를 하고, 이 과정에서 피드백을 진행하면서 학생들에게 지식구성 과정에서 잘못된 개념이 생기지 않도록 정리를 잘해주어야 한다. 또한 토론을 마친 후에 팀플에 올라온 자료를 보면서 과제에 대해 성실하게 답변을 올린 학생들에게 점수주기를 통해서 격려를 해 줄 수도 있다.

마지막으로 수업 후 단계로 주로 평가를 하는 단계이다. 이 단계에서는 우수 미션 수행 학생이나 댓글에 대해서 성실하게 올린 학생들에게 점수를 부여한다. '팀플' 앱의 장점 중 하나가 팀별, 개인별 점수가 누가 기록된다는 점이다. 이 결과를 중간고사나 기말고사 때, 수행평가 점수로 활용할 수 있다.

'팀플' 서비스를 이용하려면 회원가입은 기본이다. 팀플서비스는 웹(pc, 모바일, IOS)과 안드로이드 앱에서 모두 가능하다. '선생님'을 선택 한 후 회원가입하기를 진행하면 된다. 주소는 http://www.timple-edu.com이다. 이때, 교사는 '선생님' 탭을 학생은 '학생' 탭을 클릭한 다음 가입 절차를 밟으면 된다. 여기에서는 편의 상 교사 입장에서 회원 가입 절차, 학급 만들기, 구성원 관리 및 자료 등록 방법들을 소개하고자 한다.

PC의 경우	스마트폰

구성원 관리

구성원관리에서 반 이름, 팀 개수의 변경이 가능하다. 학급 인원수와 가입 인원수가 기록된 곳 우측에 있는 아이콘을 클릭, 또는 터치하면 해당 학급의 학생들이 가입한 정보를 확인할 수 있다. 이곳에서 구성원의 팀 이동, 비번 초기화, 반 탈퇴는 물론 팀플삭제도 가능하다.

자료등록

자료등록을 클릭하고 학습제목을 입력한 후에 공개할 반을 체크한다. 학습에 필요한 자료를 단원별, 주제별로 미리 업로드를 한다. 동영상, 파일, url, 이미지 등의 파일 업로드가 가능하다. 그리고 자료등록 아이콘을 선택해서 직접 제작한 동영상과 파일, 이미지 등을 업로드 할 수 있으며, 직접 동영상을 제작하지 않고 외부에서 오픈된 url을 링크해서 손쉽게 동영상을 올릴 수도 있다. 동영상파일은 MP4 표준 값으로 인코딩된 동영상만 업로드 가능하다.

알림장

팀플 메인화면 왼쪽에 알림종 아이콘 클릭 후 글쓰기 팝업창에서 글쓰기 아이콘을 선택한다. 알림종 아이콘을 클릭하면 글쓰기 팝업창이 활성화 된다. 그리고 알림글, 이미지 입력 후 해당 반 선택이 가능하고, '알림글'과 '이미지' 등을 등록하고 원하는 반을 선택해서 '알림글'을 작성한다.

'팀플' 만들기

첫 번째는 팀플에서 '팀플 만들기' 박스를 선택한 후에 팀플 제목, 수업할 반, 기간을 입력한다. 다음은 교사가 만든 팀플(미션) 예시이다.

두 번째는 학생들이 수행할 미션 내용을 입력한 후에 파일등록 아이콘을 클릭한 후 직접 제작한 동영상(MP4), 파일, 이미지 등을 등록하거나, 외부 동영상 URL을 링크해서 동영상을 등록할 수 있다. (미션 내용 예시 : 화산활동 관련 동영상을 시청한 후 질문 2개 이상을 올리세요.)

세 번째는 미리 업로드 한 자료(동영상, 파일, URL)를 자료실에서 스크랩해서 미션 등록할 수도 있다. 네 번째는 미션 등록 시 무기명 제출 또는 채팅 비허용 선택 후 미션(과제)을 진행할 수도 있다. 무기명 제출은 학생의 이름이 나오지 않고 '?'로 나오게 작성하도록 설정하는 것이다. 채팅 비허용은 미션(과제)을 제출할 때 채팅을 하지 못하게 설정하는 기능이다.

미션(과제) 관리

첫 번째, 미션수행 확인은 해당 반에서 팀플을 선택 후 팀별로 수행율과 순위를 실시간으로 확인할 수 있다.

두 번째, 팀플 채팅방에서 팀 구성원 확인하기인데 해당 팀을 선택하면 채팅방에서 구성원별로도 미션 수행률과 순위를 실시간으로 확인가능하다.

수업(과제) 확인

제출한 미션(과제)는 수업에서 반, 팀플, 미션(과제), 팀을 선택해서 검색할 수 있고, 제출한 미션에 학생 상호평가 댓글 및 '좋아요'도 확인가능하다. 제출한 미션(과제)에 개인별로 점수주기를 할 수 있고, 무기명 제출자인 경우 '?프로필사진'을 클릭하면 학생사진과 이름을 확인할 수 있다.

토론

찬반토론 : 찬반토론을 선택한 후 토론 만들기 버튼을 클릭한 후에 토론주제, 대상, 무기명제출자 등을 입력한다. 찬반토론 주제별로 실시간으로 학생 찬반의견과 토론결과를 확인할 수 있다. 우수한 의견은 개인별로 점수주기를 할 수 있고, 무기명 제출자의 경우에는 '?프로필사진'을 클릭하면 학생사진과 이름을 확인할 수 있다.

투표토론 : 투표토론을 선택한 후 토론 만들기 버튼을 클릭한 후에 투표 토론 주제, 대상, 무기명 제출자 등을 입력한다. 투표 토론 주제별로 학생 투표 의견과 투표 결과를 실시간으로 확인할 수 있다.

독서토론 : 독서토론을 선택한 후 토론 만들기 버튼을 클릭한 후에 토론할 책이미지, 제목, 지은이, 출판사 등을 입력한다. 더보기 버튼을 클릭하면 토론별 또는 도서별로 정보 및 서평을 자세히 확인할 수 있다.

학생 점수 관리

상단의 '더보기' 아이콘을 클릭해서 학생점수관리를 선택하면, 반별
·학생별로 누적 팀 점수, 개인점수, 순위를 확인할 수 있어서 수행평
가에 활용 가능하다.

'팀플' 앱을 활용한 거꾸로 교실 수업

거꾸로 교실 수업이란 수업 전에 먼저 짧은 동영상 등으로 학습을
한 후 이를 바탕으로 수업 시간에는 모둠(팀)단위로 토론을 하면서 문
제를 해결해 나가는 학습방식이다. 기존 고전방식에 비해 배우는 것과
익히는 것이 역진행되었다고 해서 역진행 학습이라고도 불리운다. 전
세계적으로 혁신 교육의 흐름을 보면, 플립러닝이나 무크(MOOC,
Massive open online Course, 대중 무료공개 강의)와 같이 미래에는
단순 지식의 전달은 동영상 강의로 상당부분 대체가 될 전망이다.

반면, 강의실에서는 이를 바탕으로 한 다양한 질문이나 토론 등이
이루어지며 교사의 역할은 티칭에서 코칭의 형태로 변해 갈 것이다.
이렇게 온라인과 오프라인교육을 접목함으로써 기존의 교육방식보다
는 좀 더 효율적인 교육 시스템을 만들 수 있다.

다만, 플립러닝의 전제가 되는 학습 전 온라인 강의 시청을 강제하
기가 쉽지 않아 플립러닝을 우리 교실에 적용시키는 데 많은 어려움
이 있었다. 이 부분을 팀플의 미션으로 제시하여 플립러닝에 활용한다
면 기존보다는 훨씬 쉽게 거꾸로 수업을 진행할 수 있기에 필자는 '팀
플' 앱을 강력하게 추천한다.

필자는 '팀플' 앱을 활용하여 거꾸로 교실 수업을 진행하였다. 동영상을 직접 제작하여 올려놓고 학생들에게 동영상을 보고 질문을 올리게 하였다. 다음은 거꾸로 교실 관련 동영상을 보고 학생들이 '팀플' 질문방에 올린 질문들이다.

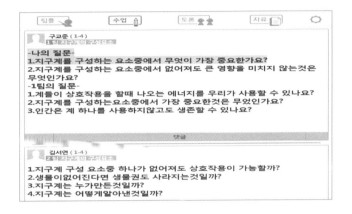

'팀플' 앱의 장점 중 하나가 개인별, 팀별 수행률을 확인할 수 있다는 점이다. 동영상을 본 학생과 질문을 올린 학생에게는 수업 시간에 칭찬을 해 주었고, 아직 하지 않은 학생에게는 할 수 있도록 독려하였다. 그런데 그렇게 독려를 했는데도 절반 이상이 보고 오지 않은 적이 있었다. 그때 동영상을 보고 질문을 올린 학생에게는 상점을 부여하고, 수업 시간에 동영상을 전체에게 보여주었다. 동영상 시청이 끝나자마자 아이들은 큰 박수를 치면서 감탄을 했다. 선생님이 정성과 시간을 들여 제작한 동영상을 보고, 선생님의 생생한 목소리를 듣고 나니 감동을 받았다고 말했다.

기존에 만들어진 동영상을 올리고 거꾸로 교실을 할 수도 있다. 하지만 미숙하더라도 교사가 직접 동영상을 촬영하여 올리고, 거꾸로 교실 수업을 하게 되면 수업의 효과가 훨씬 크다.

'팀플' 앱을 활용한 질문이 있는 교실 수업 만들기

굳이 G20 폐막식에서의 오바마 기자회견 장면을 언급하지 않더라도, 우리나라의 질문 문화는 참으로 인색하며 스스로가 자기검열에 빠져 있다. 교실에서 선생님께 궁금한 내용을 질문하는 행위 자체는 잘난 체를 한다는 의미로 받아들여지고, 이는 곧 학생들 무리에서 외톨이가 될 수 있다는 사실을 학생들 스스로가 직관적으로 받아들이고 있는 것이다. 이런 상황에서는 아무리 '질문이 있는 교실'을 만들고자 해도 수업에 적용하기가 쉽지 않다.

또한, 질문을 하려고 해도 그 주제에 대해 고민을 해본 적이 없다면 수업 현장에서 적절한 질문이 떠오르지도 않을 것이다. 따라서 이 질문을 수업 현장에서 요구할 것이 아니라 팀 과제로 수업 전에 제시하는 것이 효과적이다.

이제 우리 교사와 학생이 합의를 통해서 학습의 장소를 교실 외의 또 다른 장으로 넓혀보면 어떨까? 이 방법은 처음에는 교사와 학생 모두가 다소 불편할 수도 있다. 그동안 '학(學)'은 학교에서 하고, '습(習)'은 집에서 하는 것으로 오랜 기간 고착화되었기 때문이다. 기존의 학습법은 집에서 공부를 하다가 모르는 것이 생기면 어디에 질문을 해야 할지가 난감했다. 물론 인터넷이라는 매체가 있기는 하지만 모든 궁금한 것을 찾을 수는 없는 일이다.

그러나 학생들이 집에서 공부를 하다가 모르는 것이 있을 경우, '팀플' 앱에 질문을 올려 놓고 학생들이 수업에 들어와서 그 궁금한 내용을 가지고 친구들과 공유하면서 서로가 답변을 해준다. 어려운 경우에는 교사의 개입으로 질문에 대한 해답을 얻는다. 교사가 외우라고 한 내용이 아니라, 내가 궁금해 하던 것이기에 학생은 더욱 수업에 집중한다. 수업에 수동적으로 참여하던 학생이 이제 적극적인 주체가 되어 수업에 참여한다. 교사는 팀플 미션으로 사전 학습 자료, 즉 동영상, 사진 등을 보여주고 이에 대한 질문을 과제로 제시한 것이다. 이에 대한 효과는 여러 가지가 있다.

셋째, 수업시간에 교사현장 즉석에서 질문을 생각해 내는 것이 아니기 때문에 수업 전에 좀 더 시간을 가지고 주제에 대해서 깊이 있게 생각해 볼 수 있다. 답을 찾는 것은 본인이 아는지 모르는지에 따라 바로 결론이 나지만, 질문을 만드는 것은 정해진 답이 없기에 시간을 가지고 생각을 하면 누구라도 자신이 원하는 질문을 만들 수 있다. 질문을 고민하는 과정에서 수업의 주제에 대해 단 1분이라도 고민하는 시간을 갖게 되며, 그 결과 실제 수업에 대한 집중도가 놀라울 정도로 상승한다.

둘째, 혼자 질문을 한다는 눈치에서 벗어나게 된다. 과제로 제출을 해야 하기에 누구나 의무적으로 하는 것이라는 명분이 있고, 나아가 팀 성과를 위한 당연한 의무로 여긴다.

셋째, 수업시간에 학생들 본인들이 제출한 질문들을 수업의 소재 및 화두로 삼으면서 리뷰를 하기 때문에 학습에 대한 참여도가 높아진다. 수업이 교과서적 언어가 아닌 학생들의 언어와 호기심으로부터 시작되기 때문이다.

우리나라 도서관에 가보면 벽면에 붙어 있는 글자를 흔히 볼 수 있다. '정숙' 또는 '조용히'라는 문구이다. 기본적으로 우리나라의 학습방법은 수업을 듣고 혼자 이해하는 방식이다. 여러 명이서 같이 수업을 들었지만 그 내용을 서로 공유하지 않으니 혼자 수업을 들은 것과 다를 바 없다. 내가 제대로 이해를 했는지도 불분명하고, 친구들은 어떻게 생각하는지 알 수도 없다.

질문을 하고자 하는 분위기도 형성되어 있지 않고, 내가 무엇을 알고 모르는지 즉 '메타인지'를 명확히 확인하기도 어렵다. 노벨상 수상자를 많이 배출한 이스라엘 수업방식 하브루타는 '서로 짝을 지어 상대방과 논쟁을 하며 지식을 습득하는 방식이다. 책을 보고 해도 무방하지만 반드시 자신만의 언어로 표현되어서 상대방을 이해 또는 설득시키는 방식이다. 내가 알고 있다고 착각하고 있는 지식도 막상 말로 표현을 해 보려고 하면 막히는 경우가 있는데, 이는 제대로 학습이 되어 있지 않다고 보는 것이 맞다.

이처럼 하브루타는 학생들 스스로가 서로 상대방에게 자신이 알고 있는 내용을 설명하면서 자신의 지식을 완성시켜나가는 학습방법이다. 따라서 '팀플' 앱에 동영상과 질문과제를 낸 후 수업시간에 이 질문들을 수업 소재로 활용한다면 학생들이 좀 더 수월하게 하브루타 수업을 할 수 있다. 결국에는 질문이 있는 교실과 거꾸로 교실 수업, 그리고 하브루타 수업이 모두 다 같은 맥락이라고 볼 수 있으며 '팀플' 앱을 활용하여 좀 더 수월하게 이런 수업들을 진행해 볼 수 있다.

지금까지 구체적으로 질문이 있는 교실 수업의 새로운 가능성이 될 수 있는 '팀플' 앱의 사용 방법과 수업에서의 적용방법에 대해서 알아보았다. '팀플'은 생각보다 쉽게 이용할 수가 있다. 지난 여름방학에는 지방의 한 교육청의 초청으로 7그룹, 800여명의 교사들에게 팀플 앱 소개 및 실습에 대해 강의를 했었다. 교사들의 반응은 뜨거웠다.

천일중학교 학생들도 '팀플' 앱을 활용한 수업에 대한 만족도가 아주 높다. 특히, 며칠 전 하브루타 수업을 하고나서 소감문을 쓰는 시간이 있었는데, 하브루타를 통해 토론에 자신감이 생겼다는 학생들이 많았다. 또한 일상생활 속에서도 친구들과 하브루타를 하겠다고 쓴 학생들도 있었고, 우리나라도 하브루타를 학교에서 도입해 주었으면 좋겠다는 학생도 있었다.

필자도 토론수업에 대한 두려움이 많아서 그동안 잘하지 못했었는데 '팀플' 앱을 활용해 토론수업을 진행해보고 나서 두려움이 많이 사라졌다. 우리교육이 지향해야 하는 것이 무엇인지에 대해 공감하고 실천해나가는 선생님들이 많아진다면 잠자는 교실, 진도만 나가는 수업에서 이제는 활기찬 교실, 학생의 진정한 배움이 일어나는 수업으로 바뀔 것이라 확신한다.

5

독해력과 질문 능력을
향상시키는 단계별 질문 만들기

백금자
관악고등학교 수석교사

백금자

친절하고 꼼꼼하게 가르쳐주는 선생님으로 유명해 학생들로부터 '친절한 금자쌤'이라 불리고 있다.
현재 서울 관악고등학교의 수석교사로 재직 중이며, '질문이 있는 교실, 거꾸로 교실 수업 '에 대해
강의를 하면서 교사들에게 도움을 주는 것을 기쁨과 보람으로 생각하고 있다.
2006년 제4대 명예지식인으로 선정되었으며,
현재까지 〈친절한 금자쌤의 논술카페〉, 〈3일 만에 끝내는 입학사정관제〉
〈친절한 금자쌤의 토론 달인되기〉, 〈3일 만에 끝내는 학생부종합전형〉 총 4권의 단행본을 집필했다.

독해력과 질문 능력을 향상시키는 단계별 질문 만들기

내 인생의 질문들, 그리고 정답에서 질문으로

인생은 질문투성이다. 어린 시절 읽은 책들에서부터 내가 앞으로 살아갈 미래의 나날까지, 인생은 질문 아닌 것이 없다. 우리는 학교에서 늘 답을 찾는 까닭은 배워왔고, 교사가 된 뒤에도 답을 찾는 기술을 전수하는 것이 좋은 교육이라 믿고 살아왔다.

어린 시절 내게 깊은 질문을 가져다 준 책은 초등학교 때 언니가 선물해 준 『장발장』이다. 학교에서 수업시간에 배웠던 작품들은 기억이 안 나는데 이 작품은 지금까지도 많은 질문거리를 나에게 던져준다. 그리고 아직도 나는 정답을 찾지 못하고 있다. 당시 내가 품은 질문들은 이랬다.

장발장이 그 상황에서 빵을 훔친 것이 그렇게 큰 죄가 될까?
미리엘 신부는 어떤 마음으로 장발장을 용서해 준 것이었을까?
장발장은 왜 자베르를 용서해 주었을까?
진정한 용서란 무엇인가?

한때는 파트리크 쥐스킨트의『향수』라는 책을 집어 들고 밤을 새워 읽었었다. 처음에는 이 책이 왜 베스트셀러인지, 왜 평론가들이 호평을 하는지 이해할 수 없었다. 하지만 흡입력이 강한 책이라 읽다보니 새벽이 되었다. 마지막에 그르누이가 향수를 통해 많은 사람을 감동시키고 구원하는 장면에서 무릎을 쳤다. '사람을 감동시키는 것은 과연 무엇일까?'에 대해 깊이 생각해보게 되었다.

이때는 이렇게 질문들이 솟아나면 그대로 마음에 품고 있다가 어떤 계기가 되면 그 질문에 대한 내 나름의 답을 찾아보고는 했다. 지금 아이들은 어떤 질문을 가슴에 품고 다닐까? 어쩌면 나를 움직여온 내 속의 힘은 나도 풀지 못할 수많은 수수께끼 같은 질문들이었는지도 모른다. 그런데 정작 나는 교사가 돼서 학생들에게 질문의 힘보다는 정답의 기술을 가르쳐왔는지도 모른다.

어느 날 내게도 '진리는 정답이 아니라 질문에 있다'는 영감이 찾아왔다. 질문이 있는 교실에 대한 관심과 함께 내 교육의 철학과 패러다임 전반을 돌아보았다. 그리고 학생들과 함께 질문의 숲을 만드는 수업을 고민하기 시작했다.

그리하여 잠자는 교실을 깨우고 질문이 있는 교실 수업을 하기 위해, 2015년 1학기 초부터 질문의 중요성을 학생들에게 강조하였다. 2010년 서울 G20 폐막식에서 오바마 대통령이 한국기자들에게 질문권을 주었으나 아무도 질문하지 못했던 동영상을 보여주었다. 이 동영

상을 보여주고 나서 학생들과 얘기를 나누었다. 한 마디도 못하는 한
국기자들과 한국 기자를 대신해서 질문을 하게 해 달라는 중국 기자
를 보면서, 학생들은 충격을 받는 것 같았다.

"바보들아, 빨리 질문 해~."
"중국 기자, 나대지마~……."

학생들은 한국기자들에게 느끼는 안타까움을 이렇게 표현했다. 한
국기자들이 질문을 못하고 중국기자가 질문을 하려고 할 때에 학생들
은 모두 애국자가 되어 분노했다. 결국 질문권은 중국기자에게 돌아갔
다는 얘기를 듣고 격분하기까지 했다. 학생들과 얘기를 나누어보았나.

"한국기자들은 왜 질문을 못했을까?"

많은 학생들이 답을 했다.

"평소에 질문하는 훈련이 안 되어 있어서요."
"질문 잘못 했다가는 망신당할 수 있으니까요."
"남의 시선을 의식하느라 못했어요."

서울 G20 폐막식 동영상을 보여주고 나서 '모든 배움의 시작은 답
에 있는 것이 아니라, 질문에 있음'을 강조하였다. '스스로 묻는 자만이
스스로 답을 얻게 되어 있다'는 정약용 선생의 말도 인용하였다. 또 어

떠한 질문이 나오더라도 선생님은 다 수용하겠다고 얘기했다. 그리고 친구의 질문에 비난을 하는 학생에게는 경고를 주어 비난하지 못하게 하였다.

이제는 수업시간에 교사인 내가 학생들에게 질문하거나 학생들이 교사에게, 학생들이 학생들과 질문하는 것이 아주 자연스러워졌다. 그리고 어떠한 질문이 좋은 질문인지에 대해 고민하였고, 질문하는 방법을 학생들에게 알려주었다.

질문의 유형에는 닫힌 질문과 열린 질문이 있다. 닫힌 질문은 수렴적 사고를 자극하는 것으로 상대방이 단답형으로 대답하도록 유도하거나 답이 있는 간단한 질문이다. 예를 들면,

"내 말이 맞아 안 맞아?"
"둘 중 어느 것의 길이가 깁니까?"
"이 소설의 공간적 배경은 어디인가요?"

등으로 표현할 수 있다.

열린 질문은 발산적 사고를 자극하는 질문이다. 상대방으로 하여금 자신의 의견을 자유롭게 말할 수 있도록 유도하거나 창의적이고 고차원적인 사고 능력을 요구하는 질문이다. 예를 들면,

"어느 부분이 잘못되었다고 생각합니까?"
"두 개의 길이를 어떻게 비교해 볼 수 있을까요?"
"주인공이 왜 그렇게 행동했을까요?"

등으로 표현할 수 있다.

교사가 개념이나 배경지식을 확인하고, 전시 학습 내용을 상기하고자 할 때는 학생들에게 닫힌 질문을 하는 것이 효과적이다. 시간 활용상 경제적이다. 반면 창의적인 사고 능력을 길러주고, 사고의 확산을 유도하고자 할 때에는 열린 질문이 효과적이다. 교사는 닫힌 질문만 하지 않고 열린 질문까지 자유롭게 던져야 한다.

교사는 수업시간에 학생들에게 던질 질문들을 미리 준비할 필요가 있다. 글의 내용을 이해하는 독해력 향상에 도움이 되는 질문뿐만 아니라 스스로 생각할 수 있는 역량을 갖게 하는데 도움을 주는 질문들을 준비하여 수업에 임해야 한다. 우리는 학생들에게 많은 것을 집어넣으려고 쉴 새 없이 주입식으로 수업을 신행해 오지는 않았는가? 이제 교사의 강의식 수업을 조금 내려놓고 학생들이 발표할 수 있는 시간을 많이 주면 어떨까? 그러면 학생들은 발표를 하기 위해서 스스로 탐구를 하게 되기 때문이다.

공감대화로 소통이 잘되는 교실 만들기

재작년에 마셜 B. 로젠버그의 『비폭력대화』 책을 읽고 나서 그동안 내가 얼마나 폭력적인 대화를 하면서 수업을 했었는지 깊이 반성을 했다. 그래서 비폭력대화에 관심이 있는 동료 몇 명과 매주 만나서 『비폭력대화』 책을 읽고 비폭력대화 강사님의 강의를 들었다. '비폭력대화'에는 '폭력'이라는 단어가 들어가 있어서 부정적이기 때문에 '공감대화'로 바꾸어서 불렀다. 3개월 정도, 매주 강의를 듣고 실습을 한 덕분인지 학생들에게 말할 때, 명령하거나 지시하기보다는 내가 원하는 바를 부탁의 형태로 말을 바꾸어 하게 되었다.

크리슈나무르티는 이런 말을 했다.

"평가가 들어가지 않은 관찰을 하는 것이 인간 지성의 최고 형태이다."

그런데 그동안 나는 너무나 쉽게 평가하고 판단을 내려왔다는 생각이 들었다. 평가하고 판단하는 대신에 자신이 관찰한 것을 바탕으로 느낌만 말하는 것이 공감대화이다. 그리고 그 느낌을 바탕으로 내가 바라는 것을 질문의 형태로 전달하는 것이다. 수업시간에 학생들과 대화할 때 공감대화를 해보니 학생들과 소통이 너무 잘 되었고 화를 낼 일이 줄어들었다.

어느 날, 수업이 시작이 되어서 교실에 들어갔는데 학생 한 명이 근력을 키우는 작은 운동기구를 가지고 놀고 있었다. 그때 나는

"빨리 자리에 앉아!"
라고 말하는 대신에 이렇게 말을 했다.
"희승아, 그거 언제까지 할거니?"
"한번만 더 하고 안 할게요."

이렇게 대답을 한 희승이는 정말 자신이 말 한 대로 한번 더 하더니 바로 자리에 앉아서 수업 준비를 하였다. 평소에 수업태도가 좋은 학

생이 아니었기에 나는 너무 놀라웠다. 감동한 나는 이렇게 말했다.

"희승이가 약속을 지키니까 쌤 기분이 진짜 좋은걸!"

우리가 교실에서 매일 쓰는 언어의 방식을 바꾼다면 우리 안에 잠재해 있는 긍정적인 면이 밖으로 나타나기 때문에 훨씬 소통이 잘 될 뿐만 아니라 더욱 평화롭고 따뜻한 관계를 유지할 수 있다.

수업시간에 교사와 학생의 소통에서 음성언어가 차지하는 비중은 얼마나 될까? 언어학자의 연구결과에 의하면, 우리가 의사소통을 할 때, 언어가 차지하는 비중은 7%정도라고 한다. 억양이나 목소리의 크기, 빠르기 등의 비언어는 38%, 표정이나 눈맞춤, 몸짓 능의 반언어가 차지하는 비중은 55%라고 한다. 학생과 소통하면서 질문이 활발하게 일어나는 교실을 만들려면 먼저 학생 한명 한명을 쳐다보면서 관심을 갖는 것부터 시작해야 한다.

'질문이 있는 교실'은 '학생의 자생적 질문이 활발한 교실'

'질문이 있는 교실'이란 교사와 학생, 학생과 학생의 상호작용이 활발한 교실이다.' 나는 '질문이 있는 교실'의 정의를 이렇게 내리고 싶다. 왜냐하면 질문과 답이 신명나게 오고가는 속에서 학생들에게는 진정한 배움이 일어나기 때문이다. 진정한 학문의 성취는 대답에 있는 것이 아니고 질문에 있다. 배움에 있어 질문만큼 중요한 것은 없다. 그리고 학습자의 내면에서 우러나오는 스스로의 질문이 있어야만 진정한 이해가 가능하다. 그리고 남이 던져주는 질문이 아니라, 학생 스스로의 내면에서 우러나오는 자생적인 질문이 배움에 있어 가장 효과적이다. '질문이 있는 교실'은 '학생의 자생적 질문이 활발한 교실'이다.

이러한 교실을 만들기 위해서는 교사의 역할에 대한 패러다임의 전환이 필요하다. 교사의 역할은 학생이 정확히 배우고 질문하도록 도와주는 것이어야 한다. 정확히 질문하는 학생일수록 정확히 잘 배운다는 공식이 성립하게 된다. 교사는 학생으로 하여금 스스로 자생적 질문을 할 수 있도록 도와주어야 한다. 따라서 수업과 교사에 대한 패러다임이 바뀌어야 한다. 교사의 역할은 단순히 지식전달자가 아니라 학생이 효율적으로 질문을 할 수 있도록 이끌어주는 것이다. 학생이 점점 더 수준 높은 질문, 심화된 질문, 고차원적인 질문을 할 수 있도록 교사는 그 과정을 도와주어야 한다. 그러므로 학생의 자생적 질문을 이끌어낼 수 있는 허용적인 교실 분위기 조성과 교사의 태도가 아주 중요하다.

"선생님, 질문 있습니다."

학생들이 수업 중에 스스럼없이 질문을 할 수 있는 분위기를 교사가 만들어나가야 한다. 또한 질문의 다양한 방법과 기법에 대한 연구가 절실히 필요하다. 학생의 자생적 질문을 방해하는 요인들을 제거하여 자생적 질문이 활발하게 나오는 수업이 될 수 있도록 노력해야 한다.

교사는 어떠한 질문이 나오더라도 허용하고 이해하는 교실 분위기를 조성해야 한다. 어떠한 질문에도 허용적이고 관대한, 열린 마음과 열린 귀를 가져야 한다. 이러한 교실 문화가 정착된다면 왕따나 학교 폭력 등의 문제도 자연스럽게 해결이 될 수 있을 것이다.

또한 학생들이 무엇을 질문해야 하는지, 어떻게 질문해야 하는지 잘 모르기 때문에 교사는 질문하는 방법, 좋은 질문의 예 등에 대해 안내를 해 주어야 한다. 그리고 모든 질문에 바로 정답을 제시하는 것이 아니라 힌트만 주고 스스로 답을 찾아낼 수 있도록 도와주어야 한다.

단계별 질문 만들기란?

'질문이 있는 교실'은 학생 스스로 무엇인가에 대해 알고사 하는 의지를 갖도록 만든다. 질문이 중요하다는 것은 잘 알지만, 학생이 주어진 글을 읽고 또는 어떤 상황에 처해서 막상 질문을 만들려 할 때에는 다음과 같은 어려움에 부딪힐 수 있다.

"어떤 것에 관해 질문해야 하지?"
"머릿속에 떠오르는 질문은 많은데 글로 표현하기 어렵네."
"질문하고 싶은 것이 있는데 너무 사소하고 하찮은 질문은 아닐까?"
"어떤 것이 좋은 질문이지?"

이런 어려움을 해결하기 위해서는 글 안에서 질문을 찾고 자신의 언어로 표현하는 연습을 해야 한다. 학생이 질문하기 어려워하는 경우에는 교사가 시범을 보이거나 연습할 기회를 제공하여 낯선 활동에 대한 부담을 줄여줄 수 있다.

첫째, 질문의 유형에 대해 교사가 학생들에게 설명한다.

둘째, 질문 만들기 연습을 위해 읽기 자료를 읽는다.

셋째, 학생들은 스스로 자신이 읽은 글에 대해 서로 다른 유형의 질문들을 만들어본다.

넷째, 토의와 토론을 통해 질문에 대한 답을 찾아 확인한다.

이러한 훈련은 학생들의 독해력 향상에 미치는 효과가 아주 크다고 한다. 이러한 훈련을 시키기 위해 다음과 같이 '라파엘의 질문 - 대답 관계 모형'을 활용할 수 있다. '라파엘의 질문-대답 관계 모형'[1]은 질문을 분류하고 연습하는 방법을 통해 질문 생성 능력을 함양하는 방법이다.

라파엘(Raphael)의 질문-대답 관계(Question Answer Realation) 모형은 다음 4단계로 나누어서 질문하는 방법이다.

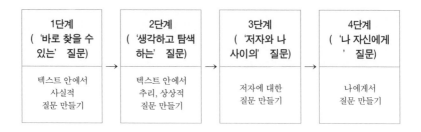

---

1) Raphael, Teaching Question Answer Realationship, revisited, The Reading Teacher, 1986, 516-522

1단계: 텍스트 안에서 사실적 질문 만들기 - '바로 찾을 수 있는' 질문

답이 텍스트의 한 문장 안에 담겨 있어서 글의 구조를 따지지 않더라도 답할 수 있는 질문을 말한다. 예를 들면,
- 주인공의 꿈은 무엇이었나?
- 이 글의 핵심어는 무엇인가?
- 낱말과 구의 의미를 묻는 질문
- 이 사건이 일어난 때와 장소는?
- 사람, 장소, 대상, 사건에 대한 설명과 관련된 사실적 내용을
  확인하기 위한 질문(육하원칙에 따른 질문)

2단계: 텍스트 안에서 추리, 상상적 질문 만들기 - '생각하고 탐색하는' 질문

답이 텍스트의 여러 곳에 흩어져 있어서 텍스트의 여러 부분들을 결합해야 답할 수 있는 질문을 말한다. 예를 들면,
- 이 글을 요약한다면?
- 주장에 대한 근거/이유를 묻는 질문
- 이 글은 무엇에 관해 설명하고 있는가?
  설명을 위해 어떤 근거/예를 제시하고 있지?
- 저자가 말하려하는 바, 속 무엇일 말하고 싶은 걸까?
- 이것들(이 사람들) 사이의 차이점/공통점은 무엇인가?

3단계: 저자에 대한 질문 만들기 - '저자와 나 사이의' 질문

나의 선행지식/경험과 텍스트 안의 근거/증거를 함께 활용해야 답할 수 있는 유형의 질문이다. 따라서 추론적 사고(inferential thinking)를 통해서만 답할 수 있으며 답이 명시적으로 주어지지 않아 행간을 읽어야 답할 수 있는 유형의 질문이다. 예를 들면,
- 이 근거들은 실제로 참일까?
- 차라리 이것이 더 낫지 않은가?
- 왜 저자는 이 문제에 관심을 가졌을까?
- 이 소설에서 저자는 왜 이렇게 결론지었을까?
- 이 근거로부터 그런 주장이 나올 수 있을까?
- 이 글의 주인공은 어떤 사람인가(성격, 가치관 등)?
- 이 그림/사진/그래프를 통해 무엇을 말하고자 했는가?

4단계: 나에게서 질문 만들기 - '나 자신에게' 질문

텍스트를 다 읽지 않았더라도 답할 수 있으며, 반드시 자신의 생각이나 의견을 사용해야만 답할 수 있는 유형의 질문이다. 〈3단계〉와 마찬가지로 추론적 사고를 통해서만 답할 수 있는 질문이다. 예를 들면,
- 왜 ~한 것이 문제가 될까?
- ~한 문제에 대한 나의 생각/의견은?
- 나와 ~한 문제/상황은 어떤 관계가 있을까?
- ~한 문제에 대한 나의 대안/해결책은 있나요?
- 만약 내가 [이 이야기의 주인공처럼] ~한 상황에 놓이면 나는 어떤 행동을 할까?
  [나라면 어떻게 할까?]

단계별 질문 만들기 연습하기

위와 같이 단계별 질문하는 방법을 설명하고 제시문을 준 다음 질문을 만들어 보게 한다. 텍스트를 주고 그냥 질문을 만들어보게 하면 어려워하는 학생들이 많기 때문에 처음에는 답을 제시해주고 질문을 만들어보게 하는 방법을 사용하는 것이 좋다. 질문은 빈 칸으로 하고 답만 제시를 해 주고 나서 질문을 써보게 한다. 그렇게 하면 질문 만들기를 어려워하지 않고 대부분 질문을 잘 만든다. 그 다음에 짝과 함께 대화를 하면서 각자가 만든 질문을 확인하게 한다. 최종적으로는 교사가 단계별 질문 예시를 보여준다.

〈초급〉 단계별 질문하기 예시

인도네시아 8세 소년이 하루 25개비 담배를 피우면서 학업까지 중단했다. 인도네시아 서자바주 수카부미 지역에 살고 있는 아디 일함(8세)은 하루 두 갑에 가까운 담배를 피운다. 4살 때부터 피우기 시작한 담배가 어느새 일함에게 없어서는 안 되는 것이 돼 버렸다. 일함은 엄마에게 받은 용돈 5천루피(약 616원)를 모두 담배 사는데 쓰고 있다. 현재 학교에서 담배를 피우지 못한다는 이유로 학업까지 중단한 상태라고 한다. 일함의 모친은 "아이가 담배를 피우게 해야지, 그렇지 않으면 화를 낼 것이다."라며 "담배를 피우면 안 된다고 했더니 창문을 다섯 번 부쉈다."고 말했다.

담배 구매에 나이제한이 없는 인도네시아에서는 지난 2010년 2살 소년이 하루 담배 40개비를 피워 충격을 준 바 있다. 그 소년은 치료를 받고 담배를 끊은 것으로 알려졌다. 오후 9시부터 새벽 5시까지 TV 담배 광고가 허용된 인도네시아에서는 인구 2억3천900만명의 3명 중 1명이 흡연가인 것으로 알려졌다. 인도네시아 아동보호 위원회 마리아 울파 안쇼르는 미성년자 흡연 제재를 하지 않는 정부를 비난했다.

※ 위 기사를 읽고, 제시된 답이 나오게 하려면 어떤 질문을 해야 할까요?

질문1 : (   )

　　답 : 하루 25개비

질문2 : (   )

　　답 : 학교에서 담배를 피우지 못하게 하므로

질문3 : (   )

　　답 : 담배를 사는 데 사용함

질문4 : (   )

　　답 : 미성년자 흡연의 심각성

질문5 : (   )

　　답 : 미성년자 흡연을 부추기기 때문에 비난을 받아야 한다.

질문6 : (   )

　　답 : 담배는 마약의 일종으로 중독성이 강하므로 예방이 가장
　　　　우선시되어야 한다.

위 기사는 노컷뉴스에 났던 기사를 조금 수정한 것이다. 위 기사문을 읽기자료로 주고, 답을 제시한 다음 모둠별로 예상 질문을 만들어

보게 하면 다음과 같은 질문들이 나올 수 있다.

질문1 : 인도네시아 8세 소년은 담배를 얼마나 피우고 있는가?

질문2 : 8세 소년은 왜 학업을 중단하게 되었는가?

질문3 : 8세 소년은 용돈을 모두 어디에 사용하는가?

질문4 : 이 기사의 핵심 내용은 무엇인가?

질문5 : TV 담배 광고를 허용하는 인도네시아 정부는 비난을 받아야 하는가?

질문6 : 담배 중독을 예방하려면 어떻게 해야 할까?

위 질문들을 4단계로 분류해 보면 다음과 같다. 질문 1, 2, 3은 1단계 텍스트 안에서 사실적 질문 만들기 - '바로 찾을 수 있는' 질문'이다. 질문 4는 2단계 텍스트 안에서 추리, 상상적 질문 만들기 - '생각하고 탐색하는' 질문이다. 질문 5는 3단계 저자에 대한 질문 만들기 - '저자와 나 사이의' 질문이다. 질문 6은 4단계 나에게서 질문 만들기 - '나 자신에게' 던지는 질문이다.

〈중급〉 단계별 질문하기 예시

옆의 그래프를 보고 질문을 만들어 보고, 답안을 작성한 다음에 4단계로 구분하여 보자.

OECD주요국 행복지수 순위
(단위:점, 10점 만점 기준, 총 36개국 대상)

순위	국가	점수
1위	호주	7.95
2	노르웨이	7.90
3	미국	7.85
4	스웨덴	7.80
5	덴마크	7.79
6	캐나다	7.77
	스위스	7.77
	⋮	⋮
21	일본	6.20
24	한국	5.75

자료 : OECD

질문1 : (   )

답 : (   )

질문2 : (   )

답 : (   )

질문3 : (   )

답 : (   )

질문4 : (   )

답 : (   )

질문5 : (   )

답 : (   )

질문6 : (   )

답 : (   )

〈4단계로 분류해 보기〉

1단계 텍스트 안에서 사실적 질문 만들기 - '바로 찾을 수 있는' 질문
2단계 텍스트 안에서 추리, 상상적 질문 만들기 - '생각하고 탐색하는' 질문
3단계 저자에 대한 질문 만들기 - '저자와 나 사이의' 질문
4단계 나에게서 질문 만들기 - '나 자신에게' 질문

위 그래프는 OECD 주요국가들 행복지수 순위에 대한 연합뉴스 기

사에 나온 그래프이다. 위 그래프를 읽기자료로 주고, 질문과 답을 만들어 보게 한다. 그리고 질문을 만들고 답을 작성한 다음에 각 질문을 단계별로 분류해 보게 하면 다음과 같이 나올 수 있다.

1단계 텍스트 안에서 사실적 질문 만들기 - '바로 찾을 수 있는' 질문

질문1 : 위의 그래프는 무엇에 대한 것인가?

　답 : OECD 주요국가들 행복지수 순위

질문2 : 한국의 행복지수는 10점 만점 기준으로 볼 때 몇 점인가?

　답 : 5.75점

질문3 : 한국의 행복지수는 OECD 주요국 36개국 중에서 몇 번째인가?

　답 : 24번째

질문4 : OECD 주요국 중에서 행복지수가 가장 높은 나라는?

　답 : 호주

2단계 텍스트 안에서 추리, 상상적 질문 만들기 - '생각하고 탐색하는' 질문

질문5 : 이 그래프는 무엇을 보여주고 있는가?

　답 : 한국의 행복지수는 OECD 주요국 중에서 하위권에 속한다.

3단계 저자에 대한 질문 만들기 - '저자와 나 사이의' 질문

질문6 : 이 그래프를 통해 말하고 싶은 것은 무엇인가?

　답 : 한국인들의 행복지수가 낮다.

4단계 나에게서 질문 만들기 - '나 자신에게' 질문

질문7 : 행복은 어디에 있는 것일까?

　　답 : 행복은 외부의 조건이나 상황에 있지 않고, 그것을 바라보는 나의 마음에 있다.

위와 같이 4단계로 질문하는 방법을 설명하고, 읽기 자료와 몇 개의 답을 제시한 다음 질문을 만들어 보게 한다. 3~4명씩 팀을 정해주고 나서, 개인별 활동을 먼저 한 후에 팀 활동을 한다. 학생들은 질문에 답하는 것은 어려워하지 않지만 질문 만드는 것은 어려워한다. 주어진 질문에 답을 하는 훈련이 많이 되어 있기 때문에 이는 당연한 결과다. 수업시간에 학생들에게 주어진 글을 읽고, 질문 만들기 연습을 시켜보니 학생들은 지문의 내용을 더 명확하게 이해하게 되었다고 했다. 또한 저자의 생각을 비판해보거나 자신에게 자유롭게 질문을 던지는 활동이 흥미가 있었다고 했다.

항상 주어진 질문에 답만 하던 습관에서 벗어나, 학생 스스로 질문을 만들어 보는 활동은 사고를 깊고 넓게 할 수 있다. 주어진 글의 전체 내용을 이해해야 할 뿐만 아니라 저자의 창작 의도를 파악하고, 비판도 하기 때문이다. 이러한 능동적인 질문 만들기 활동은 학생들의 수동적인 학습 태도를 적극적으로 바꾸어 놓는 데 아주 유용하다.

또한 위 4단계 질문 만들기 활동은 2단계 또는 3단계로 축소할 수 있다. 2단계로 축소한다면, 1단계를 '텍스트 안에서 질문 만들기'로 하고, 2단계는 나에게서 질문 만들기'로 정할 수 있다. 학생들의 수준과 흥미에 따라 4단계 질문 만들기는 2단계로 줄여서 제시해도 무방하다.

다음은 문학 수업 시간에 〈태평천하(太平天下)〉 교과서 내용을 읽고 나서 2단계로 나누어 질문 만들기를 하기 위해 학생들에게 배부한 학습지이다.

1단계 : 텍스트 안에서 질문 만들기

〈태평천하(太平天下)〉 교과서 내용을 읽고, 다음과 같은 답이 나오게 하려면 어떤 질문을 해야 하는지 모둠별로 토의와 토론을 한 후 써 보자.

1. 질문 :

　　답 : 1930년대

2. 질문 :

　　답 : 구한말에 화적들에 의해 죽임을 당함.

3. 질문 :

　　답 : 현재 일본 동경에 있음.

4. 질문 :

　　답 : 윤두꺼비, 말대가리

5. 질문 :

　　답 : 윤직원 영감이 보기 싫었기 때문이다.

6. 질문 :

　　답 : 군수, 경찰서장

7. 질문 :

　　답 : 간밤에 동경에서 온 전보 때문이다.

8. 질문 :

   답 : 시청에 붙잡힌 상황임.

9. 질문 :

   답 : 호해

10. 질문 :

   답 : 태평천하

2단계 : 나에게서 질문 만들기

〈태평천하(太平天下)〉 교과서 내용을 읽고, '작가에게 또는 나 자신에게' 질문을 해 보고 모둠별로 토의와 토론을 한 후 답을 써 보자.

1. 질문 :

   답 :

2. 질문 :

   답:

3. 질문 :

   답:

4. 질문 :

   답

위와 같이 문학 수업 시간에 소설 〈태평천하(太平天下)〉의 교과서 본문을 읽고 나서 단계별 질문 만들기 수업을 해 보았다. 각자 질문을 만들어 본 다음 모둠별로 토의와 토론을 한 후 답을 써 보는 활동을 통해 주제와 작가의 창작의도를 파악하도록 하였다. 학생들은 질문을 하고 답을 하기 위해 작품 내용을 더 깊이 있게, 또 정확하게 이해하려고 노력하였다. 또 '내가 작가라면 이 글을 어떻게 썼을까'에 대해서도 자유롭게 의견을 주고받으며 질문을 던지고 답을 찾아내었다. 교과서 본문을 교사가 일일이 설명하지 않았는데도 질문 만들기를 통해 학생들은 교과서 본문 내용을 잘 이해하였다.

또 고전시가 〈정석가(鄭石歌)〉를 배우고 나서 단계별 질문 만들기 수업을 한 다음에, '팀플' 앱에 올려 공유하도록 하였다. '팀플' 앱에 대한 설명은 바로 앞 장, 〈'팀플'앱 활용 질문이 있는 교실 수업의 새로운 가능성〉에서 자세히 다루었기 때문에 앱 사용에 대한 설명은 생략한다. 여기에서는 단계별 질문을 만들고 '팀플' 앱에 올려 공유한 내용만 소개한다.

첫째, 〈정석가(鄭石歌)〉를 배우고 나서, 학생들은 각자 단계별로 질문을 만들어 본다.

둘째, 팀 활동에서 하브루타를 통해 좋은 질문을 선정한다.

셋째, 팀 내에서 선정한 각 단계별 질문과 예상 답을 '팀플' 앱에 올려 놓는다.

넷째, 모든 팀이 단계별 질문과 답을 올리면, 반 전체 학생들이 올라온 글을 보면서 댓글을 쓰거나 좋은 질문에는 '좋아요' 아이콘을 클릭하여 공감을 표시한다.

다섯째, 교사는 빔프로젝터 화면을 통해 질문과 답을 제대로 작성하였는지 학생들과 같이 확인한다.

여섯째, 질문과 답의 관계에 대해 질문을 하거나 토의가 필요한 경우 토의를 진행할 수 있다.

아래 사진은 〈정석가(鄭石歌)〉 단계별 질문 만들기를 한 후에 '팀플' 앱 게시판에 글을 작성하는 장면이다.

이런 활동은 학생들의 질문능력 향상과 독해력에 큰 도움이 된다. 뿐만 아니라 수업 자료 및 결과물을 공유하는 온라인 네트워크 공간에서의 소통은 매우 유용하며 교육적 효과도 크다. 학생들은 같은 반 학생들의 활동 결과뿐만 아니라 다른 반 학생들의 활동 결과도 볼 수 있기에 효과가 극대화된다. 뿐만 아니라 교사가 수업 과정에서 수시로 학생 수업 결과물을 모아 탑재해 놓으면 언제든지 교사 간에도 공유하며 소통할 수 있는 환경을 마련할 수 있어 유용하다.

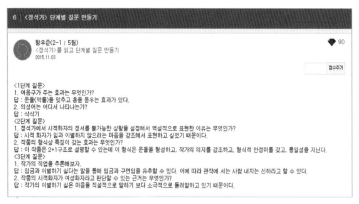

〈'정석가' 단계별 질문 만들기 결과 '팀플' 앱 공유〉

질문이 넘쳐나는 거꾸로 교실 수업

이번 학기부터 '팀플' 앱을 활용한 거꾸로 교실 수업을 하면서 질문을 받는 것이 너무나 자유로워졌다. 학생들이 미리 공부를 해오기 때문에 수업 시간에는 학생들이 궁금한 내용들에 대한 질문을 하는 통에 시간 가는 줄 모른다. 처음에는 학생들이 질문하는 것이 익숙하지 않았지만 질문하는 법을 가르쳐 주고 나니 자연스럽게 질문하는 횟수가 늘어났다.

보통, 학생들에게 질문을 하라고 하면 잘하지 않는다. 질문을 서로 안 하는 분위기에 익숙해져 있을 뿐만 아니라 질문하는 방법을 잘 모르기 때문이다. 하지만 '팀플'이라는 앱을 이용해 질문을 수업 전에 미리 올리게 하고 수업 시작하자마자 이 질문을 확인하다 보니 질문을 더 적극적으로 한다. 우리 반의 질문을 확인하고 나서 다른 반에서 올린 좋은 질문도 같이 확인해보았다.

학생들은 좋은 질문을 올린 학생의 글에 감탄을 하기도 하였고, 자기가 관심 있어 하는, 또는 좋아하는 친구가 올린 질문을 확인하고 싶어 했다. '팀플' 앱에 올라온 친구의 좋은 질문에 박수를 보내고, 다소 단편적인 질문을 한 친구의 질문에 대해서 비난보다는 격려의 태도와 따뜻한 시선을 보내주는 친구들 덕분에 다소 실력이 부족한 학생들도 질문하는 것에 점점 익숙해지고 있다.

'객관적 상관물' 거꾸로 교실 수업은 다음과 같이 진행이 되었다.

첫째, 학생들이 문학작품 속에서 찾아내기 어려운 '객관적 상관물'에 대한 이론과 객관적 상관물이 들어간 문학작품을 소개하는 피피포인트를 만들었다.

둘째, 학생들이 집중해서 화면을 오랫동안 보는 것을 힘들어한다는 점을 감안하여 슬라이드를 작성할 때 이미지를 넣고 애니메이션 효과를 넣었다.

셋째, '객관적 상관물'에 대한 강의 동영상을 반디캠이라는 프로그램을 활용하여 촬영하여 7분 정도의 강의동영상을 직접 제작하였다.

넷째, 이 동영상을 '팀플' 앱 자료방에 올려 놓았다.

다섯째, 수업 전에 학생들이 이 동영상을 미리 보고 나서, 궁금한 것 두 가지 이상을 질문하도록 하였다.

거꾸로 교실의 장점은 수업에 구경꾼이 아닌 참여자가 된다는 것이다. 또한 학생들이 올려놓은 질문이 결국은 학습 목표의 총합이 된다.

학생들의 반응은 뜨거웠다. 학생들은 유튜브에 올라온 모르는 사람의 동영상이 아니라 자신들의 수업을 담당하는 선생님의 생생한 목소리로 만들어진 동영상에 더 큰 관심을 보였다.

'팀플'이라는 앱에 질문을 개인적으로 탑재하도록 하였고, 수업시간에는 학습지 양식에 질문을 기록하는 공간을 만들어 놓고, 우리 반의 대표 질문을 선정하도록 하였더니 학생들의 질문하는 능력이 많이 향상이 되었다. 다음 질문들은 '객관적 상관물' 거꾸로 교실 동영상을 보고 학생들이 '팀플' 앱 질문방에 올린 질문들이다.

1. 객관적 상관물로 명칭을 붙인 이유는 무엇인가?
2. 객관적 상관물을 잘 찾을 수 있는 방법은?
3. 감정이입은 어떤 감정이든 표현할 수 있을까?
4. 옛날 시인들도 객관적 상관물을 알고 썼나요?
5. 객관적 상관물에서 상관의 한자는 무엇인가?
6. 한 작품에 2개 이상의 객관적 상관물이 있을 수 있나요?
7. 객관적 상관물의 대상이 많을수록 좋다고 할 수 있는가?

모든 수업이 그렇듯이, 수업의 내용이 평가와 이어지지 않으면 학생들의 참여를 이끌어내기가 어렵다. 객관적 상관물에 대해 거꾸로 교실 수업을 하고 나서 수행평가를 실시했다. '객관적 상관물을 넣어 운문 또는 산문을 작성하라.' 이것이 수행평가 문제였다.

[문제] '객관적 상관물'을 넣어 운문 또는 산문을 작성하시오.

조건 1 : '객관적 상관물'에 반드시 밑줄을 그을 것.

조건 2 : '객관적 상관물'에 투영된 인물의 정서를 잘 알 수 있도록 작성할 것.

다음은 학생들이 '객관적 상관물'을 넣어 자신의 삶을 진솔하게 표현한 글이다.

지루한 수업시간
속박된 채 앉아있는 나
글은 안 쏟아지고
이런저런 생각에 내다본 창문
자유롭게 날고 있는 <u>참새</u> 한 마리
부러운 날갯짓
- 관악고 2학년 천정민

나는 항상 같은 날을 반복한다. 매일매일 지루한 하루를 대한민국이라는 속박된 나라에서 나의 뜻을 펴지 못한 채 묵묵히 견디며 살아간다. '언젠가는 변하겠지, 언젠가는 선택할 수 있겠지.'라는 기대를 품으며……. 그러나 밤새 저 창밖에 새가 슬피 울 듯이 오늘도 나는 성적이라는 벽 앞에 무너지고 좌절한다.
- 관악고 2학년 장병욱

비가 내리는 어느 날 오후였다. 모든 것을 덮어버리는 소낙비도, 잔

잔히 세상을 적시는 여우비도 아닌 적당한 양의 비가 어둑어둑한 구름과 함께 내리고 있었다. 그리고 오늘은 중간고사 마지막 날이었다. 나는 한 손에는 우산을, 또 다른 한 손에는 이젠 쓸모없는 종이뭉치가 되어 버린 시험지를 들고 터덜터덜 걷고 있었다. 문득 하늘을 올려다 보았다. <u>하늘</u>은 구름에 얼굴을 숨기고 울고 있었다. 뚝뚝뚝. 하늘의 얼굴은 점점 더 어둑어둑해져갔다. 마치 내 표정 같았다. 저 비가 그치면 내 기분도 좋아지려나. 다음 시험을 정말 잘 봐야겠다. 비는 계속해서 세상을 축축히 적셨다.

- 관악고 2학년 김연우

대한민국 고등학생들의 현실을 그대로 볼 수 있는 글들이다. 언제나 공부의 압박에서 벗어나서 자유로운 날갯짓을 할 수 있을까? 수행평가 답안지를 채점하면서 안타까움을 많이 느꼈다.

다음 질문들은 '소설의 배경' 거꾸로 교실 동영상을 보고 학생들이 '팀플' 앱 질문방에 올린 질문들이다. 7분 정도의 '소설의 배경'에 대한 강의 동영상을 제작하여 '팀플' 앱 자료방에 올리고, 학생들에게 동영상을 집에서 보고 오도록 했다. 그리고 동영상 강의를 듣고 질문을 2개씩 올리도록 하였더니 좋은 질문들이 많이 올라왔다. 평소 손들고 질문하기를 어려워하는 학생들도 '팀플'이라는 앱을 활용하니까 자연스럽게 질문하는 모습을 볼 수 있었다.

1. 소설에서 배경은 당시 현실을 반영하거나 소설 속 인물의 처지

나 정서, 분위기를 형성한다고 했는데, 조선시대에 지어진 소설에서 주로 배경을 중국으로 삼은 이유는 무엇입니까?

2. 〈사평역〉이라는 소설의 배경을 오늘날 도심지의 지하철역으로 삼으면 어떤 분위기가 형성되고 어떤 효과가 나타날까요?

3. 소설에는 공간적 시간적 배경 이외에 어떤 배경이 있나요?

4. 소설 〈사평역〉에서 배경이 산업화시대에 고단한 삶을 표현한 가운데, 서정적 낭만적 분위기의 눈을 소재로 사용한 이유가 무엇인가요?

5. 주인공이 자신의 감정과 대비되는 감정을 형상화한 배경이 있을 수 있는가?

6. 배경이 계속 바뀌는 경우, 모두가 인물들의 느낌을 형상화과 것인가?

7. 〈난쟁이가 쏘아올린 작은 공〉, 〈사평역〉 외에도 산업화시대를 배경으로 소외된 서민의 모습을 보여주는 소설로는 어떤 것이 있을까?

학생들이 질문을 많이 하면서 문학수업에 흥미가 없던 학생들의 눈빛도 달라지고 있다. 또한 잠자는 학생, 조는 학생들도 줄어들었다. 잠자다가도 친구들이 질문하고, 박수를 보내고 하는 사이에 자연스레 일어나 수업에 참여하는 모습을 볼 수 있었다.

학생들의 질문 수준이 기대에 못 미친다고 조바심을 낼 필요는 없다. 그 학생은 강의식 수업에서는 언저리에 있던 학생이기 때문에 그때에 비하면 엄청난 발전을 하고 있다고 생각하고 조금만 기다려준다면 더 많은 성장을 할 것이다. 질문이 있는 교실 수업으로 전환하면 학생들이 행복해지고, 그 학생들을 보는 교사는 더더욱 행복해질 것이다.

모든 것이 너무 빨리 변화하는 21세기를 살아갈 학생들을 가르치는 우리 교사들의 마인드도 변해야 한다. 앞으로의 교육은 학생이 무엇을 배우는가보다는 '어떻게 배우는가'에 대해 초점을 맞추어야 한다. 앞으로의 교육은 많은 양의 지식을 전달하는 교육이 아니고 학생들의 역량을 키워주는 교육으로의 전환이 절실히 요구된다. 질문이 있는 수업을 통해 교사의 전문성이 신장되고 역량도 강화될 것이다. 또한 21세기 학습자 역량인 문제해결력, 창의성, 비판적 사고력, 의사소통능력, 협업능력도 동시에 향상될 것으로 확신한다.

책으로 수다떨고
질문으로 깊어지는 수업

책읽고 대화하기

한창호
보성고등학교

한창호 / hanchang21@daum.net

교실에서 '없는 듯 있는 교사'로 서는 것이 목표인 교사.
그리하여 교실 안에서 아이들과 교사의 구분이 사라지기를 기대한다.
그리고 교실을 '세상에서 가장 안전한 공간'으로 만들기 위해 고군분투하며 살아가고 있다.

책으로 수다떨고 질문으로 깊어지는 수업

물꼬방, 널 만난 건 축복이야!

여름방학을 한 달 정도 앞둔 2011년 어느 날, 전국국어교사모임 여름연수 안내 메일을 한통 받았다. 여름방학에 전주 한옥마을에서 2박3일 동안 독서교육 연수를 한다는 내용이었다. 연수 주제는 '물꼬방'[1]이라 되어 있었다.

연수 내용을 살펴보니 오오 뭔가 다르다. 점심을 먹고 낮잠 자는 시간이 있는가 하면, 10명 내외의 소규모로 강사와 밀착된 방식의 연수로 진행한다는 점도 새로웠다. 그리고 여러 다양한 강의들 중에 자신의 입맛에 맞는 것들을 골라 먹는 재미도 인상적이었으며, 무엇보다 차려진 음식들이 하나같이 매우 맛있어 보였다. 게다가 이것들을 먹고 나면 교사로서 내가 무척 건강해지고 행복해질 것 같은 기대감이 들었다. 그리고 연수에서 배운 것을 각자의 실제 현장에서 어떻게 적용하고 어떻게 실천할 것인가 고민하고 나누는 시간은 전국 각지의 선

---

1) 전국국어교사모임 독서교육소모임. 교사와 학생이 함께 책을 읽으며 성장해 나가는 교실을 꿈꾸며, '누구나 할 수 있고, 교사가 지치지 않는 지속 가능한 독서교육'을 지향한다. http://reading.naramal.or.kr

생님들을 정서적으로 연결시켜주었다. 매우 든든하고 따뜻한 시간이었다. 또 게다가 그냥 머리로만 이해하고 끝나는 강의가 아니라 참가자들이 직접 실습하고 체험하며 배울 수 있는 시간이 있었는데, 말로 설명을 듣는 방식보다 훨씬 자연스럽고 분명하게 익힐 수 있었다.

2박3일의 연수를 마치면서 나는 너무나 감동스러웠고 감격스러웠고 물꼬방 사람들이 하나같이 귀해 보였다. 내가 느낀 물꼬방 사람들은 '욕심 없는 욕심 많은 사람들'이었다. 그리고 그들은 하나같이 아름답고 아름답고 아름다웠다. 강사가 강의료를 받기는커녕 참가자와 똑같은 참가비를 내고, '저는 아무나 못하는 훌륭한 수업을 이렇게 해냈습니다. 멋지죠?'가 아니라 '이렇게 하면 누구나 지치지 않고 독서교육을 할 수 있습니다. 우리, 같이 해요.'하며 따뜻하게 손 내밀어 주는 사람들. 서로의 말을 마음으로 들어주며 상대의 마음을 깊이 울리는 공감의 언어를 그냥 막 쏟아내는 사람들. 같이 있으면, 그냥 같이 있는 것만으로도 기운을 북돋는 사람들. 아이들이 책과 함께 예쁘게 성장하는 모습을 보며 아이들과 함께 성장해가는 사람들.

이런 그들과 이번 연수를 끝으로 헤어진다는 건 너무나도 아쉽고 아쉽고 아쉬운 일이었다. 그래서 나는 일단 발을 담갔다. 그 당시의 나는 그들처럼 학교에서 소소하면서도 의미있는, 교사가 지치지 않는 독서교육을 꾸준히 해나갈 자신은 없었지만 그들과 함께 삶을 나누면 내 삶이 더 행복해질 수 있음을 본능적으로 느꼈던 것 같다.

역시 예상대로 물꼬방 사람들과의 만남과 대화는 하루하루 지쳐가는 교사로서의 삶에 커다란 활력과 맑은 기운을 불어넣어 주었다. 그리고 교사로서 한 뼘 한 뼘 성장해 나갈 수 있게 해주었다. 연수 참가

자였던 내가 지금은 학교에서 독서교육도 꾸준히 하면서 이를 바탕으로 강의도 하고 책도 함께 쓰고 있지 않은가 말이다.

물꼬방, 그곳은 내게 교사로서의 새로운 희망을 안겨주고 그 희망을 현실에서 이룰 수 있게 해주는 보물섬 같은 곳이다. 그리고 이 보물섬에서 가장 빛나는 보석은 바로 물꼬방 사람들의 초롱초롱한 눈빛과 맑은 마음들이다.

"마이 멕여야지."

방학을 마치고 학교에 돌아오자마자 나는 작업에 착수했다. 주당 4시간의 수업에서, 일주일에 한 시간은 교생석으로 책 읽는 시간을 마련하는 작업. 이름하여 '정규 수업 시간에 무작정 행복하게 책 읽기'. 일주일에 3시간만 교과 수업을 하고, 1시간은 단행본 책을 읽는 것이다. 그때는 독후감 쓰기 같은 수행평가로 연계하지도 않고 점수와 상관없이 그냥 책을 읽었다. 아이들은 점수와 연계되지 않아도 책을 잘 읽었다. 책을 읽는다는 행위 자체의 즐거움을 맘껏 누린 것이다.

이를 위해 먼저 나와 생각이 잘 통할 것 같은 선생님 한 분을 물밑 작업으로 포섭을 완료했다. 그리고 해당 과목 담당 선생님들 네 명이 함께 저녁식사를 하는 자리에서 나머지 두 분에게서도 동의를 얻어낼 수 있었다. 그 비결은 무엇일까?

"선생님, 제가요 이번 여름에 독서교육 연수를 다녀왔는데요, 거기서 되게 훌륭한 독서교육 방법을 하나 알아왔는데 같이 해보지 않으실

래요?"

만일 이런 멘트로 선생님들께 접근했다면 결과는 어땠을까? 십중팔구 실패하지 않았을까? 왜냐하면 교사의 하루하루는 매우 지치고 피곤한 일상의 연속이기에 어떤 좋은 걸 알아도 선뜻 새로운 무언가를 하기가 쉽지 않기 때문이다. 그래서 나는 이 부분을 곰곰이 생각해 보았고, 좋은 거 하자고 손 내밀어도 덥석 잡지 않는 이유를 다음과 같이 정리해 보았다. 그리고 각각의 경우에 어떻게 접근하면 좋을지 생각해 보았다.

(1) 그냥 주어진 수업만 하기에도 충분히 벅차서
☞ '정규 수업 시간에 책 읽기'는 주어진 수업을 줄일 수 있는 매우 착한 녀석이다.
(2) 바쁜 학교생활로 인해 생기는 지속되는 피로감 때문에
☞ 반 전체 아이들이 손에 책을 들고 읽고 있는 아름다운 장면으로 피로감을 행복감으로 바꿔보자.
(3) 좋은 거라는 건 알겠는데 막상 하려니 어딘가 좀 막막해서
☞ "막막하시다고요? 여기 구체적인 방법들과 양질의 자료들이 있습니다."
(4) 좋은 거라는 건 알겠는데 굳이 힘든 일은 하고 싶지 않아서
☞ "교사가 지치면 안 되지요. 힘들이지 않으면서 할 수 있습니다."
(5) 그냥 지금 이대로의 수업만으로도 충분히 만족(?)을 느껴서
☞ "더 큰 만족, 더 큰 행복감을 느낄 수 있어요. 어떠세요, 끌리

지 않으세요?"

이런 식으로 동료 교사가 갖고 있는 혹은 갖고 있을 거라 예상되는 어려움들을 긁어주고 해결해 준다면, 더 나아가 큰 힘 들이지 않으면서도 교사로서의 보람과 행복을 누릴 수 있는 길이 있음을 구체적으로(!) 안내한다면 그분들도 나의 손을 한결 가벼운 마음으로 잡게 되지 않을까?

실제로 나는 식사 자리에서

"우리 주 4일 근무만 해보지 않을래요?"

"이건 교사가 지치지 않으면서 할 수 있는 독서교육입니다."

"반 전체 아이들이 각자 손에 책을 들고 읽는, 그야말로 아름답다고밖에 표현할 수 없는 그 감동을 다 같이 느껴보는 거 어떠세요?"

"관건은 책 목록인데요 이미 검증된 좋은 책 목록이 많이 있습니다. 이런 자료들은 제가 다 뿌려드리겠습니다."

"교과서만 가르치면서 중간고사, 기말고사만으로 우리의 학교생활을 채워가기에는 우리가 너무 불쌍하지 않나요? 뭔가 더 의미 있는 작업을 해봐요!"

이러한 멘트들로 동료 선생님들의 마음을 움직여갔다. 주 4일만 근무해 보자는데, 현실적으로 그게 가능하다는데, 그리고 구체적인 자료와 방법들은 다 제공해 드리겠다는데 그 누가 귀가 솔깃하지 않겠는가. 동료 교사를 내 편으로 만들고자 한다면 이성이 아닌 감성을 건드릴 것. 상대의 마음에 쏙 들어갈 수 있는, 매우 그럴싸한 떡고물을 던질 것. 그리고 또 하나. 평소에 마이 멕여둘 것!

영화 〈웰컴투 동막골〉에서 북한군 장교가 촌장 어른에게 묻는다.

"뭐 그러니끼니 고함 한 번 지르지 않고 부락민들을 휘어잡을 수 있는 거… 위대한 영도력의 비결이 뭐유?"

겉으로 보기엔 참 힘없어 보이는 촌장 어른인데 마을 사람들이 촌장 어른의 말씀을 잘도 듣는 것이 신기했던 것이다. 촌장 어른은 한동안 말없이 있다가 무표정한 얼굴로 담담하게 이렇게 이야기 한다.

"마이 멕여야지."

동료 교사를 내 편으로 만들 때 중요한 건 동료 교사가 겁먹지 않도록 안심시키는 작업이다. 추상적인 큰 꿈만으로 접근하기보다 이것을 실현할 수 있는 손쉽고도 구체적인 방법을 제시하는 것이 참으로 중요하다. 물론 이러한 작업을 하기 전에 평소에 '마이 멕여서' 동료 교사를 내 편으로 만들기가 우선이다. 그리고 사전 물밑 작업으로 나에게 힘을 실어줄 사람 한 명을 심어(?) 놓을 수만 있다면 금상첨화!!

그리하여 중간고사 이후부터 1학년 국어 선생님들과 다같이 '정규 수업 시간에 무작정 행복하게 책 읽기'를 본격적으로 하던 중에 나이 지긋하신, 당시 58세 남자 선생님으로부터 메시지가 왔다.

국어과 1학년 선생님들 보세요.

'행복한 책 읽기' 프로젝트를 두어 주 시행해 본 소감 -

아이들만 행복한 것이 아니라 교사도 행복해지는 시간이더군요. 우선 바라보는 것만으로도 뿌듯하고 교사도 편히 쉴 수 있어 좋고 그러면서도 교육적으로 의미가 있는 시간이니 정말 행복한 시간입니다. 학생들이 '기다리는' 수업 시간이 몇 안 되는데 이 수업 시간이 그런 기다리는 시간의 하나가 된다는 것은 기분 좋은 일 아니겠습니까?

이 아이디어를 내 주신 한창호샘께 감사의 마음으로 술이라도 한 잔사야 할 듯싶군요.

참 기뻤다. 내가 인정받는 느낌이 들어 기분 좋은 것도 있었지만 그보다는 좋은 것을 함께 나눌 때 생기는 기쁨과 행복이 더 컸다. 그리고 나중에 다른 선생님께 들은 이야기인데, 위의 메시지를 보낸 선생님이, 내가 보낸 '아이들 책 읽힐 때의 요령을 적은 메시지'를 인쇄해서 줄을 쳐가며 읽으시더라는 거다. 나는 그 이야기를 듣고 좀 놀랐는데 나중엔 '아, 그럴 수 있겠구나' 싶었다. 원로 선생님으로서는 구체적인 방법들에 대한 막막함이 크셨을 텐데, 내가 보낸 메시지에 구체적인 방법들이 나와 있으니 그 선생님으로서는 참으로 요긴한 자료였을 테니까. 그때 나는 '구체성'이 갖는 힘을 실감했다.

제 아무리 훌륭한 수업이라 해도 그것을 혼자서 하다 보면 지치고 외로워지는 순간이 찾아온다. 지치지 않으려면, 외롭지 않으려면 동료가 필요하다. 학교 밖 동료도 좋지만 학교에서 늘 만나는 동료는 그 존재가 남다르다. 학교의 동료를 내 편으로 만들자. 그러기 위해 평소에 먹을 것이든, 수업 자료든 양질의 것으로 마이 멕여두자!

목마른 자가 우물을 파나니

2011년도 2학기부터 2013년도까지 '정규 수업 시간에 책 읽기'는 꾸준히 이어졌다. 그런데 나는 자꾸만 목이 말랐다. 시간이 지날수록 '수업 시간에 책 읽기'를 (짧은 감상평이나 독서기록장 차원을 넘어서는) 깊이 있는 독서 활동으로 연결하고 싶은 마음이 커져갔다. 그러던 차에 2013년 물꼬방 여름 연수에서 천안 오성고등학교 류원정 선생님의 '책 읽고 대화하기' 강의를 들었다. 아이들이 모둠별로 한 권의 책을 다같이 읽고, 읽으면서 개인적으로 정리하고, 다 읽고 나서는 스스로 질문을 만들어 그 질문들로 대화를 나누며 그것을 기록으로 남기는 활동이었다. 강의를 들으며 나는 이런 생각들을 했다.

'아니, 아이들이 진짜 이런 대화를 한단 말이야?'
'이 책을 읽고 이런 질문을 생각해 내다니 놀라운데?'
'손글씨보다 말이 더 빠른데 그 많은 대화들을 어떻게 이렇게 기록으로 남길 수가 있는 거지?'
'아, 나도 이 수업 해보고 싶다.'

그러다 2014년에 기회가 생겼다. 3학년 〈화법과 작문〉 과목에서, 내가 문과 전체 다섯 개 반을 주 한 시간씩 맡았다. 다른 교사와의 협의 없이 내 마음대로 내가 하고 싶은 수업을 할 수 있는 절호의 기회가 온 것이다. 와우! 그래서 두 시간 담당하는 두 분의 선생님은 문제집으로 수업을 하시고, 나는 수행평가를 전담하기로 하면서 '수업시간에 책 읽고 대화하기'에 도전(?)하게 되었다.

그런데 사실 갈등과 고민이 있었다. 고3을 대상으로 이런 수업을 해도 될까, 하는 자기 검열이 일단 있었다. 나는 그동안 학교에서 고3 대상으로 문제집 수업이 아닌 학생 참여형 활동 수업을 하는 경우를 본 적이 없었고, 내가 이런 수업을 한다고 할 때 동료 교사, 관리자, 학부모, 학생 들이 어떻게 생각할까, 하며 주변의 눈치가 보였다. 그리고 내가 한 번도 해보지 않은 수업이고, 게다가 다섯 개 반의 수행평가 채점을 할 생각을 하니(2학년 〈문학〉 세 개 반의 수행평가까지 더하면 총 여덟 개 반인데. 으으.) 버겁지 않을까 겁이 나면서 엄두가 안 나기도 했다.

그러다가 지금 아니면 이런 수업을 언제 해보겠나 하는 생각도 들고, 고3 아이들과도 이런 수업을 할 수 있다는 걸 당당히 보여주고 싶은 마음도 들고 해서 '에라 모르겠다. 한 번 해보자.' 하는 심정으로 시작했다. 고3 아이들과 '책 읽고 대화하기' 수업을 해보고 느낀 건, 고3이라고 다를 게 없다는 것과, 오히려 고3에게 이런 수업이 더 필요하다는 것이었다. 아이들은 이 시간을 충분히 누리고 즐기면서 자기 나름의 속도와 방식대로 성장해갔다.

물론 아이들은 이 수업을 힘들어 했다. 떠먹여주는 수업에 익숙한데, 책도 스스로 읽어야 하고, 글도 스스로 써야 하고, 질문도 스스로 만들어야 하고, 대화도 기록도 편집도 스스로 해야 하니 어찌 힘들지 않겠는가. 그런데 '힘든 것'과 '나쁜 것'은 다르다. 아기가 엄마 뱃속에서 세상 밖으로 나올 때 그 과정은 매우 '힘든 것'이기는 하지만 '나쁜 것'은 아닌 것처럼 말이다. 그리고 힘들어야 더 알찬 열매를 맺을 수 있다는 점이 우리 삶의 이치이고 진리이지 않은가. 실제로 아이들은 '과정은 힘들었지만 마치고 나니 매우 뿌듯하다'고 했다.

아이들이 직접 질문을 만들고 직접 답하다!

고3 아이들과 '책 읽고 대화하기' 수업을 처음 시도한 해에는 질문 만들기 시간에 예시 질문을 제공해 주었는데, 모든 책에 적용할 수 있는 질문들이다보니 다소 추상적이고 일반적인 질문들이었다. 이듬해 2학년 아이들과 수업을 할 때에는 '문제와 질문의 차이점', '좋은 질문이란 어떤 질문인가?'에 대해 아이들과 짧게 이야기만 나눈 채 예시 질문을 제공하지 않았다. 그랬더니 아이들이 직접 만든 질문들이 예시 질문들보다 훨씬 더 구체적이고 생생했다. 그뿐만 아니라 자기 자신을 돌아보게 하는 '자기 질문'이 상당히 많아졌다. 이러한 변화를 보면서 교사인 나는 필요 이상의 친절보다 조금 덜 친절한 게 더 좋다는 것과 결핍이 주는 풍요로움을 경험할 수 있었다. 물론 질문 만들기를 어려워하고 막막해 하는 아이들이 있다. 교사는 모둠을 돌면서, 막막해 하는 아이들에게 적절한 도움을 주며 살피는 일이 필요하다.

한편 동국대 조벽 교수는 교사를 네 가지 등급으로 나누면서 '학생이 묻고 학생이 답하게 하는 교사'를 A등급이라 했는데, '책 읽고 대화하기' 수업은 자연스레 교사를 A등급으로 만들어 준다. 그리고 여기서 더 나아가 아이들이 직접 질문을 만들고 직접 답한 글들을 읽다보면 어른들은 도저히 따라갈 수 없는, 아이들만의 순수함을 만나고, 그 순수함이 어른들의 낡은 인식이나 건강하지 못한 고정관념을 돌아보게 해준다. 아이들을 통해 어른인 교사가 배우는 순간이다.

(1) 아이들이 직접 만든 질문들

〈청소년을 위한 나는 말랄라〉 (말랄라 유사프자이, 퍼트리샤 매코믹, 문학동네)

여성교육 권리를 위한 말랄라의 싸움은 계속 진행되고 있다. 우리 사회에서 이씨 관련된 사례들을 찾아보고 여기서 우리가 배울 수 있는 점은?

〈도시에서 죽는다는 것〉 (김형숙, 뜨인돌)

청소년으로서 죽음을 받아들이는 바람직한 태도 혹은 자세는?

〈남자를 위하여〉 (김형경, 창비)

가장의 역할을 하면서 자기 자신의 삶을 살려면 어떤 노력을 해야 하나?

〈불편하면 따져봐〉 (최훈, 창비)

가족들의 잔소리, 어디까지가 관심이고 어디까지가 참견일까?

〈대한민국 부모〉 (이승욱 외, 문학동네)

좋은 대학에 가면 성공할 수 있을까? 성공의 기준은 무엇인가?

〈키싱 마이 라이프〉 (이옥수, 비룡소)

당신이 만약 이 소설 속 임신한 주인공의 부모라면 딸에게 해주고 싶은 말이나 행동은 무엇입니까?

〈꼴찌들이 떴다!〉 (양호문, 비룡소)

우리는 이 책에 나오는 주인공들로부터 어떤 삶의 태도를 배울 수 있을까? 또 우리의 자아는 어떻게 찾을 수 있을까?

〈눈먼 자들의 도시〉 (주제 사라마구, 해냄)

메르스 사태와 〈눈먼 자들의 도시〉를 통해서 드러나는 우리 사회의 모습은 어떠한가?

〈벼랑에 선 사람들〉 (제정임, 단비뉴스취재팀, 오월의 봄)

앞으로 살아가면서 이들의 삶에 도움이 되고자 하는가? 그 이유는? 도움이 되고자 한다면 어떤 구체적인 방법이 있을까?

〈GO〉 (가네시로 가즈키, 북폴리오)

주인공 스기하라와 사귀는 사쿠라이는 스기하라가 자신이 한국인이라고 고백하자 충격을 많이 받습니다. 만일 여러분이 사귀는 이성친구가 외국인, 특히 일본인이라면 어떤 태도를 가질 것 같나요?

⑵ 실제 아이들이 주고 받은 대화들

〈남자를 위하여〉 (김형경, 창비)

* 평소에 자신의 솔직한 감정과 내면을 누구에게 말하나? 그리고 어떻게 말해야 하나?

세현 : 조목조목 자신의 생각을 풀어서 말하면 되지.

문규 : 많이 해봤어?

세현 : 흠... 많이 말할 기회는 없지.

문규 : 책에 나온 내용은, 남자들이 쉽게 솔직하게 자기 감정을 말 못하고, 얘기를 억지로 이어나가기 위해서 사물을 얘기로 끌 이들인디는 기었지. 할 말 없으면 가방 "오, 시계 멋지다." 이런 식으로 이어나가고.

세현 : 사람들 얘기하는 게 다 그런 잡담이 주 아닌가? 맨날 진지한 얘기만 하진 않잖아.

문규 : 맞다! 그리고 여기 설문조사 내용이 나와 있었는데, 자신의 솔직한 감정이나 고민, 성적 관계들을 얘기하는 친구를 가진 남자가 20명에 1명 꼴로 있다는 거야.

세현 : 그런 얘기는 하기 힘들긴 하지.

문규 : 그래도 살면서 저런 친구가 한명은 있어야 한다는데, 20명에 1명이라는 건 좀 충격이었어.

세현 : 다들 있지 않나...?

문규 : 나도 9년 만난 친구가 있긴 한데, 어쨌든 걔랑 제일 친하거든? 다른 애들에게 못한 얘기 많이 하긴 했는데 그래도 못한

얘기가 많아. 어디 털어놓으면 좋긴 하겠는데 어떻게 말을 해야 할지도 모르겠고, 말 하면 민폐 같기도 하고, 여자나 친구 얘기 같은 건 정말 못하겠더라.

승현 : 나는 뭘 말해야 할지 모르겠다...

문규 : 살면서 복잡한 일 많잖아. 마음이 싱숭생숭할 때도 많을거고. 그럴 때 어디가서 말 잘 하냐고.

승현 : 나는 그런 말 한 번도 안 해봤어.

문규 : 말하면 마음이 편해지는 게 있고, 그러니까 말을 하는건데, 말 꺼내기 어려운 건 둘째 치고 그냥 말로 어떻게 표현할지 자체가 난 어렵더라.

세현 : 내가 이런 얘기 하는 친구가 딱 2명 있는데...

문규 : 그럴 때 말이 스무스하게 나와?

세현 : 그냥 말 하는데.. 그냥 한 명이 화제를 던지면 다른 사람이 받고, 내가 받아주고, 걔가 또 받아주고. 근데 이걸 잘 맞는 애하고 해야지.

문규 : 난 그런 말 자체를 하는 것부터가 미안해서 못하겠던데. 고민같은 진지한 얘기는 고사하고, 짜증난다고 그냥 내 기분을 말하는 것도 뻘쭘하달까. 게임 하다가 빡쳐도 뭐라 한 마디 하기도 어색해.

세현 : … 그냥 말해! 그래야 친구가 위로를 해주던가 하지. 뭐 ○○○같은 놈은 그냥 "네가 못해서 그러는거야!" 하면서 전혀 공감하지 않지만.

문규 : 나는 그 반대가 더 힘들어. 옆에서 '짜증나!' 하는데 뭐라고

해줄 줄을 모르겠어. 그럴 땐 아무 말도 못하고 조용히 있게
돼. 뭐라고 하면 괜히 건드리는 게 될까봐.

세현 : 그냥 말을 하면 돼. 만약 네가 빡쳤다고 해봐. 네가 "아 개
빡!" 하면 옆에서 "왜 개빡?" 이렇게 되물을 거 아니야. 그럼
너는 뭐라고 말할거야?

문규 : "아니 이 서폿 OO가...." 하는 식으로 이유를 말하겠지?

세현 : 그럼 옆에 있는 친구가 위로를 해 줄거 아니야. 그렇게 얘기
를 풀어나가면 되지.

문규 : 위로를 어떻게 하지?

세현 : 그냥 옆에 친구가 팀원 때문에 화나면 "괜찮아! 살다보면 저
런 놈도 만날 수 있는거야. 그콜 한 두 빈 뵈?" 이고 얘기를
해줘. 공감을 해주면서. 나도 그런 말을 잘하는 편은 아니야.
계속 해봐야지.

사람이 부쩍 성장하는 순간 중에 하나는 '자기 질문'을 던지는 때다.
아이들은 지금 스스로에게 '자기 질문'을 던지고 자신만의 답을 찾아가
는 중이다. 그런데 이 아이들의 대화는 재밌기도 하고 슬프기도 하다.
그리 심각하지 않은 듯하면서도 심각하다. 이 책에서 저자는, 남자들
은 자신의 내면을 진솔하게 언어로 표현하기 힘들어 한다고 말하는데
아이들의 대화가 이를 아주 생생하게 '간증'하고, 이러한 속성으로 인
해 겪는 남자들의 어려움 또한 잘 나타나 있다.

승현이는 마음이 싱숭생숭할 때 그것을 표현할 언어를 가지지 못했
다고 고백한다. 마음이 싱숭생숭해도 뭘 말해야 할지 모르겠다는 말에

나는 먹먹했다. 그리고 그런 말을 한 번도 못 해봤다는 말에는 마음이 아팠다. 이 부분을 읽는데 충격적이기도 하고 괜시리 슬퍼졌다. 나 역시 그러한 때가 있었으니까. 마음이 괴롭고 복잡한데 그것을 언어로 표현하기 힘든 순간들이 얼마나 많았던가.

아이들의 대화를 들으며 나 역시 과거의 나를 잠시 돌아볼 수 있었다. 이렇게 아이들이 직접 만든 질문과 그에 대한 대화를 듣다 보면 어른인 내가 스스로를 돌이켜보는 순간들을 자주 맞는다. 그리고 아이들 하나하나는 물론, 예나 지금이나 별 차이 없으면서도 매우 다르기도 한 '요즘 아이들'에 대해 깊이 있고 섬세하게 느끼게 된다.

한편 문규는 말을 하고 나면 마음이 편해진다는 걸 알면서도 그걸 꺼내기도 힘들 뿐더러 어떻게 표현할지 모르겠다고 한다. 그리고 자기 마음을 표현하는 것보다 상대의 마음에 공감하는 것이 더 힘들어서 그냥 가만히 있는단다. 이에 대해 세현이는 남자 특유의 '문제 해결식 화법'을 구사한다. 책에서 다루는 내용이 아이들 모습에서 고스란히 드러나는 걸 보니 참 재미있다.

그런데 이런 대화 자체가 이 아이들로서는 진실하고 진솔한 내면의 대화를 나누는 경험이지 않은가. 책 대화 수업이 아니었다면 아이들이 일상에서 이런 소재로 이야기를 나눌 기회는 좀처럼 생기지 않았을 것이다. 아이들은 같은 책을 읽고서 자기 내면을 표현하는 것의 어려움을 나눈다. 그리고 상대와 관계 맺는 방식과 자신의 소통 방식, 소통의 어려움에 대해 성찰하기도 한다. 이처럼 아이들은 이전까지 '문제'라고 인식조차 못했던 것들에 대해 성찰하고 질문하고 대화하면서 성장해 나간다.

〈청소년을 위한 나는 말랄라〉 (말랄라 유사프자이, 퍼트리샤 매코믹, 문학동네)

* 탈레반은 종교적 이유로 여성 교육을 금지한다. 그리고 여성 교육 금지를 반대할 경우 신성모독으로 간주한다. 인류 보편적 가치에 반하는 종교와 문화에 대해 우리는 어떠한 태도를 가져야 할까?

성민 : 문명은 지리적 위치와 자연 환경에 따라 다르게 형성되었어. 그리고 모든 문명에게는 그 자신의 문화가 있지. 이 문화가 오랜 시간 동안 사회의 구성원을 계도해온 방식이야. 도덕시간에 우리가 배웠듯이 이러한 문화에 대해 누구는 '보편적 가치에 반하는 문화들 또한 존중을 해줘야한다'라는 문화적 상대주의를 주장하기도 하는데, 이것이 극단적으로 되면 '이미 인류에게 보편적이고 반드시 지켜야하는 가치도 존재하지 않는다'라는 도덕적 상대주의까지 연결될 수 있는 문제라서 생각해볼 필요가 있어.

진모 : 적절한지는 모르겠지만 탈레반에서의 여성교육 금지가 우리나라에서 개고기를 먹는 문화와 어느 정도 비슷하지 않은가 생각해. 다른 나라들은 우리의 이 문화를 보고 '어떻게 저런 야만스러운 짓을 할 수 있나', 혹은 '개를 식용으로 쓰는 저급한 문화가 있다니'라고 말하지만 우리나라 사람들 중 '우리는 계속 개고기를 먹어왔는데 너희가 무슨 상관이냐'라고 말하는 사람들도 있잖아? 이처럼 우리가 보았을 때엔 그들의 종

교적 이유에 따른 여성교육 금지의 문화가 인간의 권리를 침해하는 말도 안 되는 행위로 보일 수도 있지만 그들의 문화에서는 그것이 당연하게 여겨질 수도 있지 않을까?

정우 : 그런데 개고기를 먹는 풍습은 여성의 교육 문제처럼 인류 보편적 가치를 침해하는 일은 아니지 않나? 다르게 접근해야 할 것 같아. 나는 먼저 문화와 종교의 성격을 살펴보고 싶어. 문화는 정치, 경제, 종교, 기술 등 사회 구성원들이 이루어 놓은 산물이야. 그래서 지역이나 사회에 따라 다르게 나타나고 그 집단이 처한 환경에 적응하는 과정에서 만들어지고 축적돼. 종교는 우리가 살고 있는 사회를 인식하고, 또한 사회에 반응하는 데 영향을 미쳐. 그래서 역사에서도 볼 수 있듯이 지속적으로 인간 생활의 중심이 되어 왔어. 이런 종교와 문화는 고유의 의미와 가치가 있으므로 어느 것이 더 좋고 나쁘다고 평가할 수는 없다고 봐. 그래서 나는 기본적으로 문화 상대주의의 입장에서 각 문화의 다양성을 인정하고 그 문화 구성원의 입장에서 바라보고 이해해야 된다고 생각해. (후략)

경식 : 우리가 생각하는 방식과 그 문화 내부에서 생각하는 방식이 좀 다를 수 있는데, 어느 쪽이 더 옳고 그른지는 그 각각의 문화를 대표하는 사람들끼리 서로 대화를 통하여 결정해야 한다고 생각해. 만약 그러지 않고 사람들이 대중화된 방식으

로만 보면서 그 문화에 대하여 잘못 되었다고 주장 할 때에는 많은 갈등이 생길 수 있으니 섣부른 행동은 옳지 못해.

〈남자를 위하여〉의 대화가 '자기 질문' 대화라면, 이 아이들의 대화는 책을 읽고 세상과 자기 자신을 연결하면서 토의하고 토론하는 대화이다. 각자 자기 의견을 말하면서 상대와 같거나 다른 생각들을 가감 없이 표현하고, 사고의 지평을 넓혀간다.

이처럼 아이들의 책 대화 최종 보고서를 읽다보면 여러 다양한 형태의 대화 모습을 만난다. 수다 같기도 하고 토의 같기도 하고 토론 같기도 하면서, 반대 의견, 비슷한 의견, 공감하는 말, 지지하는 말, 상대의 말에 질문을 던지는 말, 자기 고백적인 말, 문제의 해법을 찾아가는 말, 삶의 가치관을 찾아가는 말 등이 자유로이 넘나들며 오간다.

이 아이들은 서로의 말을 휴대전화로 녹음하면서 대화 내내 진지하고 열정적으로 참여한 아이들이다. 그리고 교사가 제시한 최종보고서 분량은 10쪽이었는데 이 아이들은 무려 21쪽짜리 최종보고서를 제출했다. 그리고 이 아이들은 아래와 같은 활동소감을 남겼다.

성민 : 저는 이번 책 읽고 대화하기 수업을 통해 질문을 만드는 능력을 얻었습니다. 〈질문 만들기〉 시간을 통해 책을 읽은 뒤에 떠오르는 일차적인 질문이 아닌, 책 내의 사회 상황과 인간의 관계에 대해 폭넓게 이해하고 의미 있는 질문을 던지는 능력을 얻었습니다. 또한 만들어진 질문에 관해 조원들과 이야기를 나누며 같은 책을 읽었음에도 다양한 해석을 보이고,

같은 사건과 같은 사람을 관찰했는데도 수많은 평가가 나오는 것을 보며 사람은 다양하고 또 이에 따라 같은 상황에서도 여러 주장이 나온다는 걸 알았습니다. 이를 통해 다른 사람의 의견을 수용하고, 이에 대해 생각해보는 능력을 얻어 기쁘고, 폭넓은 배경 지식과 진지한 자세로 우리의 대화를 풍부하게 만들어 준 조원들에게 고마움을 느낍니다.

진모 : 고등학교로 올라온 이후로 이렇게 책상을 돌려가며, 모둠과 조원을 정해 조별 수업을 했던 적은 작년 담임선생님이신 오재석 선생님의 수업을 제외하고는 없었다. 솔직히 '요즘 어떤 선생님이 수업을 이렇게 하는가! 애들도 떠들기만 할 테고 효율도 별로 없지 않겠나!' 싶었지만 한창호 선생님의 수업은 첫 시간부터 독특하였기에 은근히 기대가 되었다. 하지만 '책 읽고 대화하기' 수업을 하게 된 이후 몇 번의 수업이 있었으나 아니나 다를까 친한 친구들끼리 앉은 조가 많았기에 그에 따른 부작용인 떠들썩한 분위기의 수업이 이루어졌다. 나 또한 한 번도 안 떠들었다고는 못하겠다. 그럼에도 선생님께서는 침착함을 유지하시고 화 한번 내지 않으시며 수업을 진행해 가셨다. 물론 평소에 내가 책을 많이 안 읽기에 '책을 읽고 그에 대한 감상을 친구들과 논의하자'는 수업의 취지는 매우 마음에 들었고, 실제로도 효과가 좋았다고 생각한다.

정우 : '독서와 문법'이란 과목을 2학년이 되어 처음 접했다. 지금까

지 학교에서 접해본 국어 과목이 아니라서 학기 초에 이 과목은 어떻게 수업할까 궁금했다. 한창호 선생님은 학기초 수업 시간에 교과서 내용의 수업을 하시지 않고 매번 다른 주제와 다양한 수업 방식으로 수업 시간을 구성하셨다. 그리고는 왜 선생님이 우리에게 이러한 수업을 했는지 질문을 던지셨다. 그 질문에 대한 대답을 지금 할 수 있다. 친구들 앞에서 말해보는 능력, 생각을 키우는 능력, 자신의 생각을 정리하는 능력, 그것을 글로 표현하는 능력 등을 우리에게 심어주려 하셨다. 바쁜 학업생활에 치이는 우리는 이러한 능력을 갖기 힘들다. 학기초의 그 수업들은 이 '책 읽고 대화하기' 수업을 위한 준비 단계였다고 말할 수 있다.

경식 : 나는 작년 국어 시간에 일주일에 한 번씩 책 읽기 시간이 너무 좋았다. 숙제 하느라 시험공부 하느라 책 읽을 시간이 우리에겐 없다. 이런 우리에게 단비 같은 시간이 일주일에 한 시간 책 읽기 시간이었다. 하지만 책을 단순히 읽는 것으로 수업이 끝나 많이 아쉬웠다. 친구들끼리 같은 책을 읽고 함께 생각하고 토론해보는 시간이 있었으면 했는데 올해 이 활동을 할 수 있었다. 다행히 대화도 많이 나눌 수 있었고 시간적 여유도 있었다.

성민이는 '질문 만드는 능력'을 얻었다고 했고, 진모는 모둠 활동이 의미 있게 다가온 모양이다. 정우는 이 수업이 지향하는 바를 몸과 마음으로 깨달았고, 경식이는 '일주일에 한 시간 책 읽기'를 좀 더 깊이 있는 독서활동으로 연결하고 싶어 하던 나의 목마름을 똑같이 느끼고 있었다. 교사와 똑같은 목마름을 느끼는 아이가 있다는 사실이 나는 무척 반가웠다. 이런 아이들은 다시 만나보기 힘들 것 같은데, 이 아이들을 보며 나는 이런 생각을 했다.

'나는 단지 자리만 깔아주었을 뿐인데, 이 아이들은 스스로 자리를 넓혀가며 정말 마음껏 뛰놀면서 쑥쑥 성장해 갔구나. 인간은 역시 자신의 자율 의지로 움직일 때 건강하고 값진 열매를 맺는다는 걸 이 아이들이 직접 보여주네. 멋지다. 정말 멋지다!

잠을 자지 않는 능력

한 학기를 마무리하는 시점에서 아이들과 함께 '수업 돌아보기'를 했다. '수업 돌아보기'는 그동안의 수업을 '평가'한다는 의미보다는 말 그대로 '돌아보고' '성찰해 보는' 의미를 담고 있다. 나는 이 수업에 얼마나 마음을 담아 참여했는지, 이 수업에서 새롭게 경험하거나 의미 있게 배운 점에는 어떤 것들이 있는지, 아쉬운 점은 무엇인지, 이 수업을 하는 동안 나에게 길러진 능력은 무엇인지 등을 묻는 질문으로 구성되어 있다.

'〈책 읽고 대화하기〉 수업을 하는 동안 나에게 길러진 능력이 있다면?' 이라는 질문에 대해 아이들이 쓴 글을 그대로 옮겨 본다.

질문하는 능력이 늘었다.

능력이라기보단 책이 재미있어졌다.

아이들과 대화하는 법을 기른 것 같다.

친구들에게 조리 있게 말하기, 타자 실력, 협동심

내 생각이 아닌 다른 측면과 관점에서도 바라보는 것.

리더십과 인내심 : 애들이 잘 안 따라와서 힘들었지만 끌고 가야 해서.

평소 책과는 거리가 있던 내가 '나도 이렇게 책을 재미있게 읽을 수 있다'는 걸 느꼈다.

글을 쓸 때 다듬고 좀 더 간결하게 쓰는 능력과, 의견 말하기와 같은 능력이 많이 향상된 것 같다.

이밖에 아이들은 〈논리력, 대화 능력, 글 읽고 정리하는 능력, 책을 비판하며 읽는 능력, 친구들과 의견을 나누는 능력, 협동과 소통, 책 읽을 때 집중하는 것, 넓은 시야로 책을 읽기, 한번 더 풀어 생각하기, 공감 능력, 정리하는 능력, 머리에서 한 번 걸러서 보다 신중하게 말하는 능력, 내용을 다각적으로 이해하기, 상대방 의견 수용하기, 참고 듣기, 토론하는 능력, 잠을 자지 않는 능력, 책을 좀 더 깊이 있게 읽을 수 있는 능력, 비판 능력, 화를 참는 법, 내 주장 밝히기, 글의 핵심을 파악하는 능력〉 등 매우 다양하게 자신의 성장을 이야기했다.

'책 읽고 대화하기' 수업에 대해 '수업 돌아보기'를 해보면 대부분의 아이들은 긍정적인 반응을 보이고, 일부 소수 의견으로 부정적인 반응이 나온다. 이때 부정적인 반응에 대해 교사는 담담하게 바라볼 필요가 있다. 그리고 아이들의 말을 교사 자신 혹은 이 수업 자체에 대한 절대적인 평가로 확대 해석하지 않는 것이 필요하다.

'책 대화 수업은 (   )다. 왜냐하면 (   )때문이다.'라는 질문에 어떤 아이들은 이 수업을 '오아시스'로, '봄비'로, '힐링타임'으로 비유한 반면, 어떤 아이는 이 수업을 '지루하다'고 했다. 하지만 이 수업 자체가 지루한 수업인 것이 아니고, 단지 그 아이에게는 지루했던 것뿐이다.

나는 '지루하다' 류의 반응에 대해 마음속으로 이렇게 반응한다.

'이 수업이 네게는 지루했나 보구나. 그랬다면 수업 시간이 많이 힘들었겠다. 나는 안타깝네. 이 수업을 '오아시스'로 느끼고 '봄비'로 느끼고 '우정 플러스'라 느끼는 아이들도 있는데 말이야. 사람은 자기가 경험하고 아는 만큼 보고, 보는 만큼 느끼는데, 이 수업을 탓하기 전에 네 자신을 돌아보면 좋겠구나. 그리고 나는 모든 아이들이 이 수업에 즐겁게 참여하는 방법을 좀 더 고민해 봐야겠네.'

고3 아이들과의 1학기 수업이 끝날 무렵, 반별로 아이들의 결과물을 책자로 만들었다. 그리고 원하는 아이들은 각자 자기 돈을 내서 구입하도록 했다. 아이들은 자신의 노력이 담긴 글이 인쇄된 책으로 나오자 무척 뿌듯해했다. 그리고 반별 우수작과 수업 방법 원고를 묶어서 별도의 '그럴싸한' 책자를 학교 예산으로 50권 만들어서 동료 국어 선생님들과 교장-교감 선생님, 그리고 관심 보이는 몇몇 선생님들께 드렸다. 내가 그러했듯 선생님들 역시 아이들의 대화 기록을 보시고는 다들 놀라셨다. '아니, 아이들이 책을 읽고 이런 대화를 나눈단 말이야? 그리고 이렇게 기록으로 남기다니 정말 놀라운데!'하며 말이다.

슬기로운 교사는 아무 일도 하지 않는다. 그런데도 그가 하지 않는 일이란 없다.

〈배움의 도〉 (노자/파멜라 메츠, 민들레)

십여 년 전에 〈배움의 도〉를 읽으며 이 부분을 보았을 때, 나는 '슬기로운 교사'가 무엇인지 도대체 이해하기가 힘들었다. 그런데 '책 읽고 대화하기' 수업을 진행해보니 이제는 이 말의 의미를 알겠다. 교사는 이 수업을 하면서 '아무 것도 안 하면서 모든 걸 다 하는, 슬기로운 교사'로 설 수 있다. 다르게 표현하면 '없는 듯 있는 교사'로 서는 것이다. 즉 교사는 '터'만 깔아주고, 그곳에서 아이들이 직접 뛰놀면서 스스로 다양한 배움을 성취하는 것이다.

이 수업을 하다보면 교사는 여러 상황을 마주하게 되는데 이로 인해 상황 대처 능력이 길러진다. 책을 계속 안 사오는 아이를 어떻게 하면 사오게 할지, 각자 책 읽고 일지 쓰는 시간에 본인은 자기 책을 다 읽었다면서 다른 공부를 해도 되는지 묻는 아이에게 어떻게 반응할지, 아이가 책을 안 가지고 오더라도 수업 시간을 알차게 채우려면 어떻게 대비하면 좋을지, 깨워도 깨워도 계속 자는 아이는 어떻게 하면 좋을지……. 이런 다양한 상황을 접하다 보면, 교사에게는 어떤 요령이 생기기도 하고 아이를 대하는 어떤 태도가 새롭게 만들어진다.

그리고 '다른' 수업을 하는 교사라는 자부심도 생긴다. 아이들이 쓴 '수업 돌아보기'를 살펴 보면 '주입식 수업에 길들여진 우리에게 이런 수업은 꼭 필요하다', '우리가 직접 참여하면서 대화하고 토론하는 수업이 거의 없는데 이런 수업을 해주셔서 감사하다', '이 수업을 후배들도 꼭 경험해 봤으면 좋겠다'와 같은 반응들이 나온다.

또한 '0반 아이들'과 같이 '뭉뚱그려진 덩어리'로서의 아이들이 아닌, 개별적이고 특수한 아이들 하나하나를 만날 수 있다. 중학교에서 근무하는, '물꼬방' 송수진 선생님 학교의 2학년 아이는 〈4천원 인생〉을 읽고 독서 일지에 다음과 같은 말을 남겼다.

공부를 해야 살 수 있는 것일까. 오늘 읽은 부분에서 나오는 노동자들은 모두 공부를 하지 않아서 마트의 노동자가 된다. 그러면서 자기 잘못이라고, 이건 공평한 거라고 한다. 왠지 너무 슬펐다. 차라리 억울하다고 말을 하지. 공부를 안 했다고 이 세상에서 빈곤한 삶을 사는 건 슬프다. 사실 공부한 사람들이 정치를 해도 제대로 된 사회는 만들어지지 않는데, 사람을 공부를 기준으로 나눠야 하나. 잘 살고 공부를 맘껏 할 수 있는 사람들은 빈곤한 사람들에게 감사해야 한다. 또 그들을 위한 정치를 해야 한다.

나는 매우 놀라웠다. 이게 과연 중2 아이의 언어란 말인가. 〈4천원 인생〉처럼 열악한 환경에서 열심히 일하며 사는 분들의 삶을 다룬 책을 잘못(?) 소화하면 '이런 직업은 절대 가지면 안 될 것 같다', '나는 착한 사장이 되어야지' 같은 반응이 나온다. 그런데 이 아이의 글에서는 세상을 폭넓게 바라보는 통찰력이 매우 인상적으로 반짝인다. 이처럼 '책 읽고 대화하기' 수업을 하다보면 개별적인 아이들 목소리를 생생하게 만날 수 있다.

그리고 여기에서 한 발 더 나아가 이 아이의 글을 반 아이들 앞에서 읽어준다면 어떨까? 또래의 통찰력 있는 사고를 접하게 함으로써 아이들 전체의 사고 수준을 한 단계 끌어올릴 수 있지 않을까? 게다가 만일 이 아이가 평소 수업 장면에서는 별로 눈에 띄지 않는 아이라면 또다른 교육적 효과도 함께 볼 수 있다.

끝으로, 중요한 점 한 가지!

이 수업에 마음이 끌린다면 내 마음속에 자리한 '두려움'을 걷어내는 것이 필요하다. 그러기 위해 다음과 같은 질문들을 나 자신에게 던져 보면 도움이 되리라 믿는다.

이 수업을 한다면 우리 학교 아이들은 무엇을 얻을 수 있을까?

내가 이 수업을 한다면, 이 수업으로 얻고자 하는 것은 무엇인가?

내가 이 수업을 한 학기 진행하고 나서 내가 원하는 결과들이 이루어졌을 때 내 기분은 어떨까?

이 수업을 한다고 했을 때 마음의 걸림이나 내가 처한 여건에서의 현실적인 걸림에는 어떤 것들이 있고, 어떻게 하면 이 걸림들을 해결할 수 있을까?

두려움은 커다란 환각이다.

그것은 교사와 학생으로 하여금 자기 자신을 방어하게 만들며 승자와 패자를 만들어 낸다.

한 교사가 만일 두려움을 걷어 버린다면 배움터는 모든 사람에게 안전한 장소가 될 것이다.

〈배움의 도〉 (노자/파멜라 메츠, 민들레)

'한 번도 해보지 않은 수업'에 대한 두려움이 나를 감싸고 돌 때 나에게 힘과 용기를 준 말이다. 교사가 먼저 두려움을 걷어 버리면 교실은 모든 이에게 안전한 장소가 된다는 것을, 이 글을 읽는 여러 선생님들이 꼭 경험해 보셨으면 좋겠다.

무엇이든 물어보세요! : 질문으로 알아보는 '책 읽고 대화하기'

(1) '책 읽고 대화하기' 는 어떤 활동인가요?

✔ 수업시간에 하나요?

네, 말 그대로 수업시간에 합니다. 주당 3~4시간이 든 과목에서 한 시간을 떼어 일주일에 한 시간씩 '책 읽고 대화하기'를 합니다. 혹은 일주일에 한 시간씩 고정적으로 들어가는 '진로'나 '창체' 시간을 이용해도 좋겠지요. 만일 '책 읽고 대화하기'를 수업시간에 하지 않고 과제로 내준다면 아이들은 제대로 된, 의미 있는 활동을 못 할 겁니다. 교사도 바쁘고 아이들도 바쁘기에 수업시간 외에 이런 활동을 한다는 건 교사도 아이들도 감당하기 힘든 일입니다. 정규수업시간에 해야 교사도 지치지 않고 아이들도 잘 참여합니다.

✔ 학급 전체 아이들이 같은 책 한 권을 읽는 건가요?

아니요. 4명(혹은 3명)으로 모둠을 만들어 모둠원들끼리 같은 책을 읽습니다. 모둠끼리는 서로 책이 겹치지 않게 하고요. 저는 '책 한 권당 (가급적 한 모둠으로 하되) 최대 두 모둠'이 되도록 했습니다.

✔ 모둠은 어떻게 짜는 게 좋은가요?

같은 책을 읽고 대화를 나누는 활동이라 아이들이 원하는 대로 짜게 했습니다. 서로 친해야 이야기 나눌 때 더 수월하고 활발하니까요. 단, 한 모둠당 4명(혹은 3명)이어야 한다는 조건을 두었습니다.

✔ 책은 아이들이 알아서 고르게 하나요, 교사가 목록을 정해 주나요?

교사가 15~20권정도 목록을 정해주는 것이 좋습니다. 책 선정을 아이들에게 맡기면 아이들이 곤란한 상황에 빠집니다. 무슨 책을 골라야 하는지 몰라 난감해 하거나, 그냥 제목이나 표지만 보고 책을 골라 자기들이 고른 책이어도 지겹거나 어려워서 읽지 못하는 경우가 생기거든요. 아이들의 흥미를 끌면서도 의미도 있는 책 목록을 교사가 정해 주고 그 안에서 고르게 하는 것이 좋습니다.

그런데 자기 생각이 강하고 평소에 꾸준히 책을 읽는 아이의 경우 자신이 직접 고른 책을 읽고 싶어합니다. 이럴 경우 저는 이렇게 이야기합니다.

"그래, 평소에 꾸준히 책을 읽는 네가 참 반갑고 대견하구나. 선생님 생각엔, 네가 읽고 싶어하는 이 책은 이 수업 시간이 아니어도 네가 관심 갖고 읽을 테니, 이 시간에는 교사가 추천하는 책을 한 번 읽어보는 건 어떨까? 그러면 네 독서 경험을 더 풍성하게 해줄 것 같은

데, 넌 어떻게 생각하니?"

이렇게 이야기하면 아이들은 고개를 끄덕이며 교사의 의견에 따라줍니다.

✔ 전체적인 한 학기 수업 진행은 어떻게 하나요?

1차시 : 수업에 대한 소개 & 모둠 짜기

2차시 : 모둠 완성 및 책 고르기

3~6차시 : 각자 책 읽고 독서 일지 쓰기

7차시 : 개인별 독서기록장 쓰기

8차시 : 질문 만들기(각자 10개 & 각자의 질문을 모아 모둠별 10개 추리기)

9~12차시 : 손/녹음/타이핑 등으로 기록하며 모둠별 대화하기

(최종 보고서 작성 및 제출)

주 한 시간씩 수업을 하면 한 학기에 17차시 정도 나오던데요, 안정적으로 수업할 수 있는 시간은 15차시 정도 되더군요. 위 12차시까지 하면 3시간가량 남는데, 선생님과 아이들의 상황에 따라 유연하게 활용하시면 될 것 같습니다.

활용 예)

한 차시 : 자기 모둠의 책을 반 친구에게 소개하며 발표하기

한 차시 : 상호 피드백(자기 모둠과 같은 책을 읽은, 다른 반의 보고서를 읽으면서 상호피드백 하기)

한 차시 : '책 읽고 대화하기' 수업에 대한 피드백(한 학기 수업 돌아보기)

✔ 대화는 어떤 방식으로 하나요?

옳고 그름을 따진다기보다 그냥 서로의 생각을 듣고 말하는 정도의 대화라고 보면 됩니다. 같은 책을 읽고, 책에 대한 질문을 만들어서 그 질문에 대해 서로 자유로이 이야기를 나누는 거죠. 그러다보면 서로 생각이 일치하기도 하고, 반대되기도 하고, 같거나 반대되지 않는 또 다른 생각을 만나게도 되지요. 생각의 다양성, 가치관의 다양성을 경험하고, 비슷하면서도 다른 서로의 경험을 공유하면서 말이죠. (아이들은 같은 책을 읽고도 이렇게 생각이 다양하게 나온다는 점에 매우 놀라워합니다.)

다만 자유로이 대화를 나누되, 자신의 생각에 대한 이유와 근거를 들어 말하도록 사전에 잘 안내해 주어야 합니다. 따짐은 없고 결론만 있는 대화는 알맹이가 쏙 빠져서 별로 남는 게 없으니까요. 그리고 말하는 적당한 순서를 두어 각자가 자기 몫의 말을 해야 더 풍성하고 활기찬 대화가 됩니다.

✔ 이 수업은 어떤 지향점을 가지고 있나요?

오오 이런 질문을 하시다니! 정말 통찰력 있는 선생님이시군요. 저는 '매우 다양한 종류의 경험을 하는 것'이라 말하고 싶습니다. '책 읽고 대화하기'는 읽고 쓰고 말하고 듣는 활동이 모두 들어 있습니다. 이러한 기능적인 측면 이외에도 아이들은 이 수업을 통해 스스로 읽고 스스로 궁리하고 스스로 질문하고 스스로 글을 쓰면서 자기주도성을 기르고, 같은 책에 대해 이렇게 다양한 반응과 생각이 있다는 것을 생생하게 체험하며, 내가 친구의 생각을 바꾸기도 하고 반대로 친구들에게 영향을 받아 내 생각이 바뀌기도 하고, 친구의 도움으로 책에 대한 이해를 더 잘 하고, 때론 내가 친구에게 도움을 줄 수도 있습니다. 그리고 대화를 하면서 생각의 깊이와 폭이 더 깊어지고 넓어집니다. 갈등이 생겼을 때 그 갈등을 마주하고 풀어가는 경험도 하고, 의견이 대립되는 상황에서는 끝까지 자신의 의견을 내세워 보거나, 반대로 다른 사람의 의견을 수용하는 경험도 하며, 옳고 그름이 아닌 '다름의 다양성'을 경험할 수 있습니다. 그리고 모둠별로 A4 10장의 최종 보고서를 만들어냄으로써 할 수 있다는 자신감과 무언가를 자신의 힘으로 이루었다는 성취감과 뿌듯함을 맛볼 수도 있지요.

그리고 이러한 과정들 속에서 책 읽기에 대한 호감이나 관심이 자신도 모르는 사이에 더 자라날 것이고요. 또한 사람들과 어떤 주제에 대해 함께 이야기 나누는 것의 즐거움과 재미를 느끼고, 이러한 많은 경험들을 공유하면서 친구들과 더 친해지기도 하겠지요. 덤으로, 일주일에 한 시간, 지식 위주의 수업에서 벗어나 자유로이 책을 읽는 여유와 쉼을 누릴 수도 있겠고요. 이밖에도 긍정적인 그 무엇들이 더 많을 거라 생각해요.

올해 스승의 날 때, 우리 반도 아닌데 제게 편지를 써서 건네준 아이가 있었습니다. 제가 이런 수업을 하지 않았다면 과연 이런 편지를 받을 수 있었을까요? 그리고 '책 읽고 대화하기' 수업이 이 아이를 어떻게 성장시키고 있는지, 편지에서 고스란히 느낄 수 있었습니다. 지금 다시 읽어도 참 감동이에요.

존경하는 한창호 선생님께

안녕하세요? 저는 선생님께 독서와 문법을 배우고 있는 2학년 8반 김상재입니다.

우선 감사드립니다. 처음에는 선생님 수업에 약간 적응하지 못한 면도 있었지만, 지금은 너무나도 잘 배우고 있습니다. 저는 선생님의 수업이 정말로 좋은 수업이라고 생각합니다. 친구와 우정을 쌓고 서로 공감하고 소통하는 능력을 키울 수 있기 때문입니다. 선생님께서 공감하는 수업을 하시는 데에 뛰어나시다고 들었는데 선생님처럼 훌륭한 분께 수업을 들을 수 있어서 큰 영광이라 생각합니다. 선생님의 수업 덕분에 상처주는 말은 내뱉기 전에 다시 한 번 생각하고 친구의 말을 어떻게 미연에 받아들일지 평소에도 고심하게 된 것 같습니다. 무엇보다도 감사한 것은 책과 친해졌다는 것입니다. 예전에는 그러지 않았지만 요즘에는 읽고 싶은 책을 도서관에 직접 가서 빌려 읽는 습관이 생겼습니다. 너무나도 감사드리고 앞으로 열심히 하겠습니다. 감사합니다.

5. 15. 김상재 올림

(2) 이런 게 마음에 좀 걸려요.

✔ 아이들이 책을 잘 사오나요?

책을 사오라고 하면 약간의 원성 섞인 반응을 보이는데요, 저는 이렇게 이야기 합니다.

"책을 사는 것도 공부입니다. 여러분을 보면 문제집 사는 돈은 그다지 아까워하지 않는 반면 책 사는 돈은 아까워하는 것 같습니다. 저는 여러분이 지금도 물론이고 성인이 되어서도 책을 사서 읽는 사람으로 성장해 나가기를 바랍니다."

한편 지역에 따라 가정 형편이 어려운 아이들이 많은 경우가 있을 겁니다. 그렇긴 해도 한 학기에 책 한 권 사기가 가혹한 무엇은 아니라고 생각해요. 오히려 그런 환경의 아이들일수록 책을 가까이 접하고 꾸준히 책을 읽는 것이 그 아이들로 하여금 세상과 마주할 큰 힘을 기르게 하는 거라 믿습니다.

✔ **모둠별 A4 10쪽을 학생들이 다 채울 수 있나요? 학생들이 불만을 갖지 않나요?**

최종 보고서의 분량이 A4 10쪽 이상이라고 이야기하니 아이들이 아우성을 치고 한숨을 내쉬고 불만과 부담과 걱정이 섞인 표정을 짓더군요. 당연하죠. 한 번도 이런 정도 분량의 보고서를 써 본 적이 없을 테니 아이들로서는 상상할 수 없는 분량일 거예요. 그래서 이렇게 이야기했습니다.

"그래, A4 10쪽이라고 하니까 부담이 많이 되죠? 그런데 한 번 봅시다. 여러분이 모둠별로 만든 질문이 10개죠? 질문 한 개당 한 쪽을 채우면 그게 모여 10쪽이 되고, 각각의 한 쪽을 내가 다 채우는 게 아니라 모둠원 네 명, 세 명이 함께 채우는 거잖아요. 그러니 나는 질문 하나에 대해서 A4 4분의 1 혹은 3분의 1만큼만 이야기 할 수 있으면 돼요. 이렇게 잘게 나누어 생각하니까 해볼 만하지 않나요? 어때요?"

이렇게 이야기했더니 아이들은 안심하는 듯도 하고, 응 그렇구나, 하는 듯 했습니다.

이처럼 우리가 삶에서 맞이하는 많은 문제들은, 그 대상을 뭉뚱그려 추상적으로 바라보지 않고 구체적으로 잘게 나누어 분명히 바라보면 '해볼 수 있겠네', '별 거 아니구나', '음 여유가 좀 생기는데' 하고 생각과 감정의 전환을 할 수 있습니다.

✔ 그런데 군이 꼭 분량이 10쪽이어야 하는 이유가 있나요?

오오, 아주 예리한 질문입니다. A4 10쪽을 교사가 권유하는 데에는 어떤 이유와 어떤 의미가 담겨 있을까요? 한 권의 책을 내 것으로 만들기 위해 10개의 질문을 만들고, 10개의 질문에 대해 깊이 있는 대화를 하기 위해서는 분량이 10쪽은 되어야 하는 것 같습니다. 그리고 머리말, 본문, 맺음말이 완성도 있는 짜임을 구성해보는 경험을 해보기 위해서도 10쪽의 분량은 필요해 보이고요.

✔ 아이들이 대화 나누기를 잘 하나요?

잘 하기도 하고, 재미있어하기도 하고, 어색해하기도 하고, 어려워하기도 하고, 귀찮아하기도 합니다. 아이들의 개별 특성과, 아이들 각자의 현실 상황(수시냐 정시냐 또는 학교 수업에 대한 관심 정도), 모둠의 분위기, 모둠에서 고른 책 등 변수가 많습니다. 이러한 변수들 중에 영향력이 큰 것을 고르라면 어떤 책을 골랐느냐, 어떤 아이들이 모둠을 구성했느냐인 것 같아요. 이 둘 중에 더 중요한 요인을 고르라면 역시나 '사람'이 가장 중요한 요인입니다. 아이들 간의 관계(친밀도, 신뢰도), 자기주도성의 높고 낮음, 참여에 대한 의지, 책 읽기-글쓰기-자기 생각 말하기에 대한 친숙도 등이 영향을 많이 미치는 것으로 보여요.

물론 모든 아이들, 모든 모둠이 활발하고 재미있게 이야기 나누는 모습을 보게 된다면 교사로서 그것만큼 행복하고 보람찬 일이 또 어디 있겠어요. 하지만 책 읽기나 글쓰기, 대화하기를 낯설어 하고 어려워하는 아이들이 '그래도 하는 모습', '그래도 해내는 모습'이 어찌 보면 더 소중한 장면이 아닐까 생각해 봅니다. 아이들은 자기가 익숙하지 않은 무언가를 자신의 힘으로 해내면서 성장해 나가는 것일 테니까요.

그리고 모둠원 전체가 능동적으로 대화에 참여하는 모습을 볼 때 기분이 참 좋고 기운을 많이 얻습니다. 한편 말로 대화를 나누고 그것을 기록하는 방식이 아니라, 모둠원이 서로 아무 말없이, 서로 쳐다보지도 않고 돌아가면서 종이에 자기 생각을 각자 적는 식으로 대화(?)를 하는 모둠을 볼 때면 안타깝기도 하고 많이 아쉽기도 하고, 이렇게라도 하는 게 어디야, 하고 위안을 삼게 되더군요.

교사가 생각한 것보다 아이들은 대화를 정말 잘 하기도 하고, 교사가 생각한 것보다 아이들은 대화를 참 못하기도 합니다.

✔ 아이들이 각자의 역할을 잘 해내나요?

①손 기록, ②워드 기록 1, ③워드 기록 2, ④최종 편집, 이렇게 역할 분담을 했고, 모둠원이 세 명이면 워드 기록은 한 명으로 두었습니다. 한편 '이끔이'와 '호응이'는 대화 나누기 할 때 대화를 좀 더 활발하게 할 수 있도록 하는 역할인데요, 이것을 ①, ②, ③, ④ 중에 누가 맡도록 할지는 정하기 나름입니다. 예를 들면, 이끔이와 호응이를 '그 역할을 잘 할 수 있는 사람'으로 한 사람씩 정할 수도 있고, '이끔이 두 명, 호응이 두 명' 이렇게 정할 수도 있지요. 자신이 맡은 역할이 분명

하니 아이들은 좀 더 책임감을 가지고 활동에 참여합니다. 이런 과정을 거치면서 자기 몫의 일을 스스로 해내는 경험을 할 수 있겠지요. 한편 손 기록의 경우, 반드시 손으로만 적으라는 법은 없습니다. 아이들에게 '휴대폰으로 녹음을 해도 좋고, 태블릿이나 노트북 가지고 와서 수업 시간에 직접 타이핑 해도 된다.'고 이야기했습니다. 그리고 대화 나누는 사진 찍는 역할은 따로 두지 않고, 알아서 찍으라고 했습니다.

✔ 그런데요... 제가 책을 잘 안 읽는데...

네, 이게 마음에 걸리시지요? 제가 확 안심시켜 드릴게요. 저 역시 마찬가지입니다. 아이들에게 제공한 책 목록의 책들 중에는 제가 읽은 것도 있고 그렇지 않은 것들도 있습니다. 내가 읽지 않은 책은 '아, 이런 내용의 책이구나.' 정도만 알아도 수업은 가능합니다. 목차와 머리말, 맺음말, 책의 일부 내용을 읽어보는 정도로요.

언젠가 물꼬방 연수를 들으면서 '아, 내가 지금 이 선생님들께서 추천하시는 책들을 다 읽은 후에 독서교육을 시작한다면 나는 정년퇴직할 때까지 독서교육을 못하겠구나.'하는 생각이 들었어요. 그래서 저는 검증된 양질의 책 목록을 감사한 마음으로 가져다 씁니다. 양질의 책 목록을 꾸준히 만들어 주시는 분들에게 그저 고맙고 또 고마울 따름이지요.

✔ 그런데요... 이런 수업이 진짜 교사가 지치지 않으면서 지속 가능한가요?

네, 아주 훌륭한 질문입니다. 이 질문의 답은 선생님에게 있습니다. '내가 가진 에너지의 총량은 어느 정도이고, 나는 그 중 얼마만큼을 이 수업에 쓸 수 있으며, 내가 어느 정도의 에너지를 어떻게 투입할 때 내가 이 수업을 지속적으로 해나갈 수 있을까.'를 스스로에게 물어보세요. 그리고 '아, 이렇게 하다가는 내가 먼저 나가떨어질 것 같아.', '아, 이번 학기에는 어찌어찌 했다만, 다음부터는 못할 것 같아.'라는 생각이 들면 그 즉시 하던 일을 멈추고, 그냥 하지 마세요.

내가 할 수 있는 만큼만 하면 지속 가능합니다. 비현실적인 노력과 정성을 들여야 가능한 독서교육은 한 번은 할 수 있지만 지속하기는 어렵습니다. 현실에서 실현 가능한 길을 가면 교사가 지치지 않으면서 지속 가능한 독서교육을 할 수 있습니다.

(3) 어떤 문제가 있었나요?

✔ 아이들이 잘 참여하나요?

어우, 그럼요! 전체적인 참여율이 보통의 지식 전달 위주의 수업보다 훨씬 좋습니다. 아이들은 자신들이 직접 무언가를 하는 것을 좋아하고 즐깁니다. 다만 참여도가 떨어지는 아이들도 있습니다. 자기 혼자 공부하는 것에 매우 익숙하거나, 책 읽기를 싫어하거나, 수행평가 점수에 연연해할 필요가 없거나, 성적이나 학교생활에 대한 의욕이 별로 없는 아이들의 경우 참여도는 당연히 떨어지지요. 이런 아이들은 그저 계속 살피고 격려하며 토닥이는 수밖에요. 자기가 직접 책을 읽고 직접 생각하고 직접 글 쓰고 직접 이야기 하는 것들을 강제로 시킨다고 되나요. 격려해가며 토닥여가는 수밖에요.

✔ 활동에 전혀 참여하지 않는 아이가 있으면 어떻게 하나요?

저는 다행히도 끝까지 하지 않겠다고 완강히 버티는 아이가 없었지만, 이런 아이가 어디선가는 나타날 수 있지요. '네가 안 하면 모둠원 전체가 피해를 받게 된다'는 말에도 꿈쩍하지 않는 아이도 있고요. 상황을 나눠본다면, 모둠을 짜기 전부터 자기는 이런 거 안 하겠다고 하는 아이가 있고, 모둠을 짠 이후에 활동을 전혀 하지 않아서 나머지 사람들이 그 아이의 역할까지 추가로 해야 하는 경우가 있겠네요. 이럴 때 선생님은 어떻게 하시겠어요? 이에 대해서는 어떤 하나의 정답이 존재한다기보다 상황에 따라, 나의 기질과 가치관에 따라 여러 해답이 존재하지 않을까 싶습니다. 후자의 경우에 대해 제 이야기를 해본다면, 한 명이 활동에 참여하지 않는 모둠의 나머지 아이들에게 이렇게 이야기 했습니다.

"너희 둘은 너희가 지금 할 수 있는 만큼만 일단 해볼래? 두 명이 최종 보고서 10장을 다 채우기가 힘들면 최소 5장 이상은 해볼 수 있겠니? (네.) 그래. 그러면 나중에 최종 보고서 낼 때, 너희 둘 이름만 적어서 제출하렴. 그러면 선생님이 감안해서 평가를 하마."

최종 보고서는 모둠원 전체가 똑같은 점수를 받는 것이 기본이지만, 마음먹고 참여 안 하는 아이로 인해 다른 아이들이 점수가 깎이면 아이들 간의 관계도 나빠지고, 피해의식이 생기고, 교사를 원망하고, 이러저러한 부작용들이 많이 생길 것 같거든요.

✔ 수업 운영 면에서 보완할 점은 없었나요?

아이들이 모둠 활동을 할 때, 교사가 가급적 가까이에서 적절한 도움을 주면 좋습니다. 질문 만들기 시간이나 모둠별 대화나누기 시간에 말이지요. 질문 만들기를 어려워하거나, 대화가 산으로 가거나 할 때 교사가 관심어린 개입과 촉진을 하면 아이들은 더 내실 있게 성장해 나가니까요.

✔ 다른 역할에 비해 편집 담당 학생의 부담이 크지 않나요?

네, 그런 것 같아요. 최종 보고서 편집 작업은 담당 학생이 개인 시간을 내야하고, 또한 워드 담당에게 넘겨받은 결과물의 내용이 부실한 경우 편집 담당이 혼자 애태우면서 자기 시간을 많이 할애하는 경우를 자주 볼 수 있었습니다. 그래서 어떤 아이는, 편집 담당 학생에게 뭔가 보너스(?)가 있으면 좋겠다고 의견을 내기도 하더군요.(본인이 편집 담당이어서가 아니라, 같은 모둠의 편집 담당 학생이 애를 많이 쓰는 모습을 보고 저에게 건의를 한 것이었어요.) 이에 대해 어떻게 생각하세요? 보너스를 주는 게 좋을까요? 준다면 어떤 걸 주면 좋을까요?

✔ 아이들이 갈등을 일으키지는 않나요?

네, 모둠원 간에 갈등이 종종 생기더군요. 의견 대립을 하다가 감정이 상하는 경우를 한 번 봤고, 잘 참여하지 않는 모둠원에 대한 못마땅함에서 생겨나는 갈등을 몇 번 봤습니다. 교사는 이러한 갈등을 담담하게 바라보고, 담담하게 대처하는 게 필요한 것 같아요. 세상살이에서 갈등이 없을 수 없고, 아이들은 이러한 갈등을 겪으면서 배우기도 하니까요.

아이들 간의 갈등을 중재할 때 중요한 요령 중에 하나는, 교사가 어느 한 쪽의 편을 들지 않고 양쪽을 균등하게 알아줘야 한다는 점입니다. 교사가 보기에도 어느 한 쪽이 잘못했다 여겨지더라도 그런 교사 자신의 마음을 내려놓고(이게 쉽지 않습니다만 이 마음을 내려놓아야 갈등 중재가 가능합니다), 이쪽은 이쪽대로 알아주고, 저쪽은 저쪽대로 알아주는 태도가 필요합니다. 그래야 갈등이 풀립니다.

손 기록 대화 중에 한 모둠에서 싸움이 벌어졌습니다. 길동이는 꺽정이가 활동에 잘 참여하지 않고 뺀질거리는 모습이 매우 못마땅했고, 꺽정이는 길동이에게 '쓸모없는 새끼', '네가 한 게 뭐 있냐' 등의 말을 듣고 화가 머리끝까지 난 상태였어요. 제가 가까이 다가갔는데도 둘은 여차하면 주먹이 나가겠다 싶을 정도로 심하게 말다툼을 하고 있었습니다. 그냥 두었다가는 실제로 주먹질을 할 것 같아 중재에 나섰습니다.

교사 : 꺽정아, 네가 지금 정말 화가 많이 난 모양이구나.
꺽정 : 네, 저 새끼가 저한테 막 욕을 하잖아요. 제가 참여 안 하는 것도 아닌데.
길동 : 야, 네가 뭘 했는데? 휴대폰이나 보고 있었으면서.
꺽정 : (엄청 답답해하며) 아, 진짜.. 대화 시작 전에 그냥 잠깐 본 거라고.

이때 저는 '꺽정이 네가 잘못했네!'하는 생각이 들었습니다. 그리고 과거에 제 눈에도 꺽정이의 이런 모습을 종종 봐왔었고요. 그런데 지금은 꺽정이를 '혼내는 것'으로는 일이 해결되지 않는다는 것을 알기에, 이런 제 마음을 내려놓고 두 아이를 바라봅니다.

교사 : 그래, 둘 다 서로에게 화가 많이 난 것 같구나. 꺽정아, 길동이가 대체 뭐라고 그랬는데?

꺽정 : 저한테 쓸모없는 새끼라고 하잖아요.

교사 : 그래? 그 말 듣고 화가 많이 났겠구나. 게다가 너는 참여를 안 한 것도 아닌데 이런 말을 들었으면 억울하기까지 했겠네. 자존심도 상했을 것 같고. (정확한 확인을 위해 길동이에게 묻는다.) 길동아, 네가 진짜 꺽정한테 쓸모없는 새끼라고 했니? 정확히 '쓸모없는 새끼'라고 표현했어?

길동 : 네, 하도 화가 나서 그렇게 말했어요.

교사 : 그랬구나. 네가 오죽 답답하고 화가 났으면 그렇게 말했겠냐.

길동 : 네. (표현이 과한 것에 대해 본인 스스로 후회된다는 표정이 살짝 보인다.)

교사 : 그런데 네가 생각하기에도 표현이 좀 과했다고 생각이 드나 보네?

길동 : 네, 표현은 좀 과했던 것 같아요.

교사 : 그래, 답답하고 화가 나긴 했지만 표현이 과한 것에 대해서는 미안한 마음이 드는 모양이구나.

길동 : 네.

교사 : 꺽정이는 지금은 마음이 좀 어떠냐.

꺽정 : 아까보단 좀 괜찮아요.

교사 : 길동이가, 표현이 과한 건 미안한 마음이 든다고 하는데, 그 말 듣고 어때?

꺽정 : 뭐 그냥.. 미안하다니까.. 괜찮아요.

교사 : 그래? 내가 보기에도 네 표정이 아까보단 한결 나아진 것 같구나. 그러면 나한테 말고 길동이를 직접 보면서 괜찮다고 말해 볼 수 있겠어?

꺽정 : 아, 아니요! 아직 그렇게는 못하겠어요!

교사 : 하하. 아직 덜 풀어졌나 보구나! 길동이는 지금 어떠냐?

길동 : 제가 꺽정이한테 선입견이 있었던 것 같아요.

교사 : (나는 이 말을 듣고 매우 놀랐다. 길동이가 매우 그릇이 큰 아이로 보였기 때문이다.)

선생님은 길동이가 참 멋지다. 자신의 실수를 바로 인정할 줄도 알고, 또 네 마음에, 수업에 열심히 참여하려는 귀한 마음이 있었으니까 이런 갈등도 생기는 게 아니겠냐. (둘의 싸움을 말없이 지켜보기만 하던 다른 두 아이를 향해) 그리고 둘이 싸우는 걸 지켜보던 너희 둘은 마음이 조마조마했겠다. 어찌할 줄 몰라 막막하고 난처했겠어. 그래, 이제 대화하기 시작할 수 있겠니?

녹음을 해두었던 게 아닌지라 대략의 대화 흐름을 다시 떠올리며 간략히 적어보았습니다. 갈등 당사자 양쪽의 마음을 교사가 평가, 판단하지 않고 그냥 있는 그대로 알아주면 갈등은 스르르 풀립니다. 특히, 양쪽의 '감정'을 '균일하게' 알아주는 것이 꼭 필요하고요!

'갈등 상황' 자체가 문제라기보다 '갈등을 해결할 힘이 없는 것'이 문제일 테지요. 이러한 기회를 통해 아이들의 갈등 관리 능력도 더불어 자라나지 않을까요?

✔ **최종 보고서를 조작하는 경우는 없나요?**

수업 시간에 대부분 책을 다 읽고, 수업 시간에 대화를 하고 그걸 손으로 녹음기로 노트북으로 기록하고, 보고서 대부분의 내용은 대화 내용으로 채우기 때문에 인터넷 자료를 베껴 쓰는 경우는 거의 없습니다. 다만 머리말(=들어가는 말)을 인터넷에서 따오는 경우가 있었는데(이걸 어떻게 아냐고요? 음, 그냥 보면 보입니다. 아이들의 언어가 아니라는 게 금방 느껴지거든요), 이 경우 수정해서 제출하도록 했습니다. 그리고 '줄거리 요약'으로 머리말을 쓴 경우도 수정하도록 했습니다.

✔ **수업에 필요한 양식들은 어떻게 구하죠?**

메일을 보내시면 기꺼이 함께 나누겠습니다.

hanchang21@daum.net

✔ **각 차시별 수업 운영 방법을 구체적으로 말씀해 주실 수 있나요?**

물꼬방 누리집(http://reading.naramal.or.kr) [연수-자료집] 게시판에서 〈2015 여름연수 자료집〉을 얻으실 수 있고, '책과 수다의 만남 - 책 읽고 대화하기(한창호)' 원고를 살펴보시면 됩니다. 각 차.시.별.로. 매우 자세하고 구체적으로 기록해 두었습니다. 수업 방법이나 깨알 같은 요령뿐만 아니라 교사의 마음 흐름까지 생생하게 기록해둔 주옥 같은 원고입니다.

✔ 이 수업, 3-4차시로는 안 될까요?

일주일에 한 시간씩 고정적으로 수업 시간을 확보하기 힘든 상황이라면 3-4차시로도 이 수업을 시도할 수 있습니다. 방법은 다음과 같습니다.(이 방법은 물꼬방 연수에서 배웠습니다.)

1차시 : 읽기

① (20~30분 가량이 아닌) 한 시간 동안 오롯이 읽을 수 있는 정도의 분량이 되는 단편 소설이나 교과 특성에 맞는 글을 아이들이 각자 직접 읽게 한다.

② 자료 준비는 책을 그냥 복사할 수도 있고, 직접 타이핑할 수도 있다. 혹은 학생에게 워드 아르바이트를 줄 수도 있다.

③ 읽으면서 자신에게 의미 있게 다가오는 한 문장이나 한 부분을 표시하게 한다.

2차시 : 자신이 고른 한 문장으로 이야기 나누고, 질문 한 개 만들기

① 4인 모둠 기준으로 이끔이(사회자), 큰입이(발표), 기록이, 호응이로 역할 분담을 한다.

② 기록이는 말 그대로 모둠의 대화 내용을 기록하는 역할을 하고, 호응이는 누가 어떤 내용의 말을 하건 매번 고개를 끄덕이며 '아, 그렇구나.'하면서 적극적인 추임새를 넣는 역할이다.

③ 자신이 밑줄 그은 문장을 소개하고, 그 이유를 이야기 한다. 이 끔이는 모둠원 모두 비슷한 시간 동안 골고루 이야기할 수 있도록 한다.

④ 밑줄 그은 문장에 대한 이야기가 끝나면 이를 바탕으로 각자 질문 한 개씩 만든다.

3차시 : 질문으로 대화 나누기

① 각자 만든 질문으로 이야기 나눈다.

② 역할 분담 및 이야기 나누는 요령은 2차시 때와 같다.

4차시 : 발표

① 어떤 질문으로 어떤 대화를 나누었는지 모둠별로 발표하며 반 전체와 공유한다.

② 상황에 따라 4차시는 생략하거나, 3차시에서 발표까지 마칠 수 도 있겠다.

질문이 있는 교실에서 행복한 교사로 살아가기

어느날 지구에 외계인이 침공한다. 무섭게 생긴 외계인을 보고 사람들은 모두 무서워하는데 한 소녀는 전혀 무서워하지 않는다. 지구를 파괴하러 왔다는 외계인에게 그 소녀는 "왜요?"라고 묻는다.

"응? 왜 지구를 파괴하러 왔냐고?"

당황한 외계인은 뭐라뭐라 대답을 하지만 그때마다 소녀는 끊임없이 "왜요?"라고 되묻는다. 결국 외계인은 소녀를 피해 지구를 떠난다.

린제이 캠프가 지은 〈왜요?〉라는 그림책의 간단한 내용이다.

'왜'인지 묻는 건 인간의 본성 중에 하나인데 우리는, 특히 한국에서 자란 우리는 나이를 먹어갈수록 '왜'라는 질문과 멀어지게 된다. 그래서 결국 내가 어떤 삶을 살고 싶은지, 나는 누구이고 어떤 사람인지, 내가 무얼 할 때 진정 행복한지 묻지 않고, 그래서 우리는 그것들에 대한 자기만의 답을 찾지 못한 채 살아가고 있는 건 아닐까. 아니, 살아지고 있는 건 아닐까.

질문이 있는 교실에서 교사도 아이들도 행복하려면 서로를 믿고 기다려주는 마음이 필요하다. 실제로 '책 읽고 대화하기' 수업을 진행해 보면 여러 다양한 상황들을 마주하게 된다. 엄청나게 큰 아이들의 목소리가 공해처럼 느껴지는 순간들이 있기도 하고, 책을 꺼내 가지 않는 아이가 드문드문 있기도 하고, 마음을 별로 담지 않고 건성으로 수업에 참여하는 아이가 있기도 하고, 대화를 나누는 건지 잡담하며 떠드는 건지 구분이 잘 안 되는 순간들이 있기도 하다.

교사는 이런 순간들을 때론 견딜 수 있어야 하고, 때론 넉넉하게 바라볼 수 있어야 하고, 때론 적당히 울타리를 세워줄 수 있어야 한다. 그리고 아이들 역시 힘들고 어렵다고 툴툴대기만 할 것이 아니라, 힘들고 어려운 만큼 자신들이 건강하게 성장하고 있다는 것을 믿어주었으면 좋겠다.

아이들은 어른이 믿는 만큼 자란다. '못 미더운 아이들'이 존재하는 것이 아니라 '아이들을 믿지 못하는 어른들'이 존재할 뿐이라고 나는 생각한다. 어른인 내가 아이들을 믿는 사람이 될 수 있어야 한다.

질문 만들기 시간에 예시 질문을 주지 않고 진행하면서 약간의 두려움과 망설임이 있었다. '아이들이 질문을 잘 만들까?' 그런데 아이들은 예시 질문을 제공해 주지 않았을 때 해당 책에 어울리는 구체적인 질문들을 더 잘 만들어 냈다. 교사가 자신의 두려움을 걷어 버리고 아이들을 믿어줄 때 아이들은 더욱 크게 성장해 나간다.

아이들의 건강한 성장을 위해 어른인 나부터 질문을 사랑해야겠다. 질문을 사랑한다는 건, 결과로서의 꽃만 바라보는 것이 아니라 꽃이 피기까지의 과정을 함께 바라보는 것이리라. 그러니 교사가 다 해줘야 한다는 강박에서 벗어나 아이들이 가진 힘을 믿고 아이들에게 질문을 던지고 충분히 기다리자. 더 나아가 그들이 스스로 묻고 스스로 답할 수 있도록 안전한 자리를 깔아주자.

나는 절대 나의 학생들을 가르치지 않는다.
나는 단지 그들이 배울 수 있는 환경들을 제공했을 뿐이다.
- 아인슈타인

'책 읽고 대화하기' 수업에서 교사는 학생들을 가르치지 않는다. 그저 그들이 스스로 배울 수 있는 환경만 제공할 뿐이다.

7

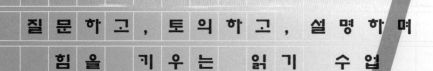

질문하고, 토의하고, 설명하며
힘을 기우는 읽기 수업

강이욱
보인고등학교

강이욱

lovemind@sen.go.kr
학생들과 함께 웃을 수 있어서 하루하루가 행복한 국어 교사.
학생들에게 가치 있고 의미 있는 것을 가르치고자 하며,
우리의 교육이 함께 더불어 사는 사회를 만드는 데에 기여하기를 희망하고 있다.
전국국어교사모임과 고교수업연구모임 회원.

질문하고, 토의하고, 설명하며 힘을 키우는 읽기수업

물고기를 잡아 줄 것인가? 잡는 능력을 길러줄 것인가?

개학이 서우 2주 남았다. 이제 새 학년 수업을 준비해야 할 때다. 개학을 2주 남겨놓고 이제야 가르쳐야 할 학년과 수업 시수기 설성되었다. 새로 받은 국어 교과서를 펴 본다. 쭉 훑어보니 교사인 내가 봐도 썩 재미없을 것 같은 단원들이 있다. 그렇다면 학생들은 오죽할까? 어떻게 가르쳐야 학생들이 흥미 있어 할까, 고민이 된다. 어떤 글이 실려 있나 비문학 단원을 살펴보니, '유전자 조작 식품', 그리고 '옛 그림의 원근법'이라는 제목의 글이 눈에 들어온다. 다행히 글이 어렵진 않아서 공부를 잘 하는 학생들은 그냥저냥 읽어내긴 하겠지만, 대부분의 학생들은 이런 주제에 그다지 관심이 없으므로 따분해 할 것이 틀림없다.

나는 교과서를 쭉 훑어보며, 읽고 나면 더 가슴에 울림이 있는 글을 가르치고 싶다는 생각을 한다. 또 '유전자 조작'이라면 과학 시간이나 윤리 시간에, '옛 그림의 원근법'이라면 미술 시간에 가르치면 되지 않나 하는 약간 억울한 생각도 든다. 문법이나 문학에 대해서라면 국어 교사인 내가 다른 누구보다 자신 있지만, 유전자 조작이나 원근법에 대해서는 사실 나도 별로 아는 바가 없다. 솔직히 내가 전문성을 발휘해서 설명할 만한 분

야는 아니지 않은가? 어떻게 하면 즐겁게 수업할 수 있을까? 한숨을 쉬면서 학생들이 흥미를 느낄 만한 동영상이 없나 찾아본다. 글 자체에 흥미를 느낄 수 없다면 글 내용과 관련된 괜찮은 동영상을 보여주는 것이 그나마 최선의 동기유발 방법이니까. 근데 문제는 괜찮은 동영상 자료를 찾는 게 그리 쉽지는 않다는 거다.

위 이야기는 교사 초년 때의 내 모습이다. 교과서에 실린 글을 교과서에 제시한 학습목표대로 충실하게 가르쳤지만, 가르치는 교사나 배우는 학생이나 모두 수업을 통해 읽기 능력이 향상된다는 효능감을 느끼지 못했다. 학생들은 글과 관련된 이런저런 동영상을 틀어주고, 무언가 글 끄트머리에 숨어있는 재미있는 점을 끄집어내기 위해 필사적으로 노력했던 내 수업을 그럭저럭 재미있어 하긴 했다. 하지만 단지 그 정도일 뿐, 학생들은 내 수업을 통해 글을 잘 읽는 능력을 축적해 가지는 못했다. 그리고 중간고사가 끝나는 순간 자신들의 삶에서 그동안 배웠던 글들은 효용 가치가 다했다고 여기는 듯했다.

나중에서야 깨달은 것이지만, 이는 당시 내가 학생들에게 '물고기를 잡는 방법'을 가르쳐 준 것이 아니라, '물고기를 잡아서 입에 넣어 주는' 수업을 했기 때문이었다. 모름지기 교사는 학생들보다 먼저 글을 읽고 그 내용을 이해하기 쉽도록 잘 풀어서 설명해주어야 한다고 생각했기에, 나는 '글'이라는 음식을 학생들이 먹기 좋게 잘근잘근 잘 씹어서 주는 데에 관심을 가졌었다. 그래서 학생들은 내가 먹기 좋게 만들어준 물고기는 잘 소화시키는 것처럼 보였지만, 스스로 물고기를 잡아먹는 방법을 터득하지는 못했던 것이다.

그렇다면 '물고기를 잡는 방법'을 가르치는 교육이란 어떤 것일까? 그것은 학생이 혼자서 처음 보는 글을 잘 읽을 수 있는 방법을 가르치고, 글을 스스로 읽을 수 있는 능력을 길러주는 교육이다. 만약 그렇지 않고, 국어 수업이 어떤 특정한 글을 이해하는 데에 필요한 배경지식을 하나하나 설명하고 그 글의 내용을 친절하게 해설해 주는 것에 치우치게 된다면, '유전자 조작'에 대한 글은 과학이나 윤리 시간에, '원근법'에 대한 글은 미술 시간에 배우는 게 훨씬 더 효율적일 것이다.

어떤 글로 가르칠까?

나도 한때는 학생들에게 수능 문제집을 열심히 풀어가 있다. 물론 내가 국어를 잘 했던 것은 어디까지나 어렸을 적부터 꾸준히 했던 '독서' 덕분이라고 생각했지만, 그렇다고 학생들에게 "국어는 그냥 책만 많이 읽으면 돼."라고 얘기할 수는 없었다. 학생들이 그 말을 곧이곧대로 받아들이지도 않을 뿐더러, 단기간에 수능 성적 향상을 이루기 위해서는 학생들이나 나나 문제풀이가 더 효과적이라고 생각했기 때문이었다. 하지만 학생들과 열심히 문제풀이를 하면 할수록 무언가 커다란 회의감이 밀려들었다.

글을 읽고 교사가 문제의 정답과 오답을 해설해 주는 것이 가장 기본적인 문제풀이 수업 방식인데, 이렇게 수업을 하면 학생들 다수가 글에 집중하지 못하고 졸았다. 다수의 학생들에게는 수능 지문이 재미가 없고, 의미도 없고, 지나치게 어렵게만 느껴졌기 때문이다. 특히 문학보다는 비문학 글을 설명할 때에 더욱 그랬다. 왜냐하면 좋은 시나 소설은 그 자체로 재미나 의미가 있지만, 비문학적인 글은 대부분 어떤 실용적인 목적을 위해 찾아 읽는 글이기 때문이다. 가령 취미 삼아 소설을 읽는 사람은 많이 있지만, '선형 보간법'(2015학년도 수능 국어 A형)이나 '지구 공전궤도의 이심률'(2015학년도 수능 국어B형)에 대한 글을 그냥 취미 삼아 읽는 사람은 매우 드물다. 결국 대다수 학생들은 'P형 반도체와 N형 반도체'에 대해 설명하고 있는 글을 억지로 읽었고, 문제를 풀면서 꾸벅꾸벅 졸았으며, 문제집을 덮고 나면 그 글의 내용을 모두 잊어버렸다. 그것은 아마도 'N형 반도체'가 실제로 그들의 삶에서 아무런 의미를 갖지 못하기 때문이었을 것이다.

그래서 나는 N형 반도체에 대한 글을 가르치며 고민했다. 나는 왜이 글을 가르치고 있는가? 그 질문에 대해 "그게 수능에 나오니까."라는 대답은 아주 현실적인 답변처럼 들리지만, 오히려 그것은 우리의 현실과 맞지 않는 얘기다. 왜냐하면 수능에 N형 반도체에 대한 지문이 다시 출제될 가능성은 사실상 제로에 가깝기 때문이다.

그러므로 생각해 보면 '물고기를 잡는 방법'을 가르칠 때 그 도구가 반드시 'N형 반도체'여야 할 필요는 없었다. 기왕이면 좀 더 학생들의 흥미와 수준에 맞는 유익한 글을 도구로 사용하면 그 효율이 더욱 높아질 것이기 때문이다. 그리고 아무리 '글을 읽는 방법'을 가르치는 것이 목적이라 할지라도, 학생들의 입장에서는 글을 읽을 때 자연스럽게 내용과 방법을 같이 이해한다. 왜냐하면 글의 내용은 쏙 빼놓고 글을 읽는 방법만을 따로 배우는 것은 불가능하기 때문이다. 그래서 글을 읽는 방법을 가르칠 때에도 글의 내용 선정은 아주 중요하다.

나는 이러한 점을 깨닫고부터는 기왕이면 바탕글을 학생들의 관심과 수준, 그리고 교육적 의의를 고려하여 고르고, 재구성하기 시작했다. 모의고사 지문을 다룰 때에도 기왕이면 '선형 보간법'이나 'N형 반도체'에 대한 글 대신, 학생들의 실생활과 관련이 있는 소재를 다룬 글을 수업 재료로 선택하였다. 그런 글을 찾기가 쉽지는 않았지만, 그래도 '이 정도면 학생들이 관심 갖고 읽을 만하겠다' 싶은 글들이 꽤 많이 있었다. 예를 들면 '축구에서 오심을 해결하기 위한 여러 가지 기술들', '수만 명의 개인정보가 유출되었을 때 참여할 수 있는 집단 소송의 종류와 그 장단점', '현행 투표 제도의 문제점과 보완 방법', '자동차 사고가 났을 때 하필이면 목을 다치게 되는 이유', '비가 올 때 뛰어가는 것과 걸어가는 것 중 어떤 것이 비를 덜 맞을까?', '3D TV의 원리' 등을 주제로 한 지문들이 그런 것들이다. 이런 글들은 우리가 일상생활 속에서 직접 접해 보았거나 한번쯤 생각해봄직한 내용을 다루고 있었기 때문에, 대체로 학생들이 어려워하지 않고 흥미를 갖고 읽어 냈다.

어떻게 하면 스스로 읽게 할 수 있을까?

수업 장면 하나

"얘들아, 교과서 82쪽을 펴 보렴. 오늘 배워야 할 글은 '옛 그림의 원근법'이야. 자, 지웅이가 한 번 읽어보자."

지웅이가 작은 목소리로 교과서를 읽기 시작한다. 두 문단 정도 읽고 있을 때, 일부러 다른 학생을 지목해 본다.

"이번에는 영인이가 이어서 읽어보렴."

영인이는 당황해하며 얼굴이 빨개졌고, 어디를 읽고 있는지 모르는 눈치다. 옆에 앉은 짝을 곁눈질하면서 어디를 읽어야 하는지 알려달라고 한다. 그 모습을 보고 약간 짜증이 난 K 선생은 잠시 영인이를 나무란 뒤, 다른 학생에게 계속 읽게끔 한다.

그리고 글을 읽기 시작한 지 5분 정도 지났을 때, 교실을 둘러보니 시선이 교과서에 가 있지 않고 다른 곳을 쳐다보고 있는 학생들이 여러 명 있다. 각자 읽게 하면 안 읽고 딴 생각을 하는 학생들이 많을까 봐 일부러 소리 내어 읽고 있는 데도 불구하고, 지금 저 학생들의 머릿속에서는 읽기 활동이 전혀 이루어지고 있지 않다는 생각이 들어 K 선생은 답답해진다.

수업 장면 둘

오늘 수업해야 하는 글은 '과학 혁명의 구조'라는 글인데, 글의 길이가 꽤 길다. 글을 다 같이 소리 내어 읽으려니 30분 이상 걸릴 것 같고, 특히 내용이 어려워서 혼자 생각하면서 천천히 읽어나가야 하는 글이라, 학생들에게 시간을 주고 각자 묵독을 하게 했다.

"얘들아, 지금부터 20분 동안 글을 읽을 시간을 줄 테니, 각자 조용히 집중해서 읽어야 해. 다 읽고 나면 확인 문제도 풀 거니까 딴 생각 하거나 졸면 안 돼~."

힘주어 얘기했지만, 역시나 5분 정도밖에 안 지났는데도 꾸벅꾸벅 조는 학생들이 하나둘 생기기 시작한다. 간혹 옆 짝과 딴 짓하는 학생 도 있고, 멍 때리는 학생들도 여럿 보인다. 주의를 주지만 그때만 잠시 읽는 척할 뿐, 글에 영 집중하지 못하는 모습이다.

그 중에 승현이는 너무 당당하게 딴 짓을 하고 있어서 뭐하냐고 물어보니, "다 읽었는데요."라고 자신 있게 얘기한다. 시계를 보니, 7분 정 도밖에 안 지났다. 적어도 15분 정도는 걸릴 것을 예상하고 20분 동안 읽으라고 한 건데, 읽는 속도가 지나치게 빠르니.

"승현아, 정말 다 읽었니?"

"네. 정말 다 읽었어요."

"그럼 '패러다임의 변화'라는 게 뭐야?"

"그건 잘 모르겠는데요... 그 부분이 어렵더라고요..."

"그럼 '정상과학'이라는 건 뭐야?"

"음... 잘 모르겠어요. 솔직히 내용이 어려워서 이해가 잘 안 갔어요. 근데 진짜 끝까지 다 읽긴 읽었어요."

"승현아, 그건 다 '읽은' 게 아니야. 내용을 생각하고, 이해하며 읽어 야지. 다시 읽어 봐."

K 선생은 한 편으로는 승현이에게 그 글이 다소 어렵겠다는 생각이

들지만, 시간이 아직 많이 남아 있는데도 글의 내용을 더 잘 이해하기 위해 애쓰지 않는 승현이에게 답답함을 느낀다.

위의 두 수업 장면은 국어 교사들이 많이 경험해 본 익숙한 풍경이다. 두 수업 장면의 공통점은 학생들이 글의 의미를 이해하기 위해 적극적으로 노력하지 않는다는 것이다. 글은 단지 문자를 쳐다본다고 해서 자동적으로 읽어지지 않는다. 따라서 교사에 의해 글을 읽는 시간이 주어지더라도, 학생들의 뇌 속에서 그 글의 의미를 해독하기 위한 활동이 적극적으로 일어나지 않는다면 그 시간은 무의미하다.

국어 수업은 일단 글을 읽지 않으면 사실 아무것도 안 된다. 그런데 글이란 누군가가 대신 읽어주는 것이 아니다. 자기 힘으로 읽어야만 의미가 있다. 실제로 학생들이 글을 적극적으로 의미 있게 읽기만 한다면, 그것만으로 읽기 수업의 80%는 끝났다고 해도 과언이 아니다. 어떻게 하면 학생들이 스스로 의미를 이해하려고 노력하면서 글을 읽게 될까?

'능동적 글 읽기'의 첫 번째 열쇠 - 요약하기

읽기 수업에서 어떤 활동을 하든지 학생들이 가장 먼저 할 일은 '글 읽기'다. 이것은 절대로 다른 사람이 대신해 줄 수 없고, 학생 본인이 직접 해야만 한다. 그런데 학교에는 앞에서 본 승현이의 경우처럼, 책을 읽을 때 그 의미를 이해하지 못한 채 단지 눈으로만 활자를 쳐다보는 '로봇증후군'에 빠진 학생들이 무척 많다. 이런 경우에는 분명 글을

'처다본' 것이지 '읽은' 것이 아니다. 어떻게 하면 이러한 문제를 해결할 수 있을까?

우선 첫 번째 방법은 '요약하기'이다. 이때 '요약하기'는 문단별로 중심내용을 간단하게 요약해 가며 읽는 것이다. 중심내용을 요약하기 위해서는 글의 의미를 적극적으로 이해하기 위해 노력해야 하고, 문장의 중요도와 관계들을 비교하면서 읽어나가야 하기 때문에, 읽기에 대한 집중도를 높일 수 있다. 그리고 글의 내용을 간추려 요약하면 글의 흐름과 내용을 더 정확하게 이해할 수 있고, 읽은 내용을 좀 더 오랫동안 기억하는 데도 도움이 된다.

그리고 특히 '요약하기'는 능동적 읽기의 준비 단계로서도 큰 의미가 있다. 글을 읽고 설명하는 활동을 할 때, 그냥 글을 읽는 게 아니라는 읽으면서 요약하면, 나중에 이 요약한 내용이 '생각 단추'가 되어 글의 내용을 떠올리는 데 도움이 되기 때문이다. 그래서 '요약하기'는 능동적 읽기의 본격적인 활동인 '설명하기' 활동을 위한 준비 단계로서 큰 의미가 있다. 이러한 점들을 염두에 두고 요약하기의 구체적인 방법을 살펴보자.

'요약하기'는 사실 많은 교사들이 알고 있는 방식이지만, 이것을 수업에 제대로 적용하기는 쉽지 않다. 학생들에게 사전에 설명 없이 "자, 요약해보자."라고 하면, 대부분의 학생들은 어떻게 요약해야 하는지 막막해하거나 적절하게 요약하지 못한다. 그러므로 요약하기를 하기 위해서는 몇 가지 사항들에 유의하면서 학생들을 지도해야 한다.

우선 학생들에게 요약할 때 '틀려도 좋다'는 것을 알려주어야 한다.

사실 '좋은 요약'이란 딱 하나로 정해져 있지 않고, 요약은 다양한 문장으로 표현될 수 있으며, 어떤 경우에는 굉장히 다양한 답이 나오기도 한다. 나는 실제로 여러 명의 국어 교사들에게 요약하기를 시켜본 적이 있는데, 아주 쉬운 글을 요약할 때에도 저마다 다 다른 방식의 결과물이 나오는 것을 관찰할 수 있었다. 그리고 그 중에 어떤 것이 더 낫다고 꼭 집어 말할 수 없는 경우가 대부분이었다. 더욱이 글에 따라서는 한 문단의 중심내용이 꼭 한 가지가 아닌 경우도 많다. 그래서 보통 학생들은 요약하기를 한 뒤 자신의 요약이 올바른 요약인지에 대해 자신 없어 하기 쉽다. 교사가 어떤 요약한 결과물을 제시하면, 자신이 한 것은 틀렸고 꼭 저것과 똑같이 요약해야만 잘한 요약이라고 오해하는 경우가 많다.

또한 실제로 요약이 틀린 경우라 하더라도, 이것에 대해 교사가 하나하나 지적하고 교정해주는 것은 궁극적인 목표로 삼아야 하는 '스스로 읽기' 수업에 오히려 방해가 된다. 요약을 틀리게 한 학생의 경우, 정작 학생 본인은 자신의 요약에서 무엇이 잘못되었는지 알지 못하는 경우가 많다. 그런데 잘못 요약한 학생들 한 명 한 명에게 그 요약이 왜 잘못되었는지를 설명하고 바로잡아 주려 한다면 시간이 많이 걸리고 어려운 작업이 된다. 게다가 자꾸 자신의 요약이 틀렸다며 지적을 받는 학생은 점점 자신감이 없어지고, 요약하기 활동 자체를 싫어하게 될 가능성이 많다.

따라서 요약하기 활동의 목표는 '중심내용을 정확히 파악하였는가?'라는 읽기 활동의 이해 결과에 있는 것이 아니라, '요약하기를 시도함으로써 글의 내용을 능동적으로 살펴보았는가?'라는 읽기 과정에 그 초점이 있어야 한다. 이러한 목표 하에서는 잘못된 요약이 큰 문제가 아니며, 잘못된 요약을 반드시 일일이 바로잡아주어야 할 필요도 없다. '요약을 올바르게(제대로) 잘 했는가, 못했는가?'가 중요한 것이 아니라, 요약하기를 시도하는 과정 자체 즉 '능동적으로 글의 내용을 살피고, 그 중에서 중심내용이 무엇인지 고민하는 것'에 그 목적이 있기 때문이다. 따라서 학생들은 단지 잘못 요약할까봐 두려워하지 않고, 계속해서 요약하기를 시도하면 된다.

사실 불필요한 부분을 제거하고 핵심적인 부분만 간추리는 것은 대개 직관적으로 가능하다. 요약하기의 요령과 세부적인 절차를 설명하지 않더라도, 글의 내용을 정확하게 이해했거나 독해력을 갖추고 있는 학생은 자연스럽게 요약을 잘하며, 독해력이 없는 학생은 아무리 '요약하기 요령'을 잘 설명해 주어도 요약을 잘 못한다. (물론 요약문을 얼마나 매끄럽고 군더더기 없이 작성하느냐 하는 것은 다소 기술적인 문제다.)

따라서 '요약을 잘 할 수 있는가, 없는가?'하는 것은 어디까지나 '독해력을 갖추고 있는가? 아닌가?'라는 문제의 종속 변수일 뿐이다. 그래서 만약 학생들에게 '요약하기'를 '잘' 하게끔 만들고 싶다면, 요약하기 자체에 집중할 것이 아니라 '독해력'을 갖추는 데에 그 초점을 두고 수업을 해야 한다. 잘못된 요약은 잘못된 독해의 증상(결과)일 뿐이지 원인이 아니기 때문에, 요약 자체를 바로잡는 데에 너무 많은 노력을 기울이는 것은 읽기 능력 자체를 향상시키는 효율적인 방법이 아니다. 따라서 학생들에게도 요약하기의 목적이 '능동적 글 읽기를 위한 과정'

에 있음을 충분히 설명하고, 자신의 요약이 잘못 되었을까봐 두려워할 필요가 없다는 점을 강조할 필요가 있다.

그리고 중심내용을 요약했다고 하더라도, 그것이 글의 세부내용까지 다 이해했다는 것을 의미하지는 않는다. 전체 내용을 대략적으로 혹은 대충 뭉뚱그려서 이해한 경우라도, 요약하기는 가능하기 때문이다. 실제로 상당히 많은 학생들이 전체 내용을 대강 이해한 것만으로 어떤 글을 완전히 다 이해했다고 착각하는 경우가 많다. 그리고 이것은 올바른 글 읽기를 가로막는 결정적인 요소이다. 따라서 요약하기를 할 때에는 반드시 이러한 점을 보완하는 활동을 함께 병행해야 하는데, 그러한 활동이 후술할 '설명하기'와 '질문하기'이다.

'능동적 글 읽기'의 두 번째 열쇠 - 설명하기

'설명하기'는 힘이 세다. 대부분의 국어 교사들은 본인이 별로 매력을 못 느끼는 작품이지만, 교과서에 실려 있기 때문에 억지로 어떤 작품을 가르쳐 본 경험이 있을 것이다. 그런데 그런 경우, 가끔 수업 시간에 그 작품에 대해 열심히 설명하다 보면 자기도 모르게 '음… 이 작품, 내가 처음 생각했던 것보다는 꽤 괜찮은 작품인 걸?' 하는 생각이 들 때가 있다. 이처럼 무언가를 설명하다 보면, 문득 그것을 사랑하게 되는 경우가 있다. 왜 그럴까? 그것은 설명을 하는 와중에 그 전에는 생각하지 못했던 어떤 새로운 의미를 발견하거나, 그 의미를 내면화하게 되기 때문이다.

사실 국어 교사라고 해서 모든 문학 작품을 잘 이해하고 기억하지는 못한다. 특히 읽은 지 오래된 작품이거나 아주 예전에 공부했던 작품이라면, 누군가 그 작품에 대해 갑자기 질문하면 잘 기억나지 않아서 당황하기도 한다. 그런데 신기한 것은 일단 한 번이라도 학생들에게 가르쳐 본 적이 있는 작품에 대해서는 확실히 더 잘 기억하고 있어서, 시간이 많이 흘렀어도 자신감 있게 얘기하거나 설명할 수 있다는 사실이다.

이렇듯 '설명하기'가 글을 이해하는 데에 아주 효과적인 방법이라는 것은 교사들의 자기 경험을 통해서도 쉽게 확인할 수 있다. '설명하기'는 머리로만 이해하던 것을 가슴으로 내면화하는 데에 도움을 주고, 놓치고 지나갔던 의미를 새롭게 발견하도록 해 준다. 또 시간이 지나도 그 내용을 훨씬 더 잘 기억하고 떠올릴 수 있게 해 준다.

이처럼 교사들은 무언가에 대해 열심히 설명하다 보면 스스로 그 내용을 더 명확하고 분명하게 이해하게 되는 경험을 한다. 그렇지만 문제는 정작 그 설명을 들어야 할 학생들은 졸거나 딴 생각을 하는 경우가 많다는 것이다. 교사가 한참 설명에 심취해 있다가 문득 정신을 차리고 교실을 둘러보면, 수업에 집중하지 못하는 학생이 교실의 대부분을 차지하는 경우가 있는데, 그럴 때면 '아, 지금 이 교실에서 나 혼자 공부하고 있구나.'라는 자괴감에 빠지기도 한다. 하지만 슬퍼하기에 앞서 냉정하게 이치를 따져본다면 사실 이는 당연한 결과이다.

왜냐하면 '설명'을 하는 동안에는 생각이 항상 '현재'에 머무르기 때문이다. 우리는 생각이 '현재'에 머무를 때에 집중하고 있다고 말한다. 반대로 생각이 '과거'나 '미래'로 가게 되면 그동안에는 '딴 생각'을 한다고 말할 수 있다. 그런데 설명을 하는 동안에는 언제나 생각이 과거나 미래로 갈 수 없고, 현재 자신이 설명하는 그 내용에 머무를 수밖에 없다. 왜냐하면 우리는 언제나 한 번에 한 가지만 떠올리고 생각하기 때문이다. 종이에 빠른 속도로 왼손으로는 정삼각형을 그리면서 동시에 오른손으로는 정사각형을 그리기가 거의 불가능한 것처럼, 우리는 서로 다른 두 가지를 동시에 생각하고 떠올리지 못한다. 그래서 우리는 A에 대해 설명하고 말하는 동안에는 항상 A에 대해 생각하고 집중할 수밖에 없으며, A가 아닌 다른 것을 떠올리지 못하는 것이다.

하지만 다른 사람의 설명을 듣는 것은 어떨까? 설명을 듣는 동안에는 생각이 자꾸 딴 데로 가기가 쉽다. 즉 생각이 과거나 미래로 가기가 쉽다. 이것은 누구나 경험적으로 알고 있는 사실이다. 남의 말을 들으면서 딴 생각을 하는 사람은 있어도, 말을 하면서 딴 생각을 하는 사람은 없다. 또 들으면서 조는 사람은 있어도, 말하면서 조는 사람은 없다. 결국 듣는 공부는 수동적이며 필연적으로 집중력이 약해지지만, 말하는 공부는 집중하게 만든다. 즉 설명은, 그 설명하는 대상에 집중하게 하는 가장 중요한 방법이다. 그래서 글을 읽을 때 교사가 아니라, 학생이 직접 그것을 설명하게끔 한다면 매우 학습 효율이 높다.

세상에는 수만 가지 지식이 있는데, 만약 그 지식들을 딱 두 가지로 분류한다면 어떻게 분류할 수 있을까? 그것은 내가 '아는' 지식과 내가 '모르는' 지식으로 분류할 수 있다. 그렇다면 '안다'와 '모른다'의 기준은 무엇일까? 그 구분 기준은 '내가 설명할 수 있느냐?, 없느냐?'이다. 즉 만약 내가 어떤 지식을 다른 사람에게 잘 설명할 수 있다면 그것은 내가 잘 아는 지식이고, 설명하지 못한다면 그것은 잘 모르는 것이다. 간혹 우리는 어떤 것에 대해 "알기는 알겠는데, 설명은 못 하겠다."라고 말하는 경우가 있는데, 이는 사실 그것에 대해 '실제로는 잘 모르지만, 안다고 착각하고 있는 상태'이다. 즉 설명할 수 없다면 실제로 아는 것이 아니라, 단지 '안다는 느낌'만 갖고 있는 것이다. 이처럼 '자신이 아는 것과 모르는 것을 구분할 줄 아는 능력'은 (다른 모든 학습에서도 마찬가지이지만) 글을 제대로 읽기 위해서 가장 필수적인 '초인지(메타인지, 상위인지)' 능력이라고 불리기도 한다. 이러한 초인지 능력을 키우기 위해서는 내가 '아는 것'과 '모르는 것'을 구분할 줄 알아야 하고, 머릿속에서 '아는 것'은 구체적인 '설명'이라는 형태로 발현되어야 한다.

결국 내가 어떤 지식을 잘 설명하지 못한다면, 그것은 자신이 그 내용에 대해 충분히 잘 이해하지 못함을 의미한다. 따라서 학생들은 '설명하기' 활동을 통해 '내가 글의 내용을 충분히 잘 알고 있는가? 만약 모른다면 어떤 부분이 부족한가?' 하는 것을 능동적으로 점검하고 발전시킬 수 있다.

설명하기 수업의 방법

설명하기 수업은 다음과 같은 단계로 이루어진다.

① 두 사람이 짝지어 앉고, 교사가 두 종류의 글을 배부한다.
② 각자 자신의 글을 요약하며 읽고, 설명할 준비를 한다. (10분)

③ 왼쪽 사람이 자기 글 내용을 짝(오른쪽 사람)에게 설명한다.
　(3분)

④ 교사가 설명 여부에 대해 간단히 확인하는 질문들을 한다. (1분)

⑤ 오른쪽 사람은 설명 들은 내용을 짝에게 다시 설명하고, 왼쪽 사람은 그 설명에서 부족한 점을 보충해준다. (3분)

⑥ 학생 한 사람이 대표로 나와, 학급 전체 학생들에게 글 내용을 설명한다. (3분)

⑦ 교사가 글에 대해 간단히 보충 설명이나 해설을 한다.

⑧ 각자 자기 글을 다시 살펴본다. (1분)

⑨ 오른쪽 사람의 글로 입장을 바꿔서, '③'부터 '⑦'까지의 과정을 다시 반복한다. (3분)

⑥과 ⑦은 글의 난이도나 학생들의 이해 수준, 혹은 수업 진도에 따라 선택하거나, 혹은 생략할 수 있다.

글을 읽고 '설명하기' 활동을 할 때에는 반드시 글을 덮은 상태에서 말한다. 왜냐하면 글을 보면서 설명하기를 허용하면, 미숙한 독자인 대다수의 학생들은 자기의 언어로 '설명'하지 못하고, 글을 그대로 보고 읽는 것에만 급급하게 되는 경우가 많기 때문이다. 글을 보지 않고 내용을 설명하기 위해서는 읽을 때부터 글의 중요한 정보들을 머릿속으로 저장하면서 읽어야 하고, 그것이 머릿속에 체계적으로 구조화되면서 입력되어야 한다. 이해하지 못한 상태에서 기억하기란 매우 어렵다.

실제로 많은 고등학교 학생들은 수능 모의고사를 보면서, 글을 읽고 난 뒤 문제를 풀려고 할 때 방금 읽은 글의 내용이 잘 기억나지 않아서 지문을 두 번, 세 번 읽기도 한다. 이렇게 되면 필연적으로 시간이 부족하게 되고 정답률도 떨어진다. 이는 평소 글을 읽을 때 중요한 정보를 기억하면서 읽는 습관을 기르지 못했기 때문이다.

실제로 학생들에게 글을 읽게 할 때 그냥 읽게 하는 것과 "이 내용을 조금 있다가 다른 사람에게 보지 않고 설명해야 한다."라고 얘기하고서 읽게 할 때를 비교해보면, 학생들이 글을 대하는 태도 혹은 글을 읽는 마음가짐부터가 달라지는 것을 볼 수 있다. 글의 중요한 정보를 기억하고, 글에 제시된 새로운 개념을 이해하면서 읽는 독자가 고급 독자이다. 학생들은 설명하기 활동을 반복하면서 이러한 고급 독자가 되기 위한 훈련을 한다.

설명하기 수업의 실제

설명하기 수업은 사실 유대인들의 전통적인 교육방법인 하브루타와 닮아 있다. 우선 두 명씩 짝을 지어 앉게 한다. (짝이 없는 학생에게는 활동할 때 교사가 짝이 되어준다.) 학생들에게 두 종류의 글을 나누어 주는데, 짝끼리는 서로 다른 종류의 글을 받게 한다. 그리고 각자 자기가 받은 글을 읽은 뒤, 그 글의 내용을 짝에게 설명해 준다.

이때 학생들에게는 잠시 뒤에 글의 내용을 설명할 때 글을 덮은 상태에서 설명해야 함을 미리 알려준다. 앞에서 언급했듯이, 글을 보면서 설명하면, 자기 힘으로 '설명'하는 게 아니라 그냥 글을 보고 '읽는'

학생들이 많기 때문이다. 따라서 글을 읽을 때에 중요한 정보들을 기억하면서 읽고, 나중에 짝에게 설명할 때에는 글에 나와 있는 특징, 원리, 장단점, 구체적 예시 등을 모두 잘 기억해서 설명하도록 미리 당부한다.

설명하기 수업을 할 때 글의 길이는 수능 비문학 지문, 즉 대여섯 문단 정도의 길이가 적당하다. 그리고 글의 오른쪽에는 메모할 수 있는 여백을 만들어서, 글을 읽으면서 거기에 문단의 중심내용을 요약해서 쓰게 한다. 그리고 나중에 요약한 내용만을 보면서 설명하는 것을 허용할 수도 있다. 단, 이런 경우 계속 종이를 보면서 설명해서는 안 되고, 설명할 내용이 전혀 떠오르지 않는 경우에 잠깐만 요약 내용을 보도록 강조해야 한다. 그리고 요약할 때에는 너무 많은 내용을 다 옮겨 쓰려고 해서는 안 되고, 핵심적인 내용만 간략히 요약해서 쓰도록 지도한다.

수능 지문 정도 길이의 글이라면, 글을 읽으며 설명하기를 준비하는 시간은 보통 10분 내외 정도가 적당하다. 읽고 준비하는 시간이 너무 길면 수업이 느슨해지고, 너무 짧으면 글의 내용을 충분히 숙지하지 못해서 설명이 부실해진다. 그리고 수업의 모든 과정은 교사가 타이머를 활용하여 시간을 통제한다. 기왕이면 타이머 프로그램을 활용하여, 프로젝터나 TV에 타이머를 띄워서 학생들도 활동하면서 남은 시간을 확인하게 돕는 것이 바람직하다.

학생들의 언어적 역량을 키우기 위해서는 뭘 해야 할까요? 이 비밀의 열쇠를 풀기 위해 미국의 수능시험인 ※문단별 요약

SAT를 들여다보겠습니다. 왜 미국 대학입시 얘기를 하냐고요? 우리나라 수능이 바로 SAT를 수입해서 만든 것이거든요. 특히 수능 국어는 문제 유형이 거의 똑같습니다. SAT의 수능 국어(필수과목인 비문학과 선택과목인 문학)을 보면, 난생 처음 보는 지문을 보여준 뒤 학생들의 독해력이나 추론능력 등을 평가하기 위해 이런저런 질문을 던지는 문항들이 많습니다. 한국 수능과 마찬가지로 모두 5지선다형이고요. 평가문항이 같다는 건 의미심장한 얘기입니다. 미국이나 한국이나, 동일한 목표를 제시한다는 거죠. '언어적 역량을 키워라!'는 것입니다. 그리고 시험을 통해 그 역량의 일부를 테스트해보겠다는 겁니다. 자, 그러면 미국 학생들은 언어적 역량을 키우기 위해 뭘 할까요?

한국의 전체 공부시간은 미국보다 훨씬 깁니다. 분야별로 좀 자세히 들여다보면, 정규수업시간도 훨씬 더 길고, 보충수업도 길고, 학원에서 보내는 시간도 훨씬 길어요. 그런데 한국이 미국보다 짧은 게 있죠. 바로 숙제하는 데 걸리는 시간입니다. 미국은 거의 우리의 두 배쯤 됩니다. 미국에서 고등학교 다니는 지인이 있으면 한번 물어보세요. 미국의 고등학교쯤 되면 숙제의 수준과 분량이 만만치 않습니다. 그런데 그 숙제가 대부분 뭐냐면, 읽기와 쓰기입니다. 무엇을 읽어 와라, 그리고 무엇에 대해 에세이를 써와라, 이런 식이죠.

우리나라에서 임진왜란에 대한 수업을 하는 경우를 생각해보죠. 학생들은 그냥 교과서만 달달 외우면 된다고 생각합니다. 시험문제는 거기서 나오니까요. 그런데 미국에서는 안 그렇습니다. 예를 들면 『난중일기』를 읽어와라, 또는 『난중일기』를 읽고 에세이를 써 와라, 이런 숙제를 냅니다. 그리고 수업시간에는 읽어 오거나 써 온 것을 바탕으로 토론을 하거나 발표를 하는 등의 방식, 즉 '주입식 수업'의 반대인 '참여형 수업'이 이뤄지지요. 미국에서는 그런 참여형 수업을 위한 읽기와 쓰기 숙제를 많이 냅니다. 국어 시간뿐만이 아니라 다른 과목들도 정도의 차이는 있지만 마찬가지고요. 그러니까 한국과 미국의 학교 교육이 가진 핵심적인 차이는 숙제 분량에 있는 게 아니라 수업의 방식에 있는 것이죠. 반면 우리나라에선 교육과정이란 '교과서 진도 나가는 것'이라고 생각해요. 그런데 교과서 분량이라는 게 얼마나 알량합니까? 그거 읽어서 대체 언어적 역량의 기본기를 익힐 수 있을까요? 절대로 불가능하거든요. 그런데도 학교에서는 그저 교과서 진도만 나갈 뿐이죠. 교사가 학생들에게 책을 읽고 토론을 해보자고 하면, 학생들이 어떤 반응을 보일까요? "선생님, 진도나 나가요." 이런단 말이죠. 교과서 이외의 내용은 진도가 아닌 거예요. 거기서는 시험문제가 안 나오니까요.

한마디로 요약해보죠. 우리나라 대학입시는 미국식으로 만들어놓았는데 교육과정은 일본식입니다. 대학입시와 교육과정이 서로 잘 안 맞는 겁니다. SAT 수능 국어는 '언어적 역량'을 키우라는 목표를 제시하고, 이를 위해 미국 교육과정에선 다양한 과목에 걸쳐 다양한 글을 접하게 하면서 의미를 따져보고 토론하고 글도 써보는 훈련을 시켜요. 꼭 미국만 그런 게 아니라, 서구 선진국의 학교에서는 일상적으로 그런 방식의 교육이 이뤄집니다. 그런데 한국에선 그 알량한 교과서 진도를 나간 뒤에, 문제집을 푼단 말이죠.

이게 바로 '물고기를 먹여주는 교육'과 '물고기 잡는 방법을 익히도록 하는 교육'의 차이이기도 합니다. 미국의 명문 고교를 졸업하고 명문대학·대학원에서 역사를 전공한 한 미국인 교사는 한국의 여러 외국어고등학교에서 역사를 가르친 경험을 이렇게 회고합니다. "저는 미국 역사 전문가예요. 미국 역사는 간단해서 차분하게 토론식 수업으로 진행해도 쉽게 이해할 수 있어요. 그런데 모두가 SAT 시험에 집중하지 않는다고 야단이었어요. 결국 성적으로 제 방식이 옳다는 것을 입증했지만 매번 힘든 경험을 겪을 수밖에 없었어요(「동아일보」 2011년 4월 27일자)." 미국 교육 전문가가 미국 대학입시(SAT)를 준비하는 미국식 방법을 제대로 진행하려고 한 건데, 한국 학부모들은 왜 내용을 외우고 문제집 풀어주는 수업을 하지 않느냐고 따진 거죠. 참으로 대단한 신념(!)이에요.

　물론 문제집을 푼다고 해서 언어적 역량이 전혀 안 커지는 건 아닙니다. 하지만 우리는 지금 '효율' 이야기를 하고 있잖아요? 한국식 공부법으로는, 언어적 역량을 키우는 과정의 효율이 떨어진다는 겁니다. 그리고 역설적이게도, 바로 그런 이유 때문에 독서 및 독서와 연관된 다양한 활동들이 우리나라에선 더욱 중요합니다. 학교의 일반적인 교육과정에서 언어적 역량을 키워주는 교육이 제대로 이뤄지지 못하고 있으니까요. 그러니 별도로 독서라도 많이 해서 기본기를 닦은 학생들이 상급 학년으로 올라갈수록 점차 유리해지는 겁니다.

「언어적 역량을 키우려면 어떻게 해야 하나요?」,
-이범, <우리 교육 100문 100답> (다산북스, 2012)

위와 같은 글을 읽고 짝에게 설명을 하는데, 이때 설명을 듣는 사람은 단지 설명만 듣고 끝나는 게 아니라, 잠시 뒤에 자기가 들은 내용을 기억해서 다시 짝에게 설명해 준다. 즉 글을 읽지 않은 상태에서 짝에게서 들은 내용만 가지고 다시 설명을 해야 한다. 물론 그러기 위해서 짝의 설명을 잘 기억하면서 주의 깊게 들어야 함은 당연하다.

설명할 때 시간은 3분 정도가 적당한데, 이때 반드시 서로 얼굴을 보면서 설명하도록 지도한다. 그리고 학생들의 설명이 끝나면 교사는 다음 예시와 같이 전체 학생들에게 간단한 확인 질문을 던진다. 이 때 질문을 듣고 해당되면 손을 들게 한다.

① 내 짝이, 혹은 본인이 "미국 SAT와 한국 수능 시험의 문제 유형이 거의 똑같다."라는 설명을 했나요? (그렇다면 손을 드세요.) 또 두 시험의 유형이 같다는 것은 두 시험의 목표가 '역량을 키우라'는 것으로 동일하다는 의미라는 것도 설명했나요?

② 미국과 한국 교육의 차이를 설명하기 위해 '임진왜란'이나 '난중일기' 같은 예시를 언급했나요?

③ 미국과 한국 교육의 본질적인 차이는 숙제의 양이 아니라, 수업의 방식에 있다는 점을 설명했나요?

④ 한국 사람들의 주입식 수업에 대한 신념을 보여주는 사례로 '미국에서 역사를 전공한 미국인 교사'의 일화를 구체적으로 잘 얘기했나요?

⑤ 어차피 학교에서 수업시간에 역량을 키워주지 못하고 있기 때문에, 별도로 혼자 독서라도 많이 한 학생들이 학년이 올라갈수록 유리해질 수밖에 없다는 설명을 하였나요?

위와 같이 교사는 간단히 글의 주요 내용들이 설명이 되었는지 확인하기 위한 질문들을 던지고, 설명을 하거나 설명을 들었으면 손을 들게 한다. 이런 질문을 통해 글에서 중요한 내용이나 예시 등을 다시 한 번 환기하고, 또 교실에서 전체적으로 설명하기 활동이 어느 정도 충실히 이루어졌는지를 파악한다. 또한 설명하는 역할을 한 학생들은 교사의 질문을 들으면서 '아, 내가 아까 설명할 때 저 얘기를 안 하고 빠뜨렸구나.' 하며 속으로 뜨끔해 하게 되는데, 이런 깨달음을 주는 것도 물론 중요한 학습의 일부이다.

확인 질문을 한 뒤에는, 반대로 설명을 들은 사람이 설명한 사람에게, 설명을 듣고 이해한 내용을 다시 설명한다. 물론 설명을 들은 사람은 직접 글을 읽은 게 아니라서 설명하기가 쉽지 않다. 그래도 기억해서 잘 설명해 보도록 노력하게 하고, 설명에서 부족한 내용이나 빠뜨린 내용은 글을 읽은 사람이 보충해서 다시 설명해주도록 한다.

이렇게 글 하나에 대해 설명 주고받기가 끝나면, 학생 한 명을 대표로 선정하여 교실 앞에 서서 조금 전에 짝에게 설명하듯이 반 전체 학생들에게 글의 내용을 설명하게 해 보면 좋다. 그러면 학생들은 자신의 설명과 앞에 나온 학생이 하는 설명을 자연스레 비교하면서 글의 주요 내용들을 다시 한 번 되새길 수 있다.

그리고 이 과정까지 다 끝나면, 글이 좀 어렵거나 학생들의 이해 정도가 부족하다고 판단되는 경우, 교사가 간단히 글의 주요 내용에 대해 보충 설명을 하거나 정리해 준다. 물론 이는 학생들이 먼저 글의 내용을 충분히 이해하기 위해 노력하고 설명해 본 다음에 교사의 보충 설명을 듣는 것이므로, 처음부터 일방적으로 교사의 강의나 설명을 듣는 수업과는 매우 큰 차이가 있다.

'능동적 글 읽기'의 세 번째 열쇠 - 질문하기

> 말해 주더라도 금방 잊어버릴 것이다.
> 보여 주더라도 오래 기억하긴 어려울 것이다.
> 하지만 나를 참여시켜 준다면
> 나는 비로소 제대로 이해하게 될 것이다.
>
> - 아메리카 원주민 (인디언) 속담

가만히 눈을 감고 학창 시절 때의 수업 장면을 한 번 떠올려 보자. 어떤 기억이 떠오르는가? 저마다 기억나는 선생님이나 수업 장면들이 있지만, 그것은 실제로 들은 수업들 중에서 아주 극히 일부분에 지나지 않는다. 실제로 대부분의 학생들이 매주 수십 시간의 강의를 듣고, 초등학교 입학부터 고등학교를 졸업하기 전까지 대략 10,000 시간이 넘는 수업을 듣는 것을 감안한다면, 과연 우리는 우리가 들은 전체 수업 중에서 몇 퍼센트나 기억할까? 그것은 아마 전체 수업의 1%~2%도 채 되지 않을 것이다.

그렇다면 우리가 기억하는 수업의 내용들은 대개 어떤 것들일까? 그것은 교사가 강의했던 내용보다는 자신이(학생이) 직접 무언가 수업에 참여했던 기억이다. 교사들이 열심히 강조했던 교과 내용들은 대부분 시험이 끝남과 함께 기억 속에서 금방 사라져 버리지만, 본인이 직접 글을 쓰거나 발표했거나 설명하거나 공연을 하는 등, 수업에 직접 참여하며 배웠던 경험들은 쉽게 사라지지 않는다. 이는 꼭 어떤 연구 결과를 끌어들이지 않더라도 우리 스스로의 경험만 돌아봐도 쉽게 확인할 수 있다. 그리고 이러한 점은 '다른 사람의 강의를 듣기만 하는 공부'가 분명히 어떤 한계가 있음을 우리에게 말해 준다.

또한 보통 다른 사람의 설명을 들을 때에는 그 내용을 다 이해한 것 같지만, 그것은 어디까지나 '착각'인 경우가 많다. 글을 읽을 때에도 마찬가지인데, 다른 사람의 설명을 듣고서 그 글의 내용을 이해하게 되는 경우 본인이 어떤 부분을 이해하지 못했는지를 점검하지 못하고, 다른 사람의 도움 없이는 글을 제대로 읽지 못하는 습관이 생기기 쉽다.

읽기 교육에서 흔히 언급되는 것으로 '조인지' 이론이 있다. 상위인지, 메타인지(metacognition)라고도 불리는 이것은 자신이 '인지를 제대로 하고 있는지를 인지하는 능력', 즉 '인지에 대한 인지 능력'이다. 가령 어떤 사람의 말을 듣다가 이해가 되지 않을 경우에 질문하는 것이 대표적인 초인지적 행동의 예이다. 그런데 이해가 되지 않았지만 질문하지 않고 넘어가거나, 혹은 자신이 이해를 못하고 있다는 것조차 인지하지 못한다면 결국에는 상대와 소통이 불가능하다.

이렇듯 실제로는 내용을 이해하지 못했는데도, 자신은 그것을 이해했다고 착각에 빠져 있는 경우 배움이 일어날 수 없다. 이는 글을 읽을 때에도 마찬가지인데, 능숙한 독자들은 자연스럽게 자신이 내용을 이해했는지 점검하고 질문을 던져 가면서 글을 읽지만, 미숙한 독자들은 이것을 제대로 해내지 못한다. 따라서 학생들이 초인지 능력을 향상시키고, 글을 정확하게 읽는 습관을 갖기 위해서는 글을 읽으며 질문을 하는 연습이 필수적이다.

그리고 이러한 '질문하기'에서는 교사가 질문을 제시하고 학생들은 답만 하게 하는 것보다, 스스로 질문을 만들고 그 답을 생각할 때에 효과가 훨씬 좋다. 질문을 만들면서 자신이 무엇을 알고, 무엇을 모르는지를 제대로 점검하기 때문이다.

물론 보통 국어 공부를 할 때는 글을 읽고 주어진 학습활동이나 문제들에 답하는 방식으로 공부하는 것이 일반적이다. 그러나 그러한 방법에는 한계가 있다. 우리가 생활 속에서 자연스럽게 읽게 되는 대부분의 글들은 질문이 달려 있지 않을 뿐더러, 질문이 다른 사람에 의해 주어진 경우 그 질문에만 답하면 그 글을 다 이해했다고 착각하는 경우가 많기 때문이다. 그래서 질문에 답하기만 할 것이 아니라 질문을 만들어 보는 것이 중요하다. 그것은 능동적으로 글을 읽는 아주 효과적인 방법이다.

'질문하기' 수업의 방법

처음부터 곧바로 글에 대한 질문을 만들고 답을 토의하면, 답하는 데에만 익숙했던 학생들은 어렵다고 느낀다. 그래서 맨 처음에는 교사가 질문을 제시해 주고, 답만 토의 하게 한다. 이는 학생들이 토의하기를 연습하고, 교사의 예시 질문을 통해 질문의 방법을 배우게 하기 위함이다. 두세 개 정도의 지문으로 연습하고 나면, 다음에는 교사의 질문 수를 줄이고, 학생들이 함께 질문을 만들어 보는 것을 연습한다. 이 단계가 연습이 되고 나면 마지막으로, 학생들이 각자 질문을 만들고 모둠에서 좋은 질문을 뽑아 토의하는 단계로 나아간다. 단계별로 과제를 조금씩 더 부여하고, 활동 난이도를 조금씩 올려가는 것이다. 이 단계를 정리하면 다음과 같다.

(가) 교사가 질문을 전부 제시하고 학생들이 모둠별로 토의하여 답한다.

(나) 교사가 제시한 질문 외에 학생들이 모둠별로 2개의 질문을 추가로 만들고 답한다.

(다) 학생들 스스로 각자 질문을 만들고 모둠에서 좋은 질문을 뽑아 토의한다.

질문할 때에는 '중심 내용은 무엇인가?', '글쓴이의 의도는 무엇인가?' 보다는 좀 더 구체적으로 물음을 제시한다. 어떻게 질문하는지 모르겠다고 하는 학생들에게는 일단 '이해가 가지 않는 부분에 대한 질문'과 '자신이 답을 구체적으로 잘 쓸 것 같은 질문'을 만들도록 지도한다.

다음은 학생들이 '생각질문'을 만들고 질문 나누기 활동을 했던 학습지이다.

오늘 한국의 부모들은 대학졸업장이 인생의 질을 결정한다고 믿는다. 물론 여기에서 '인생의 질'은 전적으로 경제적 기준에 의한 것이다. 간혹 '경제적 기준이 인생의 질을 결정하는 기준일 수 있는가?' 반문하는 사람도 있지만, 그들 역시 제 아이의 교육 문제에서는 그런 기준을 포기하지 않는다. 다들 말한다. "잘못된 건 알지만 현실이…" 그런데 그 현실주의는, 오늘 한국의 부모들이 입술을 깨물며 다짐하는 그 현실주의는 정말 현실적일까?

지금 아이들이 대략 한 해에 60만 명이다. 대학 정원이 늘어나서 안전하게만 지원하면 대학에 들어가는 건 어렵지 않다. 그러나 앞서 말한 '인생의 질'과 관련지어 유의미하고 즉각적인 효력을 갖는 대학과 학과는 극히 일부다. 서울대의 일부, 연·고대의 더 적은 일부, 그리고 몇몇 대학의 그보다 더 적은 일부가 해당한다고 할 수 있다. 그걸 다 해서 3만 명이라고 해보자. 60만 명 가운데 3만 명이면 5퍼센트다.

그런데 그 3만 명이 전국에서 고루 나오는 건 아니다. 올해 연·고대 인문계열 신입생 가운데 외고 출신이 40퍼센트를 넘겼다는데, 이런저런 특목고들이 계속 늘어나는 추세로 본다면 지금 초등학생이나 중학생이 대학에 들어갈 무렵이면 그 3만 명의 적어도 절반 이상은 특정 지역 혹은 특목고 출신이 차지할 것이다. 결국 보통의 아이들이 대학 입시를 통해 유의미하고 즉각적인 '인생의 질'을 확보할 확률은 2.5퍼센트 이하인 셈이다.

2.5% 이하의 가능성은 어떤 것인가? 이를테면 의사가 심각한 얼굴로 "살 가능성이 2.5% 이하입니다"라고 말할 때, 혹은 "살지 못할 확률이 97.5% 이상입니다"라고 할 때 우리는 어떤 생각을 하는가? 그런 가능성을 두고 맘껏 뛰어놀아야 할 초등학교 적부터 감옥의 수인들처럼 학원을 돌며 청소년기를 보내고, 부모들은 줄잡아 10~20년을 잔업 특근에 매이고 노래방 도우미까지 해가며 아이들 '옥바라지'를 하며 사는 게 과연 현실적일까?

비슷한 이야기로, 한국의 직업이 대략 1만 개다. 우리 아이들은 나중에 1만 개의 직업을 가지고 살아가게 된다는 이야기다. 그런데 오늘 한국의 부모들이 제 아이가 고등학교를 마칠 때까지 생각하는 직업은 몇 개인가? 10개? 기껏해야 20개 안쪽이다. 1만 개의 직업을 갖고 살아갈 아이들에게 20개의 직업만을 생각하며 몰아붙이는 부모들을 현실적이라고 할 수 있을까? 그들은 오히려 9980가지 직업을 갖고 살아갈 아이들을 인생의 낙오자로 만드는 사람들이 아닐까?

오늘 한국의 부모들은 너나없이 교육 문제에 대해 가장 현실적인 태도를 가진다고 믿지만 실은 현실이 주는 공포와 불안, 즉 '이런 무한 경쟁의 세상에서 내 새끼가 도태되면 어쩌나' 하는 공포와 불안에 짓눌려, 최소한의 계산도 못 한 채 아이들과 자신의 소중한 삶을 지옥으로 만든다. 이 지옥이 지나면 행복한 미래가 도래할까? 인생은 그렇지 않다. 지금 행복할 줄 모르는 사람은 영원히 행복할 줄 모른다.

우리는 이 지옥에서 어떻게 빠져나갈 수 있을까? 그 출발은 우리가 현실주의라는 이름의 몽상을 버리고 현실적인 태도를 회복하는 것이다. 아이가 대학을 갈 수도 있지만, 가지 않고도 잘 살 수 있는 가능성을 고민하는 것이다. 아이가 제 재능과 적성을 일찌감치 발견하여 대학을 가지 않고도 자존감을 유지하며 진정 풍요롭게 살 수 있는 길을 마련하는 것이다. 그게 되겠냐고? 왜 안 되는가? 2.5퍼센트의 가능성이 97.5퍼센트의 가능성으로 바뀌는데, 20개의 직업에 대한 집착이 자그마치 9980개의 선택으로 바뀌는데.

- 김규항, 〈현실의 회복〉(한겨레신문, 2008. 12. 17)

※ My Question - 각자 생각질문을 두 개씩 궁리하여 씁니다. (질문만 씁니다)

1.

2.

※ Best Question - 가장 가치 있는 생각질문 세 개를 쓰고, 답을 토의한 뒤 적습니다.

1.

2.

3.

학생들이 직접 세 개의 질문을 만들어 답을 토의하는데, 이때 '질문'은 생각을 하게 하는 질문이라는 점에서 '생각질문'이라고 부른다. 구체적인 수업의 방법은 다음과 같다.

우선 글을 읽고, 학습지의 'My Question' 란에 각자 '생각질문'을 만들어 쓰게 한다. 이때 학습지에 질문만 쓰고, 답은 쓰지 않는다. (질문을 빨리 만든 학생은 남는 시간 동안 답을 써 보아도 좋다.)

각자 '생각질문'을 두 개씩 생각해서 쓰고 나면, 네 명이서 모둠을 구성하여 생각질문 8개 중에서 좋은 질문을 세 개만 고른다. 이때 좋은 질문을 고르는 기준은 '답이 딱 하나로 정해져 있지 않아 생각을 하게 하는 질문', '답이 글 속에 그대로 나와 있지 않은 질문', '답을 30자이상 쓸 수 있을 것 같은 질문', '글의 중심 내용에서 너무 벗어나지 않는 질문'이다. 이 조건에 따라 좋은 질문을 3개만 골라, 학습지의 'Best Question' 란에 질문을 쓰고, 질문에 대한 답을 함께 토의한 뒤에 쓴다.

이때 토의의 질은 사회자가 얼마나 제 역할을 잘 하느냐에 달려 있다고 해도 과언이 아니다. 예전에 MBC '100분 토론'에서 가장 부각되었던 사회자 손석희 씨처럼 사회자 역할은 아주 중요하다. 따라서 교사는 사회자가 제 역할을 잘하도록 계속 반복해서 훈련시켜야 한다. 교실에서 모둠 활동이 이뤄지고 있는 모습을 관찰하면서 대화가 잘되고 있지 않은 모둠에 직접 개입하여, 사회자의 역할을 시범보이고, 사회자로서 해야 할 구체적인 멘트를 알려준다. 사회자가 해야 할 역할을 정리해 보면 다음과 같다.

우선 사회자는 질문을 소리 내어 읽고, 사회자 자신이 생각하는 답을 제일 먼저 말하도록 한다. 사회자는 토의 진행을 하는데, 진행만 하다 보면 자신의 의견을 말할 기회가 없을 수도 있고, 사회자 본인은 의견을 밝히지 않고 계속 다른 사람에게만 말하라고 하면 다른 모둠원들이 불평할 수도 있다. 따라서 사회자는 각 질문에 대해 제일 먼저 자신의 생각부터 말하고, 그 다음 진행을 해 나가도록 한다.

사회자는 아무도 입을 열지 않는다면 구체적으로 한 사람을 지목하며 생각을 질문한다. 만약 지목받은 친구가 답변을 못하고 계속 망설이고 있다면, "잘 모르겠으면 모르겠다고 말해줘."라고 요청한다. 만약 모둠 구성원들이 모두 다 모르겠다고 하는 경우, "그럼, 이 질문은 일단 넘어가고 다른 질문부터 해 보자."라고 말하고 다음 질문부터 먼저 토의하면 된다.

그리고 실제로 토의를 해 보면 사회자가 제일 많이 해야 하는 말은 "왜?"라는 말이다. 말하는 내용을 잘 들어보면 이유가 빠져 있는 경우가 많아서, 왜 그렇게 생각하는지 구체적인 이유를 말해달라고 요청해야 하는 경우가 아주 많기 때문이다.

또한 사회자는 모둠원이 어떤 이야기를 하더라도 비난하는 분위기가 형성되지 않도록 노력한다. 일단 친구의 말이 답과 거리가 멀다고 생각되더라도, 왜 그렇게 생각했는지를 물어야 한다. 그런 다음 차근차근 그 생각에 어떤 문제점이 있는지를 함께 얘기해야지, "그건 말도 안 된다"라고 비난하기 시작하면, 나중에는 말하기가 상당히 꺼려지는 분위기가 형성된다. 어떤 의견이든 일단은 수용하는 태도로 듣고, 그렇게 생각할 수도 있겠다는 자세를 지녀야 한다. 그리고 생각이 다르다고 흥분하거나 비난하지 말고, 차분하게 서로 생각을 교환하도록 사회자가 중재한다.

  끝으로, 한 질문에 대해 구성원들의 생각을 적당히 들었다는 생각이 들면, 사회자는 그 질문에 대한 토의를 마무리한다. 항상 토의 시간은 제한적이므로, 한 가지 질문에 대해 너무 간단하게 토의해도 안 되지만, 너무 길게 토의해서도 안 된다. 더 이상 새로운 얘기가 나올 것이 없다는 생각이 들면, 사회자는 그동안 나온 모둠원들의 얘기를 종합해서 답을 어떻게 쓸지 정리해 준다. 물론 실제로 해 보면 아주 쉽지는 않다. 하지만 반드시 누군가가 답을 정리해 주어야만 모둠에서 논의한 답이 무엇인지 명확해지고, 모둠원들이 학습지에 답을 잘 쓸 수가 있다. 만약 사회자가 답을 정리하기 어려워하는 경우, 다른 모둠원들이 함께 힘을 합쳐 사회자를 도와준다. 단, 답은 통일하여 쓰되 베끼지 말고 각자 자신의 언어로 써야 한다.

〈사회자의 역할〉

대화 시작	⇨	발언 유도	⇨	진행	⇨	정리
(사회자부터)		(발언자 지목)		(왜?/비난 금지)		

  위와 같은 진행에 따라 토의가 완료가 되면, 미리 정해둔 완료 구호를 외친다. 그러면 교사는 그 모둠의 학습지를 확인하는데, 토의 과정이나 결과를 수행평가로 반영하는 것이 좋다.

생각질문 토의 수업 장면

  아래 대화는 위에서 제시한 김규항의 「현실의 회복」을 읽고 학생들이 토의한 내용을 녹취하여 풀어 쓴 것이다. 아래 모둠은 질문하고 대화하면서, 학생들이 스스로 사고를 확장해 나가는 좋은 모범 사례를 보여준다.

승민 : 자, 그럼 "지금 행복할 줄 모르는 사람은 영원히 행복할 줄 모른다고 한 이유"에 대해 말해 보자. 나는 그게 일종의 습관 때문인 것 같은데? 과거의 나쁜 습관이 나중에도 계속 이어지는 것 아닐까?

원우 : 맞아, 나는 너무 어렸을 때부터 공부만 한 사람들은 나중에 커서도 일만 하게 된다는 의미로 이해했어.

윤호 : 응, 우선순위가 일이 되어 버린 거지. 공부하면서 가족과 시간을 가지지 못했는데, 미래에도 똑같이 계속 일만 하면서 가족들과 함께 시간을 보내지 못하는 거야.

영진 : 그래. 대학 가도 또 취업 준비해야 되고, 취업해도 계속 일하겠지. 승진도 해야 되고 가족들도 먹여 살려야 되고...

원우 : 야, 근데 지금 좀 참으면 나중에 행복해질 수도 있잖아? 우리 부모님들 얘기도 그거잖아?

영진 : 그렇지. 근데 글쓴이 말은 그런 부모님 생각이 틀렸다는 거야. 비현실적이고. 글쓴이 말은, 기를 쓰고 해도 현실적으로 대다수 학생들은 좋은 대학 가기가 불가능하다는 거야. 근데 어떤 사람이 공부에만 올인했는데, 결국 좋은 대학에 못 가게 되면 엄청 불행하겠지? 그리고 나중에도 계속 패배감에 빠져서 불행하게 산다는 거 아냐?

윤호 : 응 맞아. 그거밖에는 행복할 수 있는 방법이 없다고 생각하는데, 그거에 실패했으니 계속 불행하게 살겠지. 자기를 '삼류'라고 생각하면서. 좋은 직장이 행복의 조건이라면, 좋은 직장에 못 들어간 사람들은 평생 불행할 수밖에 없지 않을까?

원우 : 오, 알겠다. 근데 그런 식으로 치면 삼류가 너무 많아. 솔직히 '인(in)서울' 할 수 있는 애들이 얼마나 되겠어?

승민 : 자, 그럼 정리해 보자. 지금 행복을 미루는 습관은 나중에 대학 가고 취업한 후에도 못 고치고 계속 될 것이다. 또 공부로 성공하는 건 확률이 너무 낮고, 실패하는 대다수는 스스로를 삼류 취급하게 되니까, 자존감이 없어서 계속 불행하게 살게 된다. 오케이?

승민 : (각자 답을 쓴 다음) 그러면 이제 다음 질문으로 가자. 다음 질문은 "대학을 가지 않고 자존감을 유지하면서 진정 풍요롭게 살 수 있는 길은 무엇이 있을까?"라는 질문이야.

영진 : 이건 예시를 말하면 되겠는데?

원우 : 맞아. 이 글에서도 아이가 제 재능과 적성을 일찌감치 발견해야 한다는 얘기가 있잖아? 요즘 보면 사람들이 자기가 하고 싶은 일보다 사회에서 높이 평가해주는 직업을 가지려고, 자기 재능과 적성을 버리는 경우도 많이 있어. 그런데 그러지 말고, 자기가 좋아하는 것을 찾아서 그걸 해야지. 대학에 안 가더라도 말이야.

영진 : 근데 몇 사람만 그렇게 하면, 그들을 보는 시선이 안 좋은 건

여전하니까 우리 사회의 학벌 의식 같은 것도 좀 바뀌어야 한다고 생각해.

승민 : 그래. 그리고 솔직히 우리 부모님은 나한테 멀리 지방 사립대 가느니, 차라리 기술을 배우는 게 더 나을 거라고 자주 얘기하시거든? 특히 공부는 못하지만, 자기가 손재주도 있고 하면 오히려 그런 대학 가는 게 시간 낭비일 수도 있으니깐...

윤호 : 야, 내 친구 중에 한 명이 농사지을 준비하고 있거든. 걔가 여자애인데...

영진 : 뭐, 여자? (웃음)

윤호 : 응. 자기는 농사짓는 게 너무 좋대. 그래서 지금 강화도로 가서 농사일 배우고 있어. 걔는 지금 교구마 농사두 하고 있고... 난 애 보면서 이런 게 진짜 풍요롭게 사는 길이구나 싶어. 자기 재능이나 적성 같은 거 발견해서...

원우 : 야, 대단하다. 근데 사실 자존감을 유지하려면, 본인도 다른 사람의 시선을 신경 쓰지 않으려고 노력하는 게 중요할 거 같아. 농사짓는다고 다른 사람들이 무시할 수도 있잖아.

영진 : 맞아. 근데 사람들의 시선이 바뀌는 것도 필요할 것 같아. 자존감을 유지하려면... 내가 아무리 벽을 쌓는다고 해도, 사람들의 시선은 느껴질 수밖에 없잖아.

승민 : 자, 그럼 시간상 정리하고 3번으로 넘어가자. 2번은 '자기의 재능이나 적성을 발견하는 게 중요하다. 가령 기술을 배우거나 농사짓는 일 같은 것.' 이러면 어때?

원우 : 자존감을 유지하기 위해 어떻게 해야 한다 그랬지?

영진 : '자기가 좋아서 하는 거면 다른 사람 시선을 신경 쓰지 말아야 된다. 그리고 사회적으로는 사람들의 인식이 바뀌어야 된다.'

승민 : 좋아. 그럼 마지막으로 "학부모들이 말하는 '현실주의'는 왜 변하지 않는가?"에 대해 말해 보자.

영진 : 일단 학부모들이 말하는 현실주의가 뭔지 알아야겠지?

원우 : 학부모들이 말하는 현실주의는 잘못된 현실주의지.

영진 : 경제적 기준에 따른 거지. '경제적 기준이 인생의 질을 결정한다.' 이게 학부모의 현실주의 아냐?

승민 : 맞아. 그거지. 그래서 경제적 기준을 올리기 위해서 무조건 대학을 가야 한다는 거야.

윤호 : 근데 그게 왜 변하지 않을까?

영진 : 어... 내 생각에는 이게 좋은 대학을 가야 좋은 직업을 얻고 풍요롭게 살 수 있다, 뭐 이런 생각을 말하는 것 같은데, 부모들이 자기가 그렇게 대학을 나와서 좋은 직업을 얻고 보니까, 자기 자식들에게도 공부를 해야 돈을 더 벌고 남보다 더 나은 삶을 살 수 있다고 생각해서 강요하는 게 아닐까?

원우 : 근데 그럴 수도 있는데, 반대일 수도 있어. '내가 공부를 못해서 고생하니까, 내 자식은 꼭 공부를 열심히 시켜야겠다.' 이렇게 생각할 수도 있고, 아니면 '내가 옛날에 공부하느라 고생했으니까, 내 자식은 그렇게 키우지 말아야겠다.' 부모에 따라서는 이렇게도 생각할 수 있는 거지.

영진 : 근데, 어떻게 생각하든지, 요즘 시대는 부모들이 살던 때 하

고는 다르다는 거야. 우리 부모님들은 대학을 나오면 먹고 살기가 쉬웠는데, 우리는 너도나도 다 대학 가는 시대인데다가, 취업도 안 되는 시대야. 어중간하게 대학 나오면 더 할 일도 없다는 거지.

승민 : 옛날에는 대학 진학률이 40%도 안 됐대. 그때는 대학을 나오기만 하면 인정받았겠지. 대신에 그때는 대부분 돈이 없어서 대학을 못 갔던 거고.

영진 : 그치. 근데 지금은 다들 대학 가니까, 대학 나와도 일류대 아니면 취업이 잘 안 되는데, 부모님들은 너무 자기들이 크던 옛날 생각만 하는 거지.

윤호 : 그럼 부모님들한테도 시대들에 이런 얘기를 하는 게 필요하겠다...

원우 : 이 글을 보여줄까? (웃음)

승민 : 이 글은 그런 부모님들에게 정확한 현실을 좀 알라고 쓴 글인 것 같아.

원우 : 근데 그거 말고도, 경쟁 시스템을 유지시키고 싶어 하는 사람들도 있는 것 같아. 지난 번 글에서 우리가 얘기한 적 있잖아. 기득권을 갖고 있는 사람들은 이런 시스템이 좋겠지. 부모들도 이미 이 시스템에 적응이 되어 있고...

영진 : 그래, 경쟁이 만드는 환상이 이런 현실주의를 계속 유지시키는 면이 있는 거야. 그게 얼마나 작은 확률이냐를 따지기 보다는 그냥 경쟁에서 이기기만 하면 된다고 단순하게 생각하니까... 에휴...

승민 : 자, 그럼 3번도 정리해 보자. 학부모들이 말하는 이 '현실주의라는 이름의 몽상'이 계속 유지되는 이유는 부모들이 자신들의 성공담을 자녀들에게도 적용하려고 하기 때문이라는 거지. 그리고 경쟁 시스템에 이미 적응된 사람들이 그 실체를 못 보고 그냥 순응하는 것도 있고, 이 경쟁 시스템을 계속 유지하려는 기득권 사람들도 있고...

윤호 : 글을 보면 이런 구절도 있어. '현실이 주는 공포와 불안에 짓눌려서 최소한의 계산도 못한다'고. 결국 글쓴이는 현실이 주는 공포와 불안 때문에 부모들이 제대로 된 판단을 못하고 있다고 생각하나 봐.

승민 : 그래, 그것도 추가하자. 답을 각자 써!

생각질문, 어떻게 만들까?

'생각질문'은 '생각을 하게 하는 질문'이어야 한다. 따라서 질문할 때 '예/아니오'로 간단히 답할 수 있는 질문은 피하고, 단답형이 아니라 서술형으로 답할 수 있도록 질문한다. 즉 너무 쉽거나 간단하게 답할 수 있는 질문은 피하고, 적어도 답이 30자 이상 나오도록 질문을 만들어야 한다.

그리고 답을 지문 속에서 곧바로 찾을 수 있는 질문은 피한다. 답이 지문 속에 직접적으로 설명이 되어 있지 않거나, 답이 딱 하나로 정해져 있지 않은 질문이 좋은 질문이다. 또 단어의 의미를 모른다면 그것을 질문으로 만들지 말고 우선 다른 모둠원들에게 물어보도록 하고,

만약 다른 모둠원들도 모두 모른다면 교사에게 질문하도록 한다.

질문할 때에는 혹시 글쓴이와 생각이 다르더라도, 일단 글쓴이의 생각을 반박하지 말고, 이해를 위한 질문을 하도록 지도한다. 어떤 글이든 글의 내용에 대해 비판적인 관점을 가져보는 것은 한편으로는 바람직한 일이지만, 이런 경우 자칫 잘못하면 토의가 산으로 가게 될 가능성이 높고, 의도하지 않은 토론수업이 된다. 상대(글쓴이)의 주장을 잘 이해하지도 못한 상태에서 토론을 하면, 합리적인 토론이 될 수 없다. 그래서 다른 사람의 의견을 비판할 때에도 먼저 상대의 주장에 대한 이해가 선행되어야만 한다. 따라서 이 수업에서는 우선 글쓴이의 생각이나 의도를 정확하게 이해하고, 독해력을 기르는 데에 초점을 두고 질문하는 것을 연습하도록 한다.

'생각질문'에는 다음과 같은 유형들이 있다.

① 문장/구절의 의미 : 다소 이해하기 어려운 문장을 쉬운 설명으로 바꾸기. 더 구체적이고 친절하게 설명하기. 가장 기본이 되어야 할 질문.

② 예시 생각하기 : (글의 어떤 구절, 부분에 대해) 구체적으로 예를 들어 설명한다면?

③ 다른 예시 생각하기 : 이 글에서 예를 든 것 외에 다른 예시는 없을까?

④ 글쓴이의 의도 파악 : 이런 말을 하는 글쓴이의 의도, 이유는 무엇인가?

⑤ 추론 : 글에 나와 있는 내용을 근거로 하여, (글 속에는 없지만)

논리적으로 이끌어낼 수 있는 다른 판단이나 결론이 있는가?

⑥ 전제 : 어떤 주장이나 상황이 성립하기 위해서, (표면적으로는
언급되어 있지 않지만) 그 말 속에 미리 기초가 되어 있는 어떤
사실이나 판단이 있는가?

⑦ 글에서 인상적이었던 부분 : 어떤 부분이 특히 인상적이었고,
그 이유는 무엇인가? (글의 길이가 길고, 특별히 인상적인 내용
들이 있는 경우)

⑧ 제목 짓기 : 글의 핵심 내용을 잘 드러낼 수 있고, 글의 내용에
잘 어울리는 제목은?

위와 같은 내용으로 '생각질문'을 만들 수 있는데, 만약 학생들이 생
각질문 만드는 것을 어려워한다면, 다음과 같은 방법을 제시할 수 있
다. '문장의 의미'를 묻는, 가장 기본적인 질문을 만드는 방법이다.

① 글 속에서 문장을 하나 고른다. 글 속의 어떤 문장이든 괜찮다.
② 고른 문장의 의미를 묻는 질문을 만든다. 즉 질문의 형식은 다
음과 같다.
"_____라는 문장의 의미는 무엇인가?"
③ 위와 같은 방식을 적용해 본 것 중에서, 가장 가치가 있다고 생
각되는 질문을 하나 선택한다.

이러한 방식으로, 앞서 제시한 「현실의 회복」이란 글에 대해 학생들
이 만든 생각질문의 예시들은 다음과 같다.

* '현실주의'라는 말의 뜻은 무엇이며, '현실적이다'라는 말과 어떤 차이가 있을까?
* 글쓴이는 왜 한국의 부모들의 '현실주의'가 전혀 '현실적이지 않다'고 주장하는가?
* 글쓴이가 말하는 '현실적인 태도'란 어떤 것인가?
* '지금 행복할 줄 모르는 사람은 영원히 행복할 줄 모른다'고 한 이유는?
* '대학을 가지 않고도 자존감을 유지하며 진정 풍요롭게' 살기 위해서는 어떻게 해야 할까?
* 학부모들이 말하는 '현실주의'는 왜 변하지 않을까?
* 한국의 대다수 부모들처럼 대학 졸업장이 인생의 질을 결정한다고 생각하는가?

모둠의 생각질문을 전체 학생들과 나누는 방법

각 모둠별로 토의가 완료되면 교실 전체 학생들이 각 모둠들의 질문을 함께 공유하고, 중요한 질문에 대해서는 전체 토의를 진행한다. 이러한 '질문 나누기'는 아래와 같은 세 가지 방법이 있다. (교실에 9개의 모둠이 있다고 가정한다.)

① 자석이 부착된 모둠칠판을 9개 준비한다. 모둠별로 칠판을 하나씩 가져가서, 모둠칠판에 생각질문을 하나만 골라서 쓴다. 모둠칠판에는 질문만 쓰고 답은 쓰지 않으며, 모둠칠판에 꽉 차도록 큰 글씨로 쓴다. 다 쓴 모둠은 앞에 나와서 교실 칠판에 붙이고 들어간다.

② 한 모둠씩 돌아가며 질문 하나씩 발표하고, 교사는 발표를 들으

며 질문을 간단히 판서한다. 발표할 때에는 반드시 앞 모둠에서 이미 발표한 질문과 비슷한 것은 빼고, 나머지 질문 중에서 골라서 발표한다. 만약 앞 모둠들의 발표에서 우리 모둠의 질문 세 개가 모두 나왔다면 그냥 '통과'라고 외친다.

③ 교사는 칠판에 가로선과 세로선을 각각 두 개씩 그어 9개의 칸을 만든다. 그런 다음 한 번에 세 모둠씩 나와서, 질문을 하나씩만 쓰고 들어간다. 4,5,6모둠은 앞서 1,2,3모둠이 쓰고 들어간 질문과 겹치지 않게 질문을 쓴다. 7,8,9모둠도 마찬가지이다.

위의 세 가지 방법 중 하나를 선택하여, 9개의 질문에 대해 전체 토의를 간단하게 진행한다. 한 시간 동안 9개의 질문에 대한 전체 토의를 다 마무리하기 어렵기 때문에, 수업이 끝나기 전에, 교사의 휴대전화 카메라를 이용하여 칠판에 적힌 질문을 사진으로 찍어두면 다음 수업 시간에 계속 이어서 나머지 질문에 대한 토의를 진행하기가 용이하다.

그리고 모둠 내에서 이미 토의를 해 본 질문들이 있고, 질문의 숫자도 적지 않으므로, 교사가 판단하여 간단하게 얘기하고 넘어갈 질문과 자세하게 얘기할 질문을 나누어서 진행하는 것이 좋다. 모둠에서 뽑은 질문들 중에서 꼭 얘기하고 넘어가야 할 질문이거나, 학급에서 다 함께 얘기 나누면 좋겠다 싶은 질문을 두세 개만 교사가 빨리 판단하여 선택하고, 그것들을 위주로 자세히 토의하는 것이 좋다. 간단하게 진행할 질문에 대해서는, 해당 질문을 출제한 모둠에게 답을 먼저 말하게 한 다음 나머지 모둠들에게 다른 의견이 있는지 물어봐서, 특별히 다른 의견이 없으면 넘어가는 방식으로 빠르게 진행한다.

'질문 나누기'까지 하고 나면 질문하기 수업은 다 끝난 셈이지만, 가끔 학생들은 교사에게 '정리된 답'이나 '공부할 자료'를 요구한다. 대다수의 학생들은 정답 찾기 교육에 익숙해져 있기 때문에, 답이 명확하게 정리된 자료가 없으면 불안함을 느낀다. 또 시험 기간이 되면 무엇을 어떻게 공부해야 할지 모르겠다고 호소하는 경우도 있다. 따라서 모든 토의가 완료된 후, 교사가 학생들이 만든 생각질문들을 정리하여 〈우리가 만든 생각질문들〉이라는 제목의 학습지를 배부하면 학생들의 수업 만족도가 올라간다. 이때 학습지에는 질문과 함께 예시 답안도 함께 적어두어, 그냥 학습지를 읽는 것만으로도 공부(정리)가 되게 하는 것이 좋다.

학생이 배움의 주인이 된다면

학생들이 직접 설명하고, 토의하고, 질문하는 수업을 통해, 학생이 수업의 주인이 되고 배움의 주체가 된다면, 학생들은 이에 대해 어떤 반응을 보일까? 사실 처음에는 내가 가르친 학생들도 자신이 수업의 주도권을 가져야 하는 것에 부담감을 느끼기도 하고, 그것을 상당히 귀찮아하기도 하였다. 하지만 이러한 수업의 필요성을 강조하고 설득한 후에 단계별로 수업을 진행하였고, 수업이 모두 끝난 뒤에는 많은 학생들이 수업 평가에서 다음과 같이 이야기하였다.

"필기하고 암기하는 수업이 아니라, 생각을 하게 하는 수업이어서 좋았습니다.", "제 생각을 말할 수 있고 토의하는 활동적인 수업이어서 국어에 관한 관심이 많이 늘어난 것 같습니다.", "수동적이고 지루하기만 하였던 국어 공부가 자발적이고 나의 발전을 위한 공부가 되었습니다.", "그동안 국어는 저에게 높은 산과 같았습니다. 하지만 선생님과의 수업을 통해 그 산을 허물어낼 수 있었고, 넘을 수 있었습니다. 진심으로 감사합니다.", "선생님의 국어수업을 들으면 '진짜' 국어 수업을 듣는 것 같아 좋았습니다. 솔직히 선생님 수업을 들으면서, 전 여태껏 껍데기만 있는 수업만 들은 게 아닌가 하는 생각이 들었습니다."

이처럼 학생들도 스스로 배움의 주인이 되었을 때, 배움이 즐겁고 자신들에게 의미 있는 변화가 있음을 안다. 그리고 무엇보다 그러한 과정을 함께 하는 교사 또한 학생들과 함께 행복하고 즐겁다는 것은 굳이 더 강조할 필요가 없을 것이다.

8

'배움이 있는 교실'을 위한
교육과정 및 평가

이형빈
강원도 교육연구원 정책연구팀

이형빈

고등학교 국어교사로 오랫동안 근무했으며, 광주여자대학교 교수로 근무하면서 다양한 연구와 실천에 참여하고 지금은 강원도 교육연구원 정책연구팀장으로 일하고 있다.
지은 책으로 〈교육과정 - 수업 - 평가 어떻게 혁신할 것인가〉가 있다.

'질문이 있는 교실'을 위한 교육과정 및 평가

교과서 진도는 언제 나가? 시험은 어떻게 봐?

우리는 '질문이 있는 교실'을 위해 다양한 수업 사례를 접해 왔다. 학생 배움 중심의 수업, 배움의 공동체, 협동학습, 거꾸로 교실, 하브루타, 질문 만들기, 토의·토론식 수업 등 다양한 실천 사례들이 학교 현장에서 진행되고 있다. 이러한 수업은 우리 학생들을 생각하고 협동하고 표현할 줄 아는 주체적 시민으로 기르기 위한 것이다. 그리고 이러한 수업의 변화는 OECD에서 말하는 미래사회 핵심역량을 기르기 과정이기도 하며, 전 세계적으로 보편화추세에 있는 학교개혁의 흐름과 잘 어울린다.

대부분의 교사들은 이러한 수업 변화 양상에 대해 원칙적으로 동의할 것이다. 그럼에도 불구하고 우리 교사들은 "나도 이런 수업을 하고 싶어. 하지만 이런 수업을 하다 보면 진도는 언제 나가지?", "이런 방식의 수업을 하면 시험은 어떻게 봐?"와 같은 고민을 한다.

따라서 '질문이 있는 교실'을 위해서는 단지 수업의 형태만 바뀌어서는 한계가 있으며, 반드시 교육과정 및 평가의 변화가 전제되어야 한다. 나아가 '교육과정-수업-평가' 전반에 대한 패러다임의 변화가 필요하다.

과거에 비해 이제 대부분의 학교에서 수업의 양상은 상당히 변화하고 있다. 교사가 중심이 되는 강의 위주의 수업은 여전히 지속되고, 이것은 어느 정도 불가피한 일이지만, 모둠별 활동이나 학생 발표 등 학생의 참여와 협력이 이루어지는 다양한 방식의 수업이 공존하고 있다. 이 책에 나온 거꾸로 교실, 배움의 공동체, 하브루타 수업 등은 학생의 참여와 협력이 보다 본격적으로 진행되는 수업이다.

그러나 문제는 상당수의 학교에서 이러한 방식의 수업이 일회성으로 머무르는 경우가 많다는 점이다. 학생 배움 중심의 수업을 진행하다가도 1차, 2차 지필평가가 다가오면 다시 교과서 진도를 나가기 수업이 진행되는 경우가 많다. 이른바 학생 중심 수업과 교사 중심 수업이 자연스럽게 조화를 이루거나 그 경계가 약화되는 것이 아니라, 두 가지 형태의 수업이 서로 병렬적으로 진행되거나 때로는 상호 충돌을 보인다. 또한 수업의 형태는 학생의 협력이 이루어지는 방식으로 이루어지다가도, 평가는 학생의 서열을 매기는 방식으로 이루어지는 경우도 있다. '수업은 협력적으로 진행하다가, 평가는 경쟁적으로 진행하는' 모순이 발생한다.

사실 이러한 교육과정-수업-평가의 분리 양상은 한국의 학교에서만 나타나는 현상은 아니고, 전 세계적으로 볼 때 보편적으로 나타나는 양상이다. 이러한 양상에 대해 셰퍼드(Shepard)는 다음과 같은 그림으로 '교육과정-수업-평가'의 변화 과정을 표현하였다.[1]

---

1) Shepard, L. A.(2000). The role of assessment in a learning culture. Educational Researcher, 29(7). 4-14.

위의 그림 가운데 왼쪽 그림은 과거의 학교에서 흔히 보던 모습이다. '사회효율적 교육과정'이란 국가나 자본이 요구하는 노동력을 마치 큰 공장에서 물건을 찍어 내듯이 배출하는 학교교육과정을 말한다. '행동주의적 학습'이란 대규모 학습집단에게 교육과정의 내용을 효율적으로 전달하기 위해 사용했던 '자극과 반응' 중심의 교수학습 방법론을 말한다. '과학주의적 측정'은 학생이 교과의 내용을 얼마나 습득하고 있는지를 계량적인 방법으로 측정하는 평가 방식을 말한다. 이는 '단편적 지식 위주의 교육과정 → 교사 중심의 주입식 수업 → 선다형 위주의 일제식 평가'로 요약해 볼 수 있다.

가운데 그림은 '수업은 바뀌었는데 평가 방식은 그대로인' 모습, 수업과 평가가 분리되는 모습이다. 수업 시간에 모둠별 활동을 도입하는 등 새로운 변화가 생겼지만 평가는 여전히 학생 서열화를 위한 방식으로 이루어지는 모습이다. 현재 대부분의 학교가 이러한 모습이지 않을까 싶다. 교육과정의 변화는 이루어지지 않은 채 일부 단원에서만 학생 활동 중심 수업을 도입하는 경우이거나, 수행평가, 서술형 · 논술형 평가가 도입되었어도 이것이 수업과는 분리된 방식으로 이루어지는 경우가 이에 해당한다.

오른쪽 그림은 '교육과정-수업-평가'의 전반적인 변화가 조화롭게 이루어진 모습이다. 교사의 자율적 전문성에 따라 교육과정이 새롭게 재구성되고, 수업은 학생의 참여와 협력이 이루어지는 가운데 학생들이 스스로 질문을 던지며 탐구하는 방식으로 진행되고, 평가는 수행평가와 논술형 평가 등 학생들이 실질적으로 지식을 활용하고 적용하는 참평가(authentic assessment) 방식으로 진행되며, 이러한 교육과정-수업-평가가 유기적으로 연결되는 모습이다. 이는 현재 일부 혁신학교에서는 본격적으로 진행되고 있는 양상이다.

'질문이 있는 교실'은 단지 수업 형태의 변화만을 의미하지 않는다. 교육과정 및 평가의 변화가 동시에 이루어져야 한다. 이는 교육과정 및 평가에 대한 기존 인식을 변화시키는 것에서부터 출발한다. 그리고 '학생들의 바람직한 성장과 전면적인 발달을 위한 교육'에 대한 확고한 철학과 신념이 뒷받침되어야 한다.

교육과정 재구성 - 교과서대로 가르치는 관행 벗어나기

우리는 흔히 교육과정을 '국가 수준의 교육과정 문서', 혹은 '학교교육과정계획' 정도로 생각한다. 이러한 문서 차원의 교육과정은 매우 추상적인 지침에 불과하다. 그래서인지 교육과정 문서를 꼼꼼히 읽으며 수업을 준비하는 교사는 흔치 않다. 대부분 교과서를 읽고 진도를 정하고 수업 계획을 설계하기 마련이다. 하지만 '교사는 교육과정을 가르치는 것이지 교과서를 가르치는 것이 아니다.'라는 말도 있듯이,

교과서란 교육과정을 구현한 하나의 학습자료에 불과하다. 따라서 교사들이 더욱 관심을 가져야 할 것은 교육과정이다. 교사는 주어진 교육과정을 그대로 이행하는 존재가 아니라 교육과정을 적극적으로 재구성하고 설계하는 실천가이기 때문이다.

'교육과정 재구성'이란 이미 정해진 교육과정(국가 수준 교육과정)의 취지나 한계를 성찰하고 학생들에게 의미 있는 배움의 과정을 제공하기 위해 학교 및 교사 차원에서 교육과정을 새롭게 구성하는 것이다. 현행 국가 수준 교육과정에서는 다음과 같이 교사가 교육과정을 적극적으로 재구성할 수 있는 근거를 제시하고 있다.

"교과와 창의적 체험활동의 내용 배열은 반드시 이수의 순서를 의미하는 것이 아닌 예시적인 성격을 지니고 있으므로, 필요한 경우에 지역의 특수성, 계절 및 학교의 실정과 학생의 요구, 교사의 필요에 따라 각 교과목의 학년별 목표에 대한 지도 내용의 순서와 비중, 방법 등을 조정하여 운영할 수 있다."
- 「초 · 중등학교 교육과정 총론」

위 내용을 보면 국가 수준 교육과정이란 하나의 예시적인 성격을 지니며, 교사의 자율적 전문성에 따라 교육과정을 재구성할 수 있는 권한이 부여되어 있음을 알 수 있다. 사실 국가 수준 교육과정이 완벽하다면 굳이 교사가 힘들게 이를 재구성할 필요가 없다. 하지만 현행 교육과정에는 미흡한 부분이 있는 것이 사실이며, 아무리 완벽한 교육과정이라 할지라도 모든 학교, 모든 학생들에게 적합할 수는 없다.

교육과정 재구성이란 실질적으로 볼 때 '교과서 재구성'에 가깝다. 교육과정을 구체적으로 교수학습의 상황에 실현할 수 있도록 구현한 매체가 바로 교과서이기 때문이다. 우리 교사들은 '교과서에 나온 순서대로, 모두를, 동일한 비중으로 가르치는' 관행에 익숙해 있다. 교육과정 재구성의 출발은 이러한 관념으로부터 자유로워지는 것이다.

교육과정 재구성
- 살릴 것 , 버릴 것, 채울 것 정하기

교육과정을 재구성하기 위해서는 현행 교육과정 중 반드시 살려야 할 것, 버려야 할 것, 새롭게 보완해야 할 것 등을 교사가 직접 살필 필요가 있다. 살려야 할 것으로는 크게 보아 교육이념과 교과별 성취기준이 있다.

교육이념이란 해당 사회가 지향하는 교육적 인간상을 추상적인 차원에서 진술한 것으로, 현행 교육기본법 및 교육과정에서는 우리가 지향해야 할 교육이념을 '홍익인간'으로 규정하고 있다. '홍익인간'이란 '널리 인간세상을 이롭게 한다.'는 뜻으로 다소 추상적이기는 하지만 이 속에는 '보편적 인간애'라는 정신이 담겨 있다. 이를 요즘 자주 사용하는 언어로 바꾼다면 '협력하고 배려하며 다른 사람과 더불어 살아가는 민주시민' 정도로 풀어볼 수 있다. 이는 개인의 욕망을 실현하는 수단인 사교육과 달리 공교육이 지향해야 할 보편적 교육이념이라 할 수 있다.

교과별 성취기준이란 일정한 교육과정을 이수한 학생이라면 누구나 도달해야 할 최소한의 기준이다. 교과서는 학생들이 성취기준에 도달하기 위한 구체적인 학습자료일 뿐 교과서 자체가 교육과정은 아니다. 극단적으로 말해 학생들이 성취기준에 도달할 수만 있다면 교과서가 아닌 다른 학습자료를 사용해도 무방하다. 성취기준은 반드시 살리되, 교과서의 일부 내용은 버릴 수 있다.

교육과정 재구성에 있어서 버려야 할 요소는 우선 '난이도가 너무 높은 내용', '과도하게 많은 분량'이다. 우리나라의 교육과정은 다른 나라와 비교하더라도 너무 어렵고 너무 많다. 이러한 교육과정이 이른바 '수포자, 영포자'를 양산하고 있는 셈이다. 너무 어렵고도 많은 교육과 정을 교사가 조정하는 것을 '교육과정 적정화'라고 한다. '적정하지 않은 교육과정'이란 학생 입장에서는 너무 어렵고 배워야 할 양이 많아 포기하고 싶은 상태를 의미하고, 교사 입장에서는 진도 나가느라 바빠서 학생들의 배움의 과정을 일일이 살피기 어려운 상태를 의미한다. 반대로 '적정한 교육과정'이란 학생의 입장에서는 교사의 도움이나 다른 학생과의 협력을 통해 충분히 따라갈 만한 교육과정을 의미하고, 교사의 입장에서는 진도를 나가는 데 여유가 있으며 학생 중심의 활동을 충분히 도입하는 교육과정을 의미한다. 따라서 '교육과정 적정화'의 핵심은 '과도하고 어려운 내용을 덜어내는 것'이다. 무엇인가를 '덜어내어야' 새로운 것을 '채울' 수 있다. 그리고 어느 정도가 우리 학생들에게 '적정한' 교육과정인지는, 학생들을 매일 같이 교실에서 상대하는 교사들이 가장 잘 안다. 그렇기 때문에 교육과정 재구성의 주체는 현장 교사일 수밖에 없다.

다음으로 버려야 할 것은 '단편적 지식 위주의 교육과정'이다. 여전히 현행 교육과정은 상당 부분 배경 학문의 지식에 기반을 둔 교과 중심의 교육과정이다. 이 속에는 우리 학생들의 실생활이나 경험과 관련된 내용, 우리 학생들에게 필요한 삶의 역량, 우리 학생들이 바람직한 사회를 만들어 가기 위해 습득해야 할 가치 등은 배제되기 쉽다. 또한 역사교과서 국정화 논란에서 알 수 있듯이 교육과정에는 지배집단의 이데올로기가 직접적·간접적으로 반영되기 마련인데, 이는 우리 교사들이 반드시 걸러내야 할 요소이다.

교육과정 재구성을 통해 비본질적인 것을 비운 자리에는 본질적인 것을 채워야 한다. 교육과정 재구성에 있어서 새롭게 채워야 할 것은 우선 학생들의 실생활 및 경험과 연관된 교육내용이다. 학생들이 일상생활 속에서 경험할 수 있는 다양한 소재들 혹은 학생들이 살아가는 세상과 관련된 주제나 쟁점들은 훌륭한 교육과정의 내용이 된다. 그러나 단순히 학생들의 경험을 연결시키는 것만으로는 충분하지 않다. 듀이(Dewey)의 경험 중심 교육과정에서 강조했던 것은 경험의 연속성과 진보적 조직이다. 이는 학생들이 자신의 경험 속에서 교과의 원리를 발견하고 이를 타교과와의 관련성 속에서 지속적으로 탐구하면서 궁극적으로는 우리 사회가 지향해야 할 진보적 가치를 '마음의 습관', '삶의 방식'으로 터득해 가는 것을 의미한다.[2] 최근 일부 혁신학교에서 '관계, 인권, 생태, 진로, 민주주의' 등 학생들의 삶과 연관된 주제를 중심으로 범교과적인 통합교육과정을 운영하는 것[3]이 이러한 적극적인

---

2) Dewey, J.(1938). Experience and education. New York: Collier Macmillan. 엄태동 역 (2001). 존 듀이의 경험과 교육. 원미사.
3) 김정안 외.(2013). 주제통합수업. 맘에드림.

의미의 교육과정 재구성의 구체적인 사례이다.

교육과정 재구성 사례

이제는 구체적으로 교육과정 재구성의 절차에 대해 국어과의 사례를 들어 살펴보고자 한다. 다음은 모 출판사의 고등학교 1학년 국어교과서에 제시되어 있는 목차 및 성취기준이다.

1. 문학을 통한 삶의 길 찾기
[1] 수라 / 백석
[2] 외딴 방 / 신경숙
[3] 심생의 사랑 / 이옥
  ☞ 성취기준 : 문학이 인간의 삶에 미치는 긍정적인 의미와 효과를 발견한다.
  ☞ 성취기준 : 장면에 따른 표현 방식을 안다.

2. 우리말이 걸어온 길
[1] 우리의 자랑, 한글 / 김형배
[2] 국어의 역사 / 이기문
  ☞ 성취기준 : 한글 창제의 원리와 한글의 독창성을 안다.
  ☞ 성취기준 : 국어의 역사를 이해한다.

3. 말과 글로 만난 사람
[1] 한국 최초의 우주인 / 김우성
[2] 인간 윤동주 / 안소영
  ☞ 성취기준 : 면담 기사를 읽고 질문자의 의도, 전략, 태도 등을 평가한다.

☞ 성취기준 : 면담을 통해 자료를 수집하여 주변 인물에 대한 전기문을 작성한다.

4. 정보의 수용과 비판
 [1] 말을 하는 동물, 인간
 [2] 세계 인권 선언문
 [3] 명예와 자기 자신의 삶 / 김우창
   ☞ 성취기준 : 강의나 발표를 듣고 목적에 따라 내용을 재구성한다.
   ☞ 성취기준 : 사회적 규약을 담은 글의 특성을 알고 공정성과 합리성을 평가한다.
   ☞ 성취기준 : 시사 문제에 대하여 자신의 관점을 명료하게 드러내는 시평을 쓴다.

5. 감상과 비평
 [1] 빛의 마술사 - 모네와 고흐 / 이주헌
 [2] 우리가 물이 되어 / 강은교
 [3] 서울, 1964년 겨울 / 김승옥
   ☞ 성취기준 : 예술 작품에 대한 생각이나 느낌을 발표한다.
   ☞ 성취기준 : 문학 작품에 대한 비평적 안목을 갖춘다.
6. 토론과 문제 해결
 [1] 환경 보존과 경제 성장
 [2] 인터넷 표현의 자유는 어디까지인가
 [3] 함께하는 토론 시간
   ☞ 성취기준 : 여러 글을 읽고 전제나 가정을 비교 분석하고 평가한다.
   ☞ 성취기준 : 토론을 듣고 찬성과 반대의 입장을 비교하여 논제를 깊이 이해한다.
   ☞ 성취기준 : 여러 가지 토론의 유형을 알고, 쟁점을 찾아 토론하여 문제를 해결한다.

교사들은 보통 수업을 준비하면서 교과서에 나와 있는 목차와 바탕글, 학습자료를 먼저 확인한다. 그리고 단원별로 진도계획을 세우고 시험범위를 확정한다. 예를 들어 위 교과서 목차 중 1 ~ 3단원을 순서대로 진행하고 1차 지필평가를 본 후, 4 ~ 6단원을 순서대로 진행하고 2차 지필평가를 본다. 그리고 중간 중간에 수업 내용과 관련된 수행평가, 혹은 수업 내용과는 무관한 과제 부여 방식의 수행평가를 진행한다.

그러나 중요한 것은 교과서 목차나 바탕글, 학습자료가 아니라 성취기준이다. 교과서 내용은 성취기준에 도달하기 위한 하나의 예시적 제료일 따름이다. 따라서 학생들이 성취기준에 도달하는 데에 더욱 효과적인 방식으로 교과서 내용은 얼마든지 제 구성할 수 있다.

위에서 제시된 성취기준 및 교과서 내용을 바탕으로 교육과정 재구성을 위한 절차를 소개해 보면 다음과 같다. 이는 하나의 예시에 불과한 것일 뿐 교사의 판단에 따라 얼마든지 다른 방식의 재구성도 가능하다.

핵심 성취기준의 설정

각 교과에서 제시된 모든 성취기준을 동일한 비중으로 다룰 필요는 없다. 한 학기라는 짧은 시간 동안 모든 성취기준에 도달하도록 지도하기는 사실상 불가능하다. 따라서 한 학기 동안 학생들이 도달해야 할 성취기준 가운데 핵심적으로 다룰 내용을 1 ~ 2가지 정도만 설정하여 이를 집중적으로 다루고, 나머지 성취기준은 간략하게 다루는 것이 보다 현실적이면서도 효과적이다.

위에서 제시된 성취기준 가운데 학생들에게 가장 의미가 있다고 생각되는 것을 두세 가지 골라 보자. 예를 들어 3단원의 '면담을 통해 자료를 수집하여 주변 인물에 대한 전기문을 작성한다.'와 4단원의 '시사 문제에 대하여 자신의 관점을 명료하게 드러내는 시평을 쓴다.', 6단원의 '여러 가지 토론의 유형을 알고 쟁점을 찾아 토론하여 문제를 해결한다.'를 고를 수 있다. 이 성취기준은 다른 성취기준에 비해 매우 구체적으로 진술되어 있으며, 국어과의 내용 요소인 '말하기/듣기/읽기/쓰기'를 통합적으로 다룰 뿐만 아니라, 학생들의 활동 중심의 수업을 진행한 후 이를 인성교육이나 민주시민교육과 연계시킬 수 있다.

그리고 성취기준은 서로 연결시켜 통합적으로 다루는 것이 효율적이다. 예를 들어 4단원과 6단원의 성취기준은 '시사 문제에 대해 자신의 관점을 드러내는 글을 쓰고, 쟁점토론을 진행한다.'같이 하나로 통합하여 다룰 수 있다. 이렇게 보면 이번 학기에 다루어야 할 핵심적인 성취기준은 두 가지로 요약된다. 그리고 이를 바탕으로 아래와 같은 핵심 성취기준 및 세부 학습활동계획을 바탕으로 중점 교육과정을 설계할 수 있다.

핵심 성취기준에 따른 중점 교육과정

(1) 전기문 작성
 ① 핵심 성취기준 : 면담을 통해 자료를 수집하여 주변 인물에 대한 전기문을 작성한다.
 ② 세부 학습활동
 - 교과서에 나온 전기문을 읽고 전기문의 특성을 파악한다.

- 주변인물(가족, 친구)에 대해 면담을 수행하고 그 요지를 정리한다.
 - 면담 내용을 바탕으로 주변인물에 대한 전기문을 작성한다.
③ 태도 및 가치 : 타인에 대한 이해 및 올바른 인간관계 형성
(2) 쟁점 토론
① 핵심 성취기준 : 시사 문제에 대한 쟁점 토론을 통해 문제해결능
   력을 기른다.
② 세부 학습활동
 - 시사자료를 읽고 자신의 견해를 정리한다.
 - 다양한 토론 방식을 이해한다.
 - 모둠별로 쟁점 토론을 진행한다.
③ 태도 및 가치 : 사회 문제에 대한 비판적 의식 형성

순서 조정, 생략 및 추가

대부분의 학교에서는 교과서 단원 순서대로 진도를 나가는 것이 일
반적인 관행이다. 그러나 반드시 그럴 필요는 없다. 위와 같이 핵심
성취기준에 따른 중점 교육과정을 정했으면 이를 충분한 시간을 두고
다루고, 나머지 내용은 비교적 간략하게 다룬다. 이 경우 중점 교육과
정은 학기 초 혹은 1차 지필평가 직후에 다루는 것이 효과적이다.

교과서에 제시된 바탕글 및 학습자료는 성취기준 도달을 위한 예시
적 자료이다. 따라서 학생들에게 너무 어려운 자료, 실생활과 동떨어
진 자료는 생략해도 좋다. 대신 교사가 학생들의 흥미를 끌 만한 자료,
최근의 시사내용을 다룬 자료, 바람직한 교육적 가치를 담고 있는 자
료를 추가한다.

이러한 기준에 따라 순서를 조정하고, 일부 자료를 생략하며 새로

운 자료를 추가한 예시를 들면 아래와 같다.

3. 말과 글로 만난 사람
　[1] 한국 최초의 우주인 / 김우성̶
　　☞ 대체 : 학생들의 흥미를 끌 만한 최근의 인물을 다룬 전기문으로 대체
　[2] 인간 윤동주 / 안소영

1) 문학을 통한 삶의 길 찾기
　[1] 수라 / 백석
　[2] 외딴 방 / 신경숙̶
　　☞ 생략 : 난이도가 높음
　[3] 심생의 사랑 / 이옥

2) 우리말이 걸어온 길
　[1] 우리의 자랑, 한글 / 김형배
　[2] 국어의 역사 / 이기문

※ 1차 지필평가

4. 정보의 수용과 비판
　[1] 말을 하는 동물, 인간̶
　　☞ 생략 : 성취 기준과 연결되지 않는 바탕글임
　[2] 세계 인권 선언문
　　☞ 추가 : '학생인권조례'와 함께 읽기
　[3] 명예와 자기 자신의 삶 / 김우창̶
　　☞ 생략 : 난이도가 높음

6. 토론과 문제 해결
　[1] 환경 보존과 경제 성장̶

☞ 대체 : 최근의 시사 쟁점 자료로 대체
[2] 인터넷 표현의 자유는 어디까지인가
[3] 함께하는 토론 시간

7. 감상과 비평
[1] 빛의 마술사 - 모네와 고흐 / 이주헌
☞ 생략 : 난이도가 높음
[2] 우리가 물이 되어 / 강은교
☞ 대체 : 학생들의 실생활과 연결된 작품으로 대체
[3] 서울, 1964년 겨울 / 김승옥

※ 2차 지필평가

평가 계획 세우기

교육과정 운영은 평가를 통해 마무리된다. 평가는 실제 학생들이 교육과정 상의 목표를 수업을 통해 달성했는지 여부를 확인하고, 이를 바탕으로 교육과정과 수업을 개선하는 것을 목표로 한다.

현행 법령상 평가는 지필평가와 수행평가로 구분하여 실시하며, 지필평가는 크게 보아 선다형 평가와 서술형·논술형 평가로 구분한다. 대부분의 학교에서는 학기당 2회의 지필평가를 실시하며, 교육과정이 운영되는 과정 속에서 필요에 따라 수시로 수행평가를 진행하고 있다.

그런데 교사들은 대부분 '시험 범위에 맞춰 진도 나가느라 바쁘고, 수행평가 채점할 시간이 없는' 상황에 처해 있다. 그렇기 때문에 새로운 수업 방식을 도입하는 데에 많은 부담을 느낀다. 이를 해결하기 위해서는 교육과정 재구성이 필요하다. 교육과정 재구성의 핵심은 '본질적인 것은 살리되 비본질적인 것은 버리는' 것이다. 그래야 '진도 나가기'에 대한 부담을 상당 부분 덜어내고, 학생 활동 중심의 수업을 활성화할 수 있다.

다음으로 필요한 것은 평가에 대한 기존의 관행에서 탈피하는 것이다. 우선 '모든 단원의 내용을 선다형 문항으로 출제하는' 관행에서 벗어날 필요가 있다. 예를 들어 앞에서 언급했던 '주변 인물 전기문 쓰기'(3단원)나 '시사 문제 쟁점 토론하기'(4단원, 6단원)는 수행평가에만 반영해도 충분하다. 이러한 '말하기/듣기/쓰기' 영역을 억지로 선다형 문항에 반영하는 것 자체가 평가의 타당성 및 신뢰성에 어긋난다. 필요하다면 1~2문항 정도의 간단한 서술형·논술형 평가로 반영한다.

대신 문법 단원과 같이 지식과 정보의 습득 여부가 중요한 교육과정 내용은 선다형 문항을 통해 확인이 필요하다. 문학 단원의 경우 일부는 선다형 문항으로 일부는 서술형·논술형 문항으로 확인한다. 이렇게 된다면 1차, 2차 지필평가의 문항 수를 대폭 줄일 수 있고, 학생들의 학습부담이나 교사의 진도부담도 줄어든다. 또한 지필평가를 기존의 2회에서 1회로 줄이고 수행평가를 보다 활성화할 수도 있다.

다음은 '핵심 성취 기준의 설정 → 순서 조정, 생략 및 추가 → 평가 계획 세우기' 등의 절차를 거쳐 완성한 교육과정 재구성 사례이다.

---

3. 말과 글로 만난 사람
  ☞ 핵심 활동 : 주변 인물 인터뷰 쓰기
  ☞ 평가 : 수행평가

1. 문학을 통한 삶의 길 찾기
  ☞ 핵심 활동 : 문학작품 감상하기
  ☞ 평가 : 수행평가 혹은 지필평가(서술형·논술형 평가)

2. 우리말이 걸어온 길
  ☞ 핵심 활동 : 국어지식 이해하기
  ☞ 평가 : 지필평가(선다형 평가)

4. 정보의 수용과 비판, 6. 토론과 문제 해결
  ☞ 핵심활동 : 시사문제 쟁점토론하기
  ☞ 평가 : 수행평가

5. 감상과 비평
  ☞ 핵심활동 : 문학작품 감상하기
  ☞ 평가 : 수행평가 혹은 지필평가(서술형·논술형 평가)

⇒ 지필평가 1회 실시 가능

평가를 바꿔야 수업이 바뀐다

그동안 학교 현장에서 평가란 '시험 보기' 정도로 인식되어 왔다. 그러나 평가는 단지 학생의 학업성취 정도를 확인하는 것이 아니라 '교육과정-수업-평가'로 이어지는 일련의 과정 중의 하나이다. 평가는 일차적으로 학생들의 학업성취 정도를 확인하여 무엇을 잘하고 무엇을 못하는지를 알아내는 과정이다. 나아가 평가는 교육목표가 얼마나 달성되었는지 확인하고 이를 교육과정 및 수업 개선의 자료로 활용하는 과정이기도 하다.

과거에는 주로 평가가 학생들을 서열화하는 도구로 사용되었다. 학생들을 일렬로 줄 세우는 것을 목적으로 하는 평가에서는 일반적으로 다음과 같은 특징이 나타난다.

① 학생들의 석차에 관심을 둔다.
② 시험 범위가 많고, 난이도가 높다.
③ 주로 단편적인 지식을 측정한다.
④ 짧은 시간 안에 많은 문항을 풀어야 한다.

과거에는 고등학교뿐만 아니라 중학교까지 상대평가 제도가 적용되었다. 모든 학생의 석차를 매기기 위해서는 무엇보다도 '변별력'이 중시되었다. 이러한 방식의 평가는 학생들의 석차에만 관심이 있을 뿐 교육적으로 큰 의미가 없다. 또한 이러한 방식의 평가는 교육과정과 수업에도 영향을 미친다. 교육과정은 단편적 지식 위주로 편성이 되고, 배워야 할 분량과 난이도는 부담스럽고, 빠른 속도로 진도를 나가는 수업이 진행된다. 그리고 여기에 적응하지 못하는 학생은 수업에서 소외된다.

이러한 방식의 평가는 필연적으로 '하나의 정답'만을 인정하는 평가가 된다. 과거에 주로 사용되었던 선다형 평가는 물론 최근의 서술형·논술형 평가마저 '정답의 개방성'을 인정하지 않는 방식으로 진행된다. 이러한 평가의 특징은 다음과 같다.

① 하나의 정답만을 찾는 것을 중시한다.

② 동일한 시간에 모든 학생이 동일한 문항으로 평가받는 일제식 평가가 이루어진다.

③ 평가를 치르는 방식이 엄격하다.

이러한 평가에서는 학생들이 스스로 자신의 생각을 표현하는 과정보다는 이미 정해진 정답을 골라내는 결과를 중시한다. 이렇게 '정답의 개방성'을 인정하지 않는 평가에서는 '질문'이 없다. 하나의 정답만을 가용하는 질문은 사실상 질문이 아니라 마치 중세 시대의 종교재판이나 현대의 사상검증과 같이 이미 정해진 정답을 강요하는 절차에 불과하다.

'질문이 있는 평가'가 이루어지기 위해서는 세 가지 요소가 필요하다. 이는 '수업의 과정에서 이루어지는 평가', '등급화가 낮은 평가', '정답의 개방성이 보장되는 평가'이다.

수업의 과정에서 이루어지는 평가

'질문이 있는 평가'의 첫 번째 조건은 '수업 과정에서 이루어지는 평가'이다. 그동안 일반적인 평가의 관행은 1차 지필평가, 2차 지필평가와 같이 수업과 분리된 '결과 중심의 평가'다. 이러한 평가 방식은 평가의 결과에 따라 학생들에게 부여되는 점수 이외에는 의미 있는 정보를 제공해 주지 못한다.

반면에 '과정 중심의 평가'는 수업의 과정에서 자연스럽게 이루어지는 평가이다. 이에 따라 학생의 학습 과정을 진단하고, 무엇을 잘하고 부족한지 확인하여 이를 다시 수업에 활용하는 평가이다.

특히 수행평가는 본질적으로 '과정 중심의 평가'이다. 따라서 수행평가를 마치 일제고사처럼 특정한 시기를 정하고 모든 학생이 동시에 치른다든가, 수업과 무관하게 별도의 과제를 부여하는 방식으로 이루어지는 것은 수행평가의 취지에 맞지 않다. 이는 학생들에게 추가적인 학습의 부담만 안겨줄 뿐만 아니라, 수행평가의 결과를 다시 수업에 활용하기 어렵다.

이러한 취지에서 볼 때 바람직한 수행평가와 바람직하지 않은 수행평가의 차이를 다음과 같이 요약해 볼 수 있다.

---

① 바람직한 수행평가

가. 수업의 과정 속에서 자연스럽게 이루어지며 가급적 정규수업 시간 내에서 해결할 수 있는 수행평가

나. 학생들이 즐겁게 참여하고 교육적 성취감을 느끼게 하는 수행평가

다. 모든 학생들이 과제를 해결할 때까지 기회를 부여하는 수행평가

라. 학생의 참여도와 잠재력을 중심으로 점수를 부여하는 수행평가

마. 점수를 여유 있게 부여하는 수행평가

바. 교사가 즐거운 마음으로 손쉽게 채점을 할 수 있는 수행평가

사. 학생들이 수행평가의 결과물을 소중히 간직하는 수행평가

② 바람직하지 않은 수행평가

가. 수업의 과정과 무관하게 이루어지거나 별도의 과제를 부여하는 방식의 수행평가

나. 학생들이 억지로 참여하며 별다른 보람을 느끼지 못하는 수행평가
　　다. 제출기한, 작성요령이 지나치게 엄격한 수행평가
　　라. 겉으로 드러난 결과물을 중심으로 점수를 부여하는 수행평가
　　마. 지나치게 점수로 학생을 서열화하는 수행평가
　　바. 교사가 며칠씩 고생을 하며 괴롭게 채점을 해야 하는 수행평가
　　사. 수행평가의 결과물이 바로 쓰레기통에 버려지는 수행평가

　수행평가는 '질문이 있는 교실'에 가장 어울리는 방식의 평가이다. 학생들이 직접 참여하는 다양한 학습활동을 진행하고 그 과정을 자연스럽게 평가와 연결시키는 방식이기 때문이다.

　그러나 수행평가를 강조하는 것은 자칫 다른 문제에 봉착한다. 왜냐하면 수행평가는 기본적으로 사회적 자본과 문화적 자본이 풍부한 학생들에게 유리한 평가 방식이기 때문이다. 예를 들어 독서 경험을 꾸준히 해 볼 기회가 없었던 학생들은 책 읽기 자체를 두려워하고, 사회적 관계 맺기가 익숙하지 않은 학생들은 오히려 모둠 활동에서 또다시 소외될 수도 있다.

　따라서 수행평가는 '학교에서 끝내는 학습활동, 학교에서 끝내는 수행평가'가 되어야 한다. 만약 수행평가가 수업의 과정에서 자연스러운 방식으로 이루어지지 않은 채, 과제 부여 방식으로 진행된다면 이는 학생들에게 추가적인 학습 부담을 부과하는 것이자 사교육의 혜택을 받거나 가정 여건이 좋은 학생들에게만 유리한 결과를 낳는다. 흔히 초등학교에서의 수행평가를 '엄마 평가', 중등학교에서의 수행평가를

'학원 평가'라 하는 이유가 여기에 있다.

또한 모둠 활동을 진행하는 경우에도 교사가 별다른 교육적 개입을 하지 않거나 명확한 역할을 부여하지 않은 채 학생들에게만 과제 해결을 맡기는 경우에는 이미 동료 학생들로부터 리더로 인정받고 있는 학생들만 학습활동의 주도권을 행사하고 배움이 느린 학생들은 여기서 소외된다. 따라서 평가는 수업 시간의 학습활동과 자연스럽게 연결되면서도, 교사가 실제로 학생들의 학습활동을 충분히 지원해 주는 방식으로 이루어져야 배우는 속도가 느린 학생들도 학습활동에 참여하면서 자신의 역량을 계발할 수 있는 기회를 보장받는다.

등급화가 낮고, 학생의 성장을 지원하는 평가

'질문이 있는 평가'의 두 번째 조건은 '등급화가 낮은 평가'이다. 이는 학생의 서열화에 관심을 두지 않고 가급적 점수 차이를 적게 하며, 평가의 결과를 바탕으로 학생들이 더욱 발전할 수 있도록 지원하는 방식의 평가이다.

등급화가 낮은 평가는 외면적으로 다음과 같은 특징을 지닌다.

① 학생들의 성취 정도에 관심을 둔다.
② 지식뿐만 아니라 학생들의 다양한 자질과 역량에 관심을 둔다.
③ 수업시간에 열심히 참여한 학생이라면 어려워하지 않을 난이도를 지닌다.

이러한 평가는 기본적으로 절대평가의 취지에 의한 것이다. 절대평가는 단순히 학생들의 석차를 산출하지 않는 것만이 아니다. 학생들이 학습목표에 얼마나 도달했는지에 관심을 갖고 모든 학생들이 학습목표에 도달하도록 지원하는 데에 목적이 있다. 따라서 시험의 난이도가 지나치게 높다든지, 점수를 촘촘히 매기는 방식은 절대평가의 취지와 어울리지 않는다.

절대평가의 취지를 살리기 위해서는 가급적 평가의 결과로 나타나는 차이를 좁히려는 노력이 필요하다. 예를 들어 지금은 대부분 100점 만점으로 점수를 환산하는 경우가 대부분인데, 이는 이론적으로 볼 때 1등부터 100등까지의 서열화를 목적으로 한다. 핀란드의 경우 10점 만점으로 성적을 산출하니, 스웨덴은 '잘 했어, 아주 잘했어, 아주 아주 잘했어.'와 같이 3단계로 성적을 산출한다. 대신에 학생들이 무엇을 잘했고 무엇이 부족한지, 그 발달 과정을 아주 상세하게 기술해 주는 방식으로 평가 결과를 통지한다.

행정상의 이유로 불가피하게 100점 만점으로 성적을 산출하더라도, 수행평가나 서술형·논술형 평가는 등급화를 낮추는 것이 가능하다. 예를 들어 수행평가 중 하나의 영역을 10점 만점으로 두되, 기본 점수를 7점으로 부여한 후 8점, 9점, 10점과 같이 사실상 3단계 평가를 하고 학생 간 격차를 줄이는 것도 가능하다. 그래야 학생들 사이에 평가 결과에 대해 덜 예민한 분위기를 형성하고, '점수'에 가려진 학생의 다양한 '잠재력'을 드러내며, 평가의 과정에서 학생들이 더 발전하는 기회를 제공한다.

여기서 중요한 것은 학생들이 일정한 기준에 도달하지 못한 정도를 확인한 후 이를 보충할 수 있는 실질적인 지원 방안의 마련이다. 물론 이러한 취지는 현재 중등학교의 관행상 매우 낯선 것이며, 여러 가지 여건상 실현하기 어려운 이상일 수도 있다. 하지만 일부 학교 현장에서는 이러한 학생의 성장과 발달을 독려하는 방식의 평가가 이루어질 가능성을 보이고 있다.

이전 시간부터 진행되어 온 학생들의 학습활동이 모두 끝났다. 교사는 "이 정도면 여러분들이 충분히 이해했나요?"라고 학생들에게 확인한 후 "그럼 이제 수행평가를 진행해도 될까요?"라고 묻는다. 학생들은 그렇다는 반응을 보였다.

교사는 우선 간단한 양식의 평가지를 나누어준다. 이 평가문항은 수업시간에 다룬 학습활동 내용을 약간 변형한 문항이었다. 학생들은 약 20분 동안 각자 받은 문항에 대한 답안을 작성하였다. 그리고 답안 작성을 마친 학생들은 바로 교사에게 제출하였다. 교사는 학생들의 답안을 받는 대로 즉시 채점에 들어갔다.

교사는 학생들의 답안에 대한 채점을 곧 끝냈고 학생들에게 전반적인 피드백을 주었다. "여러분들은 대부분 올바른 답안을 작성하였고, 몇 명 학생들은 잘못된 답안을 작성했어요. 특히 축적의 단위를 잘못 쓴 학생들이 몇 명 있네요."라고 말한 후 "틀린 학생의 이름을 부를 테니, 다시 도전할 학생은 나와 보세요."라고 이야기 하였다. 호명을 받은 다섯 명의 학생이 교사 앞으로 나와 다시 답안을 작성하였다. 교사는 이 학생의 답안을 모두 확인한 후 "이제 모든 학생이 기준에 도달했어요."라고 말해준다.

위에서 언급한 장면은 필자가 어느 중학교의 수업을 참관하면서 목격한 장면이다. 이러한 수행평가 방식은 수업과 연계된 평가, 교사별 평가, 학생의 성장과 발달을 독려하는 평가의 가능성을 보여준다. 우선 이 수행평가는 수업의 흐름에 자연스럽게 연계되는 방식으로 진행되고 있다. 교사는 학생들이 충분히 기본적인 원리를 익혔는지 확인한 후, 수업시간에 배운 내용을 제대로 이해했는지 여부를 확인하는 간단한 논술형 평가를 진행하였다.

이 수행평가에 나타난 가장 중요한 특징은 '모든 학생이 학습목표에 도달할 수 있도록 독려하는 평가'이다. 일반적인 평가의 관행은 일정한 시간을 제한하고 그 시간에 맞춰 모든 학생이 답안을 제출하는 방식으로 진행된다. 그러나 이 수행평가는 모든 학생이 과제를 해결할 수 있는 시간적 여유를 충분히 주었을 뿐만 아니라 실수를 했을 때 이를 만회할 수 있는 기회를 다시 제공하는 방식으로 진행되었다. 이를 통해 학생들은 자신이 제대로 알지 못하는 것이 무엇인지 분명히 확인할 수 있으며, 여기에 다시 도전하는 과정을 통해 그 문제를 제대로 이해하는 경험을 할 수 있다. 이는 또한 배움이 느린 학생들도 충분히 배려하는 방식의 수행평가라 할 수 있다. 그 결과 이번 시간에는 모든 학생들이 만점을 받았다. "이제 모든 학생이 기준에 도달했어요."라는 교사의 발언은 학생의 성장과 발달을 독려하는 절대평가의 취지를 압축적으로 표현한 말이다.

이런 방식의 평가가 가능하기 위해서는 몇 가지 조건이 필요하다. 우선 평소에 학교의 문화 자체가 학생들 사이의 협력이 일상적으로 이루어져야 한다. 서로 도우며 문제를 해결하는 것이 진정한 교육이라는 철학, 점수나 석차에 예민하지 않는 문화가 정착되어 있어야 한다. 다음으로는 '수업의 과정에서 이루어지는 수행평가'가 일상적으로 정착되어야 한다. 특정한 시기에 모든 학생이 동일한 문항을 대상으로 평가를 진행하는 일제식 평가에서는 이와 같은 개방적인 방식의 평가가 이루어지기 어렵다.

정답의 개방성이 보장되는 평가

'질문이 있는 평가'의 세 번째 조건은 '정답의 개방성'이 보장되는 평가이다. 여러 개의 답안 중에 하나의 정답을 고르는 선다형 평가는 '정답의 개방성'이 보장되지 않는 대표적인 평가 방식이다. 그러나 뒤집어 생각해 보면 이는 사실상 '정답으로 인정되지 않는 것을 제외하는 능력'을 평가하는 것이나 마찬가지이다.

반대로 수행평가와 논술형 평가는 정답의 개방성을 보장하는 평가 방식에 해당한다. 수행평가는 지식의 적용과 활용 과정을, 논술형 평가는 지식의 구성 및 표현 과정을 중시한다는 점에서 그러하다. 그렇다고 하여 모든 수행평가나 논술형 평가가 정답의 개방성을 보장하는 것은 아니다. 이른바 쪽지 시험 형태의 수행평가나, 엄격한 채점 기준을 적용하는 논술형 평가는 사실상 정답의 개방성을 보장한다고 할 수 없다. 학교현장에서 상당수의 서술형·논술형 평가가 사실상 '정답을 외워 쓰는' 방식으로 진행되는데, 이는 선다형 평가와 하등 다를 바 없는 방식의 평가이다.

'정답의 개방성'이 보장되는 평가의 외면적 특징은 다음과 같다.

① 다양한 정답이 용인된다.

② 평가를 치르는 방식이 자유롭다.

③ 채점 기준이 엄격하지 않다.

여기에서는 특별히 '엄격한 채점 기준'에 대한 집착을 버리는 것이 중요하다. '엄격한 채점 기준'을 고집하다 보면 당연히 '정답의 개방성'을 보장할 수 없고, 교사들은 학생들에게 점수를 '부여하는 것'보다 학생의 점수를 '깎는 것'에 관심을 갖는다. 흔히 '채점 기준'이라 번역되는 '루블릭(Rublic)'도 사실상 '답안 작성 요령'이라는 개념에 가깝다. 수행평가나 논술형 평가에서 학생들에게 너무 막연한 과제를 제시하면 이를 아예 포기하는 학생들이 많기 때문에, 학생들에게 도움을 주는 차원에서 제시되는 것이 '루블릭'이다. 즉 이는 학생들에게 답안 작성의 방향을 안내하는 길잡이 역할을 하는 것이다. 그래서 가급적이면 '채점 기준'은 완화하는 것이 좋고, 또한 학생들이 답안을 작성하는 요령을 친절하게 안내하는 방식으로 제시되는 것이 바람직하다.

다음은 '정답의 개방성'이 보장되는 서술형·논술형 평가 문항의 예이다.

밤의 식료품가게
케케묵은 먼지 속에
죽어서 하루 더 손때 묻고
터무니없이 하루 더 기다리는
북어들,

북어들의 일 개 분대가
나란히 꼬챙이에 꿰어져 있었다.
나는 죽음이 꿰뚫은 대가리를 말한 셈이다.
한 쾌의 혀가
자갈처럼 죄다 딱딱했다.
나는 말의 변비증을 앓는 사람들과
무덤 속의 벙어리를 말한 셈이다.
말라붙고 짜부라진 눈,
북어들의 빳빳한 지느러미.
막대기 같은 생각
빛나지 않는 막대기 같은 사람들이
가슴에 싱싱한 지느러미를 달고
헤엄쳐 갈 데 없는 사람들이
불쌍하다고 생각하는 순간,
느닷없이
북어들이 커다랗게 입을 벌리고
㉠거봐, 너도 북어지 너도 북어지 너도 북어지
귀가 먹먹하도록 부르짖고 있었다.

- 최승호, 〈북어〉

※ ㉠에 대한 여러분 자신의 답변을 아래 두 가지 가운데 하나를
골라 2~3 문장 정도로 빈칸을 채워 쓰시오.

(1) 그래, 나도 북어야.

　　왜냐하면 ＿＿＿＿＿＿＿＿＿＿＿＿＿＿＿＿＿＿＿＿＿

(2) 아니, 난 북어가 아니야.

　　왜냐하면 ＿＿＿＿＿＿＿＿＿＿＿＿＿＿＿＿＿＿＿＿＿

위 시의 화자는 식료품 가게에 진열된 북어의 모습 속에서 곧 인간

의 모습을 발견한다. 꼬챙이에 꿰어진 북어의 대가리를 보며 아무런 비판적 사고를 하지 못하는 인간의 모습을, 딱딱해진 혀를 보며 할 말도 못하고 살아가는 인간의 모습을, 빳빳한 지느러미를 단 채 헤엄쳐 갈 곳 없는 북어를 보며 삶의 지향점을 잃어버리고 살아가는 인간의 모습을 생각한다. '너도 북어지'라는 북어의 외침은 그러한 인간의 삶을 강하게 질타하는 목소리이기도 하다. 이 시를 공부한 학생이라면 마땅히 자신의 삶은 과연 북어의 모습과 다를 바가 있는지를 성찰해야 한다. 위의 평가 문항은 그러한 점을 짚어주고 있다.

이 문항은 우선 하나의 정답을 강요하지 않는다는 점에서 '정답의 개방성'을 보장하고 있다. 학생들은 각자 이 작품에 대한 해석을 바탕으로 두 가지 관점 중에 하나를 골라 자신의 생각을 서두록 되어 있다. 또한 작품에 대한 단순한 해석에 머무르는 것이 아니라, 해석의 결과를 자기 자신에 대한 성찰로 연결시키고 있다는 점에서 '질문이 있는 평가'라 할 만하다.

그러면서도 이 평가 문항은 여느 서술형·논술형 평가 문항과는 달리 작성 요령이나 채점 기준이 엄격하지 않다. 주어진 조건은 두 가지 관점 중 하나를 고르라는 것, 2~3문항 정도로 간단히 작성하라고 한 것뿐이다. 따라서 학생들의 자유로운 사고를 보장하면서도 크게 부담을 느끼지 않을 수 있다.

채점은 어떻게 하느냐는 항변이 제기될 법도 하다. 앞에서도 언급했듯이 학생들의 점수 차이를 꼼꼼히 매기려고 할수록 채점은 어려워진다. 스웨덴의 평가 방식처럼 '잘 했어요, 아주 잘했어요, 아주 아주 잘했어요'와 같이 등급화를 약화시키면 채점은 별로 어렵지 않다. 학생들이 작성한 답안이 시의 핵심 내용을 제대로 이해했는가, 자신의 삶의 문제를 구체적으로 언급했는가 하는 점만 평가하고, 점수를 여유 있게 부여한다. 채점의 엄정성이 걱정되어 평가의 본질을 흐린다면, 그 평가는 평가의 본질을 상실한 채 학생 서열화의 도구로서만 작용한다.

질문이 있는 교실, 질문이 있는 평가

다음과 같은 이야기가 있다. 미국의 어느 학교에 인디언 아이들이 전학을 왔다. 시험 시간, 백인 아이들은 다른 아이들이 자기 답안지를 보지 못하도록 책상 가운데에 책가방을 올리면서 시험 치를 준비를 했다. 그런데 인디언 아이들은 책상을 돌려 둥그렇게 모여 앉는 것이 아닌가? 선생님은 "지금 시험을 볼 건데 뭘 하고 있는 거야?"라며 야단을 쳤다. 그러자 인디언 아이들은 무슨 영문인지 몰라 어리둥절해하다가 "선생님, 저희들은 어른들께 항상 어려운 문제가 있을 때마다 함께 도와가며 해결하라고 배웠어요."라고 대답했다.

이와 유사한 일은 핀란드에서도 일어나고 있다. 2008년에 방영된 〈MBC 스페셜 - 열다섯 꿈의 교실, 제2부 '꼴찌라도 괜찮아'〉에 나온 내용이다. 시험 시간이 되었는데도 핀란드 학생들의 얼굴에는 여유가 넘쳤다. 책상을 시험 대형으로 맞추지도 않고 그냥 그 자리에서 문제를 풀었고 먼저 문제를 다 푼 학생들은 답안지를 선생님께 제출하고 교실 밖으로 나갔다. 그런데 한 학생이 선생님에게 이 문제를 어떤 방식으로 접근하면 되냐고 질문을 했다. 선생님은 그 학생에게 문제에 접근하는 요령을 설명했다. 게다가 그 학생이 잘못된 답을 적으면 다시 한 번 생각해보라고 일러주기까지 했다. 그런데도 항의하는 학생은 한 명도 없었다.

인디언 아이들의 시험과 핀란드 아이들의 시험에는 하나의 공통점이 있다. 그것은 '시험도 경쟁의 과정이 아니라 협력과 배움의 과정'이라는 것이다. 인디언 아이들의 시험에는 학생과 학생 사이의 협력, 핀란드 아이들의 시험에는 학생에 대한 교사의 지원이 있다. 그리고 이러한 모습은 '학생이 혼자서 해결할 수 있는 수준(실질적 발달수준)'과 '학생이 동료 학생의 협력이나 교사의 도움을 받아 해결할 수 있는 수쥰(잠재적 발달수준)' 사이의 간극을 주목하여 이를 '근접발달영역'이라 칭했던 비고츠키의 교육학 이론에 빗닿아 있다. 즉 어떤 아이가 현재 무엇을 할 수 있고 무엇을 못하는가만 주목하는 것이 아니라, 그 아이가 동료 학생이나 교사의 도움이 있다면 어디까지 자신의 잠재력을 최대한 발휘할 수 있는가에 주목하는 것이다. 이를 교육학에서는 '역동적 평가'라 부른다.

'질문이 있는 교실'은 이처럼 교육과정과 수업, 평가의 패러다임 전환을 의미한다. 이미 정해진 교육과정에 따라 교과서에 나온 그대로 진도를 나가고, 교과서를 통해 암기한 지식을 확인하는 평가의 관행에서 벗어나야 한다. 교사의 자율적 전문성에 따라 학생들에게 의미 있는 배움이 이루어지도록 교육과정을 재구성하고, 학생들이 적극적으로 참여하고 협력하며 탐구하는 수업을 진행하며, 학생들의 성장과 발달 과정을 확인하며 잠재력을 최대한 펼쳐낼 수 있는 평가를 해야 한다. 이러할 때 우리 학생들은 '질문이 있는 교실' 속에서 전인적 성장을 해 나갈 수 있다.

질문이 있는 교실
실천편을 기획하며

유동걸
영동일고등학교

유동걸

자타 공인 한국 토론 교육 운동의 기수를 자부한다.
〈토론의 전사〉와 〈질문이 있는 교실〉을 통해 교육의 패러다임을 계몽에서 소통으로
바꾸기 위한 치열한 노력을 하고 있다.
새로운 철학에 기반한 공부와 토론을 통한 민주주의 실현에 관심이 많아 〈공부를 사랑하라〉,
〈강자들은 토론하지 않는다〉 등의 책을 통해 새로운 공부와 토론 문화 실현에 매진 중이다.
 bobsky@hanmail.net / 010-7774-4571

질문이 있는 교실, 실천편을 기획하며

1988년 교직 첫걸음. 이제 교직생활 삼십 년을 몇 해 앞둔 2015년은 제 교육 패러다임의 한 획을 긋는 해다.

1988년 겨울에 '전국국어교사모임'이 창립되고 1989년에 이오덕 선생님을 만나면서 삶을 가꾸는 글쓰기에 눈을 뜨고 1990년대 중반에는 독서에 관심을 갖다가 2000년 인터뷰를 하니며서 듣고 교육의 길을 걸었다. 순서는 중요하지 않지만 나로서는 쓰고, 읽고, 토론하는 교육과정을 몸소 체험하는 길을 걸어온 셈이다.

교육계의 흐름도 크게 변했다. 1983년에 나는 주입과 암기 위주의 교육을 받아 4지선다형의 학력고사를 치르고 대학에 갔다. 1994년 5지선다의 수능시험이 등장했다. 지문은 교과서 밖으로 나왔지만 객관식 고르기 시험의 폐해는 여전하다. 2000년대 중반의 논술은 학생들 스스로 생각하고 글을 쓰는 힘을 길러주려는 취지로 태어났지만 대학입시와 사교육의 벽을 넘지 못한 채 다시 정답이 있는 교실로 회귀했다. 교사로서 사반세기의 삶을 살아오는 동안 질문에 대한 관심과 고민은 없이 정답만 찾아헤매는 교육의 테두리를 벗어나지 못했다.

"진리는 답이 아니라 질문에 있다."

이 명언을 만나기 전까지는 질문의 힘과 가치에 대해서 깨닫지 못했다. 매력적인 오답이나 미완의 질문이야말로 명확한 정답보다 소중한 가능성과 미지의 세계였음을 왜 일찍 깨닫지 못했던가! 일찍이 토론의 꽃은 질문이라는 사명감 속에서 질문의 길을 찾던 차에 새길을 찾았다.

변화의 계기는 학교 밖 교육청에서 왔다. 세월호 사건을 겪으면서 당선된 교육감이 먼저 '질문이 있는 교실'의 문을 두드렸다. 취지는 어렴풋했으나 이심전심이었다.

토론의 전사에서 질문이 있는 교실의 전도사가 되겠다는 마음으로 〈질문이 있는 교실〉을 썼다. 그 취지를 담아 아침 독서 신문에 기고한 글을 나누고자 한다.

올 가을 광화문 교보문고 앞에 걸린 멋진 현판이 지나가는 사람들의 눈길을 끈다.

"이 우주가 우리에게 준 두 가지 선물, 사랑하는 힘과 질문하는 능력"

미국 작가 메리 올리버의 〈휘파람 부는 사람〉에 실린 글귀인데 많은 사람들로부터 공감한다는 이야기를 들었다. 메리 올리버는 우주의 선물로 사랑과 질문을 병렬적으로 제시했지만 사실 질문과 사랑은 둘이 하나다. 사랑하는 사람은 상대를 향해 끝없이 질문을 던지기 때문이다. 드라마 〈대장금〉에는 한상궁이 어린 장금이에게 '물을 떠오라'

는 심부름을 반복해서 시키는 장면이 나온다. 상대방이 무슨 물을 필요로 하는지 묻지 않고 아무 물이나 떠오는 장금이에게 음식을 만드는 사람으로서 상대방에 대한 애정과 관심을 가지고 묻는 자세를 지녀야한다는 것을 깨우쳐주기 위함이었다. 왜? 물음은 함께 살아가는 사람이나 자연에 대한 지극한 애정의 한 표현이기 때문이다.

우주의 기운이 서로 통하는 까닭인지 학교 수업에서도 질문을 고민하는 교사들이 늘고 있다. 혁신 수업의 한 흐름으로 자리잡아가는 '배움의 공동체, 거꾸로 교실, 하브루타' 등 협동과 토론의 새로운 모델이 공통적으로 관심을 보이는 부분이 바로 학생들 스스로의 질문과 대화이다. 특히 유대인의 가정교육과 탈무드교육의 한 축인 하브루타(우리 말로 싹, 친구라는 뜻으로 둘이 서로 싹을 시어 문답하기 투론하는 교육방식이다)가 널리 알려지면서 토론과 대화, 질문에 대한 관심이 부쩍 높아졌다.

서울과 광주의 교육감도 시도교육청의 교육 지표 첫머리에 '질문이 있는 교실'을 내세웠다. 왜 질문이 있는 교실일까? 학생들은 교사가 강의하는 수업의 대상이 아니라 주체이기 때문이며, 학생들이 스스로 생각하고 묻고 토론하고 답을 찾는 창의성 교육을 활성화하기 위함이다. 그런 의미에서 질문이 있는 교실은 학생들이 교사들의 일방적인 수업에 길들여지지 않는 자유인을 길러내는 수업이기도 하다.

나는 〈토론의 전사〉를 통해 많은 선생님들과 토론 공부를 하는 중에 질문에 대한 관심이 생겨 〈질문이 있는 교실〉을 펴냈다. 우리는 왜 토론을 공부해야 하는가? 토론 자체가 민주적인 세계시민을 길러내는 교육의 한 방식이기도 하지만 무엇보다도 토론을 통해 소통과 질문의 힘을 기를 수 있기 때문이다. 결국 이 사회에서 더불어 살아가는 마음과 능력을 기르기 위해 소통과 질문은 필수적인 요소이기 때문이다.

인류의 역사와 문명은 훌륭한 질문을 통해 진보해왔다. 소크라테스에서 스티브 잡스, 다빈치에서 아인슈타인까지 과학, 예술, 산업, 철학 등 인류가 살아온 전 분야를 아울러 그렇다. 그 질문의 깊은 의미와 방법들이 이제야 학교에서 새로 태어나고 있다.

학교에서 '질문이 있는 교실'을 열어가려면 어떤 변화가 필요할까? 일단 교사 자신의 교육관에 대한 성찰과 변화가 필요하다. 아무런 문제의식 없이 학생들에게 질문하지 않은 채 진도만 나가거나 교사 자신이 명강의를 하기 위해 애쓰기보다 교실 수업의 기획자이자 조력자로서 학생들이 스스로 묻고 떠들 수 있도록 마당을 열어주는 역할로의 전환이 필요하다. 내가 알고 있는 지식을 반드시 학생들도 알아야 한다는 고정관념에서 벗어나 교사도 학생도 서로 모르지만 열린 마당에서 같이 고민하고 해결책을 찾아나가며 더불어 배운다는 '무지한 스승(랑시에르)'의 철학이 필요하다.

그렇다면 침묵에 길들여진 아이들의 입을 열기 위해서는 어떤 방안이 필요할까?

한국적 하브루타라 할 수 있는 '짝토론'과 사이토 다카시의 〈질문의 힘〉에 소개된 '질문게임', 철학적 탐구공동체가 추구하는 '질문놀이' 등을 소개하고 싶다.

짝토론은 빈 종이나 일정한 양식의 종이에다 교사가 질문을 던지고 학생들이 답을 쓴 뒤에 짝끼리 서로 바꾸어 그렇게 생각하는 이유를 묻고 대답하는 활동이다. 물론 이때의 답은 유일한 정답이 아니라 다양한 생각이 가능한 열린 답들이다. 나중에는 교사가 질문을 던지지 않고 학생 스스로 질문을 던지고 짝이 거기에 답을 쓰면 그 내용에 대해서 묻고 답한다. 그리고는 모둠 구성원들이 자신들의 대화 내용을 공유하고 나중에는 학급 구성원 전체가 의미 있는 주제로 대화하고 토론한다. 하브루타 활용 진행 수업과 크게 다르지 않다.

사이토 다카시의 〈질문 게임〉은 모둠을 나누고 구성원들에게 번호를 붙여준다. 각 모둠의 같은 번호에 해당하는 사람들이 발표자에게 질문을 던지고 발표자는 그 중에서 가장 의미 있는 질문을 골라 답을 한다. 예를 들면 '나는 인간이다'라는 발표에 대해서 각 모둠에서 같은 번호를 가진 사람들이 '왜 인간인가?, 어떤 인간인가? 인간다움의 기준은 무엇인가?, 누구와 서정 닮은 인간인가? 등등 주어진 상황에 대해서 여러 가지 다양한 질문들을 제시하면 그 가운데 가장 의미있는 질문을 골라 그 이유를 말하고 자기 나름의 답을 말한다. 이때, 모둠별로 좋은 질문을 많이 한 모둠에게 우수성을 인정해 상을 주기도 한다.

'철학적 탐구공동체'는 어린 시절부터 학생들에게 자연과 사물에 관심을 갖고 질문을 던지는 훈련을 통해 질문하는 힘을 길러주려는 교육 운동이다. 탐구공동체의 질문훈련 중에는 한 편의 짧은 시나 그림을 제시하거나, 우리가 살아가는 모든 현실과 문장에 물음표를 붙여 물어보고 바꾸어보는 까만(~까? 질문 만들기), 까바(~까?로 바꾸기) 놀이가 있다. 또 탐구공동체는 둘이서 서로 질문을 주고받는 까주(~까?를 서로 주고받기) 놀이를 비롯, 꼬리에 꼬리를 무는 질문인 '꼬질꼬질' 놀이 등을 통해서 질문을 삶의 일부로 자연스럽게 가져오는 교육을 추구한다.

'질문이 있는 교실'에서는 시를 가르치는 수업 시간에도 시의 주제, 표현 등을 분석해서 설명하기보다 시의 본질, 제목, 구절들에 대해서 질문을 던지게 한다. 시란 무엇인가, 왜 시인들은 시를 쓰고 우리는 시를 읽는가에 대한 문제부터, 시의 제목을 스스로 붙여보기, 시인의 심정, 처지, 고민 등에 대해서 시인에게 말을 걸 듯 질문을 던져본다.

토론과 질문 수업에서 교사들이 특히 어려워하는 부분은 창의적인 질문이다. 교사의 발문에 따라서 학생들의 대화와 사고가 달라지기 때문이다. 예를 들면 '양치기 소년과 거짓말'이라는 글을 읽고 문답 놀이를 한다고 치자. 서로 던지는 질문들이 주로 '선의의 거짓말과 거짓말의 반복, 거짓말은 나쁘다' 등에 국한된다. 하지만 이런 질문은 어떨까? '양치기 소년이 거짓말을 한 이유는 외롭기 때문이다'나 '십대 소년에게 혼자 장시간 노동을 시키는 것은 부당하다' 등에 대한 생각을 묻는 발문을 하면 대화의 격이 확 달라진다. 같은 소재라 하더라도 교사의 절실한 고민과 참신한 발문이 학생들의 사고를 다른 차원으로 인도한다. 결국 교사의 꾸준한 독서와 치열한 문제의식이 〈질문이 있는 교실〉의 의미를 더욱 풍요롭게 한다.

'질문이 있는 교실'에서 학생들은 어떻게 달라질까? 처음에는 스스로 묻고 대답하는 활동이 낯설고 힘들어 적응 기간이 필요하다. 교사가 떠먹여주는 교육에 길들여진 까닭이다. 하지만 질문과 토론의 취지, 혼자하는 공부보다 이야기하는 공부가 두 배 이상의 효율이 높다는 사실을 증거로 보여주고 학생 참여와 자기 주도의 수업을 기획하면 잠든 학생이 깨어나기 시작한다. 지적으로 우수한 학생이 성적이 떨어지는 학생을 돕기도 하고, 학생들 가운데는 자기들의 말이 남의 생각에 영향을 끼친다는 사실에 스스로 놀라하면서 수업에 흥미를 더한다.

이제 한국교육은 암기와 소유인가 자유와 창의인가 하는 갈림길에 서 있다. 일찍 브라질의 교육자 파울로 프레이리는 교육을 은행저축식과 문제제기식으로 나눈 바 있다. 의미는 명백하다. 지식을 소유하는 수동적인 인간을 키울 것인가, 사고를 열어놓고 자유롭게 질문하는 학생으로 키울 것인가에 대한 통렬한 문제제기다.

질문 없이 진도만 나가거나 교사가 혼자 스스로 묻고 답하는 1인극을 할 것인가? 아니면 학생 스스로 묻고 답하면서 교사도 함께 참여하는 열린 교육을 할 것인가? 새삼 이 고전적인 질문이 새롭게 다가온다. 이제 현장의 모든 교사들이 스스로 묻고 답을 구해야할 시간이다.

〈질문이 있는 교실〉을 펴내고 나서 여러 곳으로부터 평을 받았다. 질문의 철학과 발문법 등 좋은 내용이 많았지만 교실에서 아이들과 만나는 생생한 목소리가 부족하다는 내용이 주를 이루었다. 질문이 있는 교실을 만난 지 오래지 않았고 토론과 질문의 경계가 모호한 데다 딱히 질문으로만 오래 수업을 해오지 못한 까닭이다.

우연인지, 시대의 흐름인지 질문에 대한 책들도 쏟아져 나오기 시작했다. 교육 현장의 교사들도 마치 약속이나 한 듯이 본인들의 고민이 바로 '질문'이었다는 고백도 심심찮게 들려왔다. 알고 보니 따로 또 같이 질문에 대한 고민과 수업에 녹이려는 실천이 잔잔하게 퍼져간다는 걸 확인했다.

서울시교육청에서 대대적으로 시행하는 '질문이 있는 교실' 학교 동아리 연수도 질문의 길을 걷는 동지(同志)들의 흐름을 일깨웠다. 주변에서 개성 있는 질문 교육을 하는 사람들을 찾기 시작했다. 전국국어교사모임의 수업 고수들, 서울수석교사모임에서 열정적으로 질문이 있는 교실을 열어가는 분들과 손을 잡았다. 전공과 영역은 다르지만 질문을 화두로 힘을 합치면 수업 현장에서의 실천 사례를 모을 수 있다는 믿음이 생겼다. 그 고민과 노력의 결실이 바로 이 한 권의 책, 〈질문이 있는 교실, 실천편〉이다.

과목이 국어에 편중된 점이 아쉽기는 하지만, 배움의 공동체나 거꾸로 교실, 히브루타, 팀플 등의 활용법은 비단 국어수업에만 한정되지 않는다. 독서수업이나 비문학 독해도 마찬가지다. 독서, 토론, 대화 등 모든 교육의 영역이 질문과 무관하지 않다. 우리가 살아가는 삶 자체가 질문의 연속이기 때문이다.

해 아래 새 것은 없다. 해가 새로 뜨는 한, 아래 새롭지 않은 것도 없다.

해 아래 새로울 것 없는 질문의 바다에 자기만의 새로운 질문을 던져주신 분들게 감사한다. 어려운 가운데서도 각기 개성 넘치는 한 편의 글을 써주신 선생님들께 거듭 감사하며 모쪼록 이 책이 질문 수업을 고민하시는 분들에게 작은 힘이 되길 바란다.

질문이 있는 교실, 실천편

초판 1쇄 2016년 2월 5일 발행
초판 2쇄 2016년 4월 25일 발행
초판 3쇄 2016년 10월 10일 발행
초판 4쇄 2017년 7월 27일 발행

지은이 ㅣ 심대현, 강양희, 최선순, 이홍배, 백금자, 한창호, 강이욱, 이형빈, 유동걸
펴낸이 ㅣ 유덕열

기획 및 편집 ㅣ 박세희

펴낸곳 ㅣ 한결하늘
출판등록 ㅣ 제2015-000012호
주소 ㅣ 경기도 안산시 단원구 선삼로 4길 11
전화 ㅣ (031) 8044-2869, 8084-2860　　**팩스** ㅣ (031) 8084-2860
이메일 ㅣ ydyull@hanmail.net

ISBN 979-11-955457-1-1　03370

이 도서의 국립중앙도서관 출판예정도서목록(CIP)은 서지정보유통지원시스템 홈페이지
(http://seoji.nl.go.kr)와 국가자료공동목록시스템(http://www.nl.go.kr/kolisnet)에서
이용하실 수 있습니다.(CIP제어번호: CIP2016002547)